재미있는 곁말 기행 (상)

－ 곁에 두고 읽는 곁말 －

재미있는 곁말 기행 (상)

— 곁에 두고 읽는 곁말 —

박 갑 수

역락

머리말

　오늘날은 각박한 시대다. 긴장이 연속된다. 좀 여유를 가지고 살아야겠다. 그러기 위해서는 좀 흐트러진 면도 있어야 하겠고, 허튼소리도 좀 해야 하겠다. 이에 여기 "재미있는 곁말 기행 — 곁에 두고 읽는 곁말"을 세상에 내어 놓는다.

　"곁말"이란 본래 은어(隱語)와 같은 특수한 사회적 방언을 이르던 말이다. 그런데 이 말이 오늘날은 바로 말하지 아니하고, 특히 다른 말로 빗대어 하는 말로 그 의미가 확대되었다. 예를 들면 황석영의 "장길산"에서 강령 광대에게 문화 광대의 소재를 물으니, "문화" 광대를 유음어(類音語) "문어(文魚)"에 빗대어 서해 용왕님을 모시고 있다가, 엊저녁에 낚시에 걸려 사거리 주막집 초장 속에 담겨 있다고 하는 따위가 그것이다. 곁말은 이렇게 말소리나 의미의 면에서 관련이 있는 것에 빗대어 에둘러 표현하는 여유가 있고, 그것이 말장난이니만큼 재미가 있다. 따라서 각박한 생활을 하는 현대인은 이에 의지하여 긴장의 끈을 늦추고 마음의 여유를 가져 볼만한 언어 표현이다.

　이러한 곁말은 다음과 같은 특성을 지니는 것으로 볼 수 있다.

① 빗대어 표현하는 해학과 풍자의 말이다.
② 동음어와 유음어, 및 다의어에 의한 어희(語戲)다.
③ 속담·수수께끼·파자와 같은 일정한 형식의 비유적인 지적(知的) 표현이다.
④ 재담·육담과 같은 재치 있고 해학적인 표현을 아울러 이른다.

인간생활의 원칙은 협동에 있고, 이는 주로 언어에 의해 이루어진다. 언어의 기능은 일반적으로 통달적(通達的) 기능과 환정적(喚情的) 기능으로 나뉜다. 통달적 기능은 지시, 지적하는 보고적 기능이요, 환정적 기능은 감정이나 태도를 환기하는 기능이다. 곁말은 이 가운데 환정적 기능을 지니는 말이라 할 수 있다. 주로 직설적으로 표현되는 통달적 표현은 아무래도 단조하고 긴장을 초래하게 마련이다. 이에 대해 환정적 표현은 긴장을 해소하고, 마음의 여유를 갖게 한다. 이는 문학, 특히 시(詩)가 수행하는 기능이다. 우리 조상들이 활용한 곁말을 통해 마음의 여유와 휴식을 취했으면 한다.

곁말은 흔히 서민들이 즐기는 것으로 알고 있다. 확실히 서민들이 많이 즐기는 것임에 틀림없다. 그러나 이는 서민들의 전유물만은 아니다. 서민으로부터 왕후장상, 유·무식(有無識)의 구분 없이 누구나가 즐기는 수사기법이다. 따라서 이 책에는 일상의 평범한 곁말에서 난해한 곁말에 이르기까지 다양한 곁말의 세계가 소개될 것이다. 때로는 쉽게 즐기고, 때로는 궁리를 하며 즐겨야 한다. 그리고 내용도 때로는 야한 육담(肉談)도 제시될 것이고, 지적인 교훈이나 지식도 접하게 될 것이다. 모두가 이런 것 저런 것을 다 즐기시기 바란다.

이 책은 상하권으로 이루어졌으며, 프롤로그를 시작으로 중간에 본론이 나오고, 에필로그로 대단원을 마치게 되어 있다. 프롤로그에서는 첫째, 곁말의 정의를 내리고, 둘째 정의에 따른 용례를 제시하였다. 58편의 본론에서는 비유, 동음어, 다의어, 속담, 수수께끼, 파자, 재담, 육담 등 곁말의 각종 형식에 따라 용례를 제시하며 향수하도록 하였다. 그리고 에필로그에서는 정리하는 면에서 첫째, 곁말의 의미와 용례를 확인하고, 둘째, 곁말의 효용성을 살펴보았다. 따라서 바쁜 분은 프롤로그와 에필로그만 보아도 곁말의 대강을 이해하고 맛볼 수 있을 것이다. 그리고 여유가 있는 분은 본론까지 천천히 즐기시면 좋겠다. 곁말의 용례는 재미있는 내용으로 되어 있으므로 문자 그대로 즐기실 수 있다. 본론은 반드시 순서대로 읽을 필요도 없다. 보고 싶은 대로 아무데나 먼저 펼쳐 보아도 좋다. 각 편은 독립된 것이고, 목차는 글이 쓰인 순서와 관계없이 가나다순으로 새로 배열하였기 때문이다.

여기 수록된 글은 2013년 1월부터 2016년 12월까지 "한글+漢字 문화"에 "곁말 기행"이라 하여 연재했던 60회분의 원고다. 이는 "월간중앙"과 "문예중앙"에 1979년 3월부터 21회에 걸쳐 "인기 연재 곁말의 재미"라는 타이틀을 달고 연재했던 글을 개고한 것과 새로 집필한 원고로 되어 있다.

저자는 본래 곁말을 좁은 의미로만 이해하고 있었다. 그런데 "월간중앙"에 곁말을 연재하며 "인기 연재"라는 타이틀까지 제목에 얹게 되어 이를 본격적으로 탐구하게 되어 오늘 이렇게 두 권의 책으로 묶게 되었다. 이러한 곁말의 정리, 출간은 무엇보다 당시 "월간중앙"의 편집국장이셨던 양태조(梁泰朝) 형을 만난 덕분이라 생각한다. 이에 머리말에 이를 밝혀 감사의 뜻을 표한다. 그리고 왕년의 애독자 여러분께도 감사한다. 새로운 독자분들께는 우선 곁말을 통해 즐거움을 누리시기 바라고, 각박한 세상에 마음의 여유를 가지고, 행복한 삶을 누리게 되시길 기원한다.

2018년 9월 10일
瑞草書室에서
南川 적음

프롤로그 _ 곁말의 여행을 떠나며

재미있는 "곁말" 여행을 떠나기로 한다. "곁말"은 우리의 고유한 수사법이다. 이는 주로 비유와 동음어에 의한 수사의 기법으로, 일종의 언어유희(word play)라 할 수 있다. 그래서 우선 재미가 있다. 그리고 비유와 언어유희를 함으로 익살과 풍자적 표현을 한다. 곁말을 달리 재담(才談), 혹은 육담(肉談)이라고도 하는 것은 이를 증명하고도 남음이 있다.

그런데, "곁말"이란 말이 일반대중에게 익숙지 않다. 조금 생소하다. 그래서 약간의 설명이 필요한 것 같다. 이에 프롤로그, 서막(序幕)이라 하여, 도입 단계로서 "곁말"의 의미와 실체를 간단히 살펴, 우선 곁말의 세계로 안내하기로 한다.

1. "곁말"의 의미와 실체

황석영의 소설 『장길산(張吉山)』에는 광대들의 이야기로, 다음과 같은 대화가 보인다.

"문화놈들이 어디 있는지 아느냐?" 물었는데, 본성은 잃지 말더라고 대답이 또한 재담이다.

"어디 있긴 어디 있습니까요. 용궁 선봉장으루 서해 용왕님을 모시고 있다가 엊저녁에 냉큼 낚시에 걸려 저어기 사거리 주막집 초장 속에 담겨 있지요."

"이놈아, 누가 곁말을 쓰라더냐?

해주의 부고(富賈) 신복동의 부하 막개와 꺽돌이가 강령(降翎) 광대에게 문화(文化) 광대 장길산 일행의 행방을 묻고 있는 장면이다. 이때 광대는 매를 맞으면서도 익살스러운 '재담'을 한다. '문화 광대'가 어디 있느냐고 묻는데 이를 비슷한 발음의 말(類音語)인 '문어(文魚)'로 받아, 말장난으로 대답한 것이다. '문화'가 '문어'가 되고 보니, 자연 문어는 바다의 용궁(龍宮), 그것도 용왕의 선봉장(先鋒將)으로 있다가 어제 낚시에 걸려 주막집 술안주가 되어 초장에 담겨 있다고 한 것이다. 이로 인해 독자는 평면적 기술과는 달리 익살스러운 표현에 매료되어 재미를 느끼는가 하면 웃음을 자아내게 된다.

소설에서는 '문화광대'를 '문어'로 받아 대답하는 것을 '재담'이라 하고, 이를 다시 대화 속에 "이놈아, 누가 곁말을 쓰라더냐?"라고 '곁말'로 대체하고 있다. 따라서 여기서의 '곁말'은 재담, 곧 기지에 의한 말놀이, 어희(語戲)를 의미하는 것이 된다. 그러나 '곁말'은 이런 뜻으로만 쓰이는 것이 아니다. 우선 사전의 풀이를 두어 가지 보기로 한다.

같은 집단의 사람들끼리 사물을 바로 말하지 않고, 다른 말로 빗대어 하는 말. 예를 들면 '총알'을 '검정콩알', '희떱다'를 '까치 배때기 같다', '싱겁다'를 '고드름장아찌 같다', '불'을 '병정', '아편'을 '검은 약'이라고 하는 따위를 이른다. (비)변1. (참)은어2.

– 표준국어대사전(두산동아, 1999)

[일정한 범위의 사람이 자기네끼리만 쓰는 말로서] 일정한 목적 아래, 직접적으로 사물을 표현하지 않고, 다른 말로 빗대어 쓰는 말. '도둑놈'을 '밤이슬 맞는 놈', '외할머니'를 '풀솜할머니', '희떱다'를 '까치 배때기 같다', '싱겁다'를 '고드름장아찌 같다', '방귀'를 '가죽 피리', '젖통'을 '물통', '변소'를 '작은 집', '교도소'나 '유치장'을 '큰 집', '건방지다'를 '병자년 방죽이다', '걷다'를 '정강말을 타다', '오라' 를 '색등거리', '불'을 '병정', '아편'을 '검은약'이라고 쓰는 것과 같은 따위다. 이 말들 속에는 해학과 풍자 그리고 세상을 꼬집는 뜻이 숨어 있어 좋은 구실을 하기도 하나, 잘못 쓸 경우 오해를 사기 쉽다.

– 한국문화대사전(한울터, 2008)

위의 사전 풀이에 보이듯, '곁말'은 본래 은어(隱語)와 같은 특수 어를 의미하던 말로 보인다. 그런데 이 말이 오늘날은 바로 말하지 않고, 특히 다른 말로 빗대어 하는 말이란 뜻으로 의미가 확대되었다. 이러한 빗대어 하는 말에는 두 가지가 있다. 소설 『장길산』에서 '문화광대'가 '문어'에 빗대어지듯 동음어(同音語) 내지 유의어(類音語)와 같은 말소리에 의한 것과, '싱겁다'를 '고드름장아찌 같다'고 하는 의미 면에서 빗대는 것이다. '곁말'은 이렇게 비유적 표현을 의미하며 하나의 표현기법을 의미하게 되었다. 그것도 해학과 풍자가 깃들인 표현이다.

'곁말'은 이렇게 비유에 의한 표현이란 의미를 지니면서 속담, 수수께끼, 파자(破字) 따위도 아울러 이르게 되었다. '속담'은 민간 전승의 잠언(箴言)으로서 '곁말', 또는 '덧말'이라고도 한다. 이는 간결한 형식으로 빗대어 표현한다는 의미에서 '곁말'이 된다. '수수께끼' 또한 짤막한 비유적 묘사나 표현을 통해 문답을 하는 곁말이다. 파자는 자획을 나누거나 합쳐 어떤 의미를 드러냄으로 비유적 성격을 지녀 '곁말'이 된다. 이 밖에 '곁말'은 또 재담(才談), 또는 육담(肉談)을 의미하기도 한다. '재담'은 물론 익살을 부리며 재치 있게 하는 말이다. 기지(wit) 있는 말이다. 이는 앞에서 인용한 『장길산』에 구체적으로 '곁말'과 동의어로 쓰인 것을 본 바 있다. '육담'은 '음담(淫談) 따위의 야비한 이야기'라는 사전적 의미를 지니나, '재담'과 동의어(同義語)로 쓰이는 말이기도 하다. 이렇게 볼 때 '곁말'의 개념은 다음과 같이 정리할 수 있을 것이다.

① 빗대어 표현하는 해학과 풍자의 말
② 동음어와 유음어, 및 다의어에 의한 어희(語戲)
③ 속담·수수께끼·파자와 같은 일정한 형식의 비유적 표현
④ 육담·재담과 같은 재치 있고 해학적인 표현

이러한 '곁말'은 몇 가지 특성을 지닌다. 첫째, 사회집단의 은어라는 것, 둘째 빗대어 표현한다는 것, 셋째, 해학과 풍자성을 지닌다는 것, 넷째 효용성이 있다는 것이다. '곁말'은 사람들에게 즐거움을 안겨 주는 우리 고유의 좋은 표현기법이다.

2. 재미있는 곁말의 용례

'곁말'은 다양한 영역에 걸쳐 쓰인다. 즐겨 쓰이는 대표적인 영역은 소설과 가면극, 판소리, 설화, 민요 등이다. 그도 그럴 것이 '곁말'은 해학과 풍자의 대표적 표현 기법이기 때문이다. 다음에는 위의 '곁말'에 대한 정의에 따라 이들의 용례를 두어 개씩 들어, 표현의 묘미를 살피며 즐기기로 한다.

1) 빗대어 표현하는 해학과 풍자의 말

빗대어 하는 말로서의 '곁말'의 용례는 무수하다. 이러한 예는 문학작품에 많다. 민요 "찔리야 꽃"은 문자 그대로 대표적인 해학과 풍자의 '곁말'이다. 이 노래는 경주 지방에 전하는 것으로 그 노랫말은 다음과 같다.

찔리야 꽃은 장개 가고,
석류야 꽃은 상객(上客) 가네.

만인간아, 웃지 마라.
씨종자 바래 간다.

이는 "찔레꽃이 장가가고, 석류꽃은 상객(上客)으로 따라 간다. 만인간들아, 웃지를 마라. 가계(家系)를 잇기 위해 가는 것이다"란 뜻의 노래다. 따라서 겉으로 보면 평범한 노래다. 그러나 속내는 그렇지가 않다. 이는 웃지 못 할 결혼 풍속을 꽃에 빗대어 익살스럽고 풍자적으로 노래한 것이다.

흰색 찔레꽃은 백발노인(白髮老人)을, 붉은 석류꽃은 홍안소년(紅顔少年)을 비유한 것이다. 정상적 결혼이라면 홍안소년이 장가를 가고, 백발노인이 상객으로 따라가야 한다. 그런데 여기서는 이것이 거꾸로 뒤바뀌었다. 백발노인이 장가를 가고, 홍안소년이 상객으로 간다. 따라서 이를 보고 많은 사람은 비웃는다.

이에 늙은 신랑은 변명을 한다. 그것은 여색(女色)을 탐해서가 아니라, 후사(後嗣)를 보기 위해 늙은이가 장가를 간다는 것이다. 곧 불효 가운데 가장 큰 것이 후사가 없는 것이니, 조상들의 꾸지람을 받지 않기 위해 이런 부끄러운 장가를 간다는 말이다.

"찔리야 꽃"은 이렇게 안쓰러운 노래다. 가계를 계승할 자손이 없어서는 안 되었던, 그래서 늙어서도 장가를 가고 첩을 들여야 했던, 우리의 전통사회를 고발한 풍자적 노래다. 따라서 이러한 사정을 아는 사람들은 비웃는 것이 아니라, 오히려 처연한 동정을 금치 못할 것이다. 비유에 의한 곁말은 이렇게 천언만어(千言萬語)보다 감화적(感化的)이다.

다음에는 탈춤에서 예를 하나 보기로 한다. "강령탈춤"에는 개에게도 오륜이 있다고 하는 장면이 보인다. 둘째 양반이 개의 오륜을 들어 보자고 하니 맏양반이 이렇게 설명한다.

知主不吠하니 君臣有義요, 毛色相似하니 父子有親이요, 一吠衆吠하니 朋友有信이요, 孕後遠夫하니 夫婦有別이요, 小不敵大하니 長幼有序라. 이만하면 개인들 五倫이 상당치 않으냐?

강령탈춤은 산대도감(山臺都監) 계통의 서북형(西北型)이라 할 수 있는 탈춤으로, 황해도 강령에서 행해지던 것이다. 주제는 벽사(辟邪), 파계승에 대한 풍자, 양반계급에 대한 모욕, 지아비와 처첩의 삼각관계 등으로 되어 있다. 위의 보기는 모작시(模作詩)의 형태를 빈, 양반을 모욕하는 곁말이다. 개의 오륜은 주인을 보고 짖지 않으니 군신유의요, 털빛이 같으니 부자유친, 개 한 마리가 짖으면 뭇 개가 짖으니 붕우유신, 새끼를 밴 뒤 암캐가 수캐를 멀리 하니 부부유별, 작은 개가 큰 개에게 덤비지 않으니 장유유서라는 것이다. 개에게 오륜이란 가당치도 않다. 그러나 이렇게 적용하고 보니 이는 우리에게 기쁨을 주는 유머가 되었다. 그런가 하면 이는 땅에 떨어진 인간의 오륜을 공격한 것이기도 하다. 인륜도덕이 타락한 사회를 풍자한 것이다. 풍자는 유머가 동정적인 데 대해 공격적이다. 이의 목적은 사악(邪惡)의 교정에 있다. 따라서 개의 오류은 우리에게 웃음과 함께 쓰라린 쾌감을 맛보게 한다.

2) 동음어와 유음어, 및 다의어에 의한 어희

동음어 또는 유음어에 의한 어희는 형식적인 면에서 두 가지로 나눌 수 있다. 그것은 전체 음이 같거나 비슷한 전음(全音) 동음어에 의한 것과, 일부의 음만이 같은 부분(部分) 동음어에 의한 것이다. 앞에서 살펴본 『장길산』에서의 '문화'를 '문어(文魚)'로 받은 것은 전음 동음어에 의한 곁말이다. 다음 춘향전의 '굴뚝의 아들'이란 간략한 보기도 이러한 곁말이다.

> 어사 대답하되
> "내로세"
> "내라 하니 동편 굴뚝의 아들인가?" -『남원고사』
>
> "저 사람 보게. 낼세"
> "에고 내라니 누구야, 굴뚝새 아들인가? -『이명선본(李明善本) 춘향전』

이는 이 도령이 암행어사가 되어 춘향의 집을 찾아 춘향모 월매와 나눈 대화다. 여기서는 이 도령이 자기를 '나(我)'라고 하자 월매가 곁말을 하여 익살스러운 표현을 한 것이다. 파리 동양어학교 소장 춘향전인 "남원고사"에서는 '내'를 연기(煙氣)를 뜻하는 동음어 '내'로 받아, 연기가 굴뚝에서 나오는 것이니 '굴뚝의 아들'이라고 위트 있는 풀이를 하여 해학적 표현을 한 것이다. 이명선본(李明善本) 춘향전은 '굴뚝'이 무생물이므로, 이것을 '굴뚝새'로 바꾸어 '굴뚝새 아들'이라고 좀 더 합리적인 곁말을 한 것이다.

이에 대해 다음의 "천자는 감자 되고"의 예는 부분 동음어를 활용한 곁말이다. 이는 도령이 광한루에서 춘향을 잠깐 보고, 그녀를 그리는 마음에 읽는 책의 글자가 바로 뵈지 아니하여 잘못 읽은 것이다. 일본의 동양문고본 춘향전에는 좀 더 다양하게 열거되어 있으나, 여기서는 간략한 『이명선본』의 예를 보기로 한다.

千字(천자)는 감자 되고, 孟子(맹자) 탱자되고, 詩傳(시전)은 私田(사전)이오, 書傳(서전)은 딴전이오, 論語(논어)는 잉어 되고, 周易(주역)은 牛疫(우역)이오, 中庸(중용)은 도롱용이라.

위에 보이듯, 이는 글자가 잘못 보이는 것이 아니요, 어말음에 의해 말장난을 한 것이다. 이들은 한학의 입문서나, 사서삼경과 같은 경전을 희화(戲化)하여 웃음거리로 만든 것이다. 이러한 곁말로 무미건조할 책 이름의 나열이 익살스럽고 재미있는 표현이 되게 하였다.

동음어 내지 유음어에 의한 어희(word play)는 서양에서도 편

(pun), 또는 패러노메이지아(paronomasia)라 하여 즐겨 사용한 수사법이다. 이는 기묘하거나, 익살스럽거나, 대조적인 표현 효과를 드러내고자 하는 기법이다. 이 수사법은 골계적(滑稽的), 해학적인 표현효과뿐만이 아니라, 훌륭한 리듬의 시를 빚어내는가 하면 장중한 효과도 드러낸다. 이 기법은 플라톤을 비롯하여 희랍 극작가들이 즐겨 썼고, 영국의 엘리자베스 여왕 때에는 수사적이고 장식적인 기교로서 중시되기도 한 것이다.

다의어(多義語)에 의한 어희는 어휘의 다의성을 활용한 어희다. 어휘는 대체로 다의성을 지닌다. "표준국어대사전"에 의하면 "하다"의 의미가 31가지로 되어 있다. 이런 다의어를 다른 의미로 사용한다면 엄청난 어희가 될 것이다. "변변치 않은 것을 잘 했는가?"(하, p.37 참조)는 "먹다"와 "성관계하다"의 다른 뜻으로 쓰여 익살스러운 곁말이 되고 있다. 도령이 초야에 늘어놓은 거문고 사설은 "타다"의 다의성을 활용한 어희다(하, p. 45). 또한 우리말은 한자어와 고유어가 있어 이 또한 다의성을 드러낸다. "식은 밥이요, 먹은 묵이라"의 "식은"이 "차다(冷)"와 "식(食)"을, 그리고 "먹은"이 "먹다(食)"와 "먹(墨)"을 의미해 익살스런 말놀이가 되는 것이 그것이다.

3) 속담·수수께끼·파자(破字) 등 일정한 형식의 비유적 표현

속담이나 수수께끼는 간결하고 응축된 표현으로 그 효과를 드러내고, 파자는 기지에 의한 자형(字形)의 분합(分合)으로 표현효과를 나타낸다. 이들 속담·수수께끼 및 파자는 문학작품에 즐겨 쓰인다. 고전에는 특히 속담이 많이 쓰이고 있다. 흥부전에는 다음과 같은 예가 보인다.

　　술 잘 먹고 욕 잘하고 에테하고 싸움 잘 하고, 초상난 데 춤추기, 불붙는데 부채질하기, 해산(解産)한 데 개 잡기, 장에 가면 억매흥정, 우는 아이 똥 먹이기, 무죄한 놈 뺨치기와 빚값에 계집 뺏기, 늙은 영감 덜미잡기, 아이 밴 계집 배 차기며, 우물 밑에 똥 누어 놓기, 오려논에 물 터 놓기, 자친 밥에 돌 퍼붓기, 패는 곡식 이삭 빼기, 논두렁에 구멍 뚫기, 애호박에 말뚝 박기, 곱사등이 엎어놓고 밟아 주기, 똥 누는 놈 주저앉히기, 앉은뱅이 턱살 치기, 옹기장수 작대 치기, 면례(緬禮)하는 데 뼈 감추기, 남의 양주(兩主) 잠자는 데 소리 지르기, 수절과부(守節寡婦) 겁탈하기, 통혼(通婚)하는 데 간혼(間婚) 놀기, 만경창파의 배 밑 뚫기, 목욕하는 데 흙 뿌리기, 담 붙은 놈 코침 주기, 눈 앓는 놈 고춧가루 넣기, 이 앓는 놈 뺨치기, 어린 아이 꼬집기와 다 된 흥정 파의하기, 중놈 보면 대테 메기, 남의 제사에 닭 울리기, 행길에 허공 파기, 비 오는 날 장독 열기, 장에 가면 억매흥정하기라. (흥부전, 박문서관)

이는 놀부의 심사가 뒤틀리고, 행실이 무거불측(無據不測)하다 하여 열거한 사설이다. 놀부의 심사는 그야말로 못 되기 이를 데 없고, 하는 짓은 망나니다. "초상 난 데 춤추기" 이하의 표현은 이러한 놀부의 심사와 행동을 비유적으로 나타낸 속담들이다. "초상난 데 춤추기", "불붙는 데 부채질하기" 등은 몰인정한 행동이며, "옹기장수 작대치기" "비 오는 날 장독 열기" 등은 심술궂은 악행이며, "면례하는 데 뼈 감추기", "수절과부 겁탈하기" 등은 인륜에 벗어난 몹쓸 행위다. 이러한 망나니짓의 열거는 이본(異本)에 따라 차이를 보인다.

이러한 놀부는 '충후인자(忠厚仁慈)'한 흥부와 대조되어 더욱 고약한 놈이란 것이 강조된다. 그러나 이러한 심사와 행동은 액면 그대로 수용되지 않는다. 많은 열거는 과장되고 사실성을 결여하고 있기 때문이다. 그리고 아무리 무거불측(無據不測)한 놀부라 하더라도 이런 짓을 다 하고는 몸이 견뎌낼 수 없다.

이는 놀부가 그렇게 못된 놈이라는 이미지를 드러내기 위한 표현일 뿐이다. 그래서 독자는 이런 놀부를 불쌍히 여기고, 동정의 웃음을 짓는다. 이것이 희극적 비극성이고, 우리 풍류의 한 단면이다.

수수께끼란 "무슨 일이나 물건에 대하여 바로 말하지 아니하고, 빗대어 말하여 그 말뜻을 알아맞히는 놀이"다. 이는 비유적 표현을 한 곁말이다. 춘향전에는 이러한 수수께끼가 『이명선본』과 『최남선본』에 쓰인 것을 볼 수 있다. 먼저 『이명선본』의 예를 보면 도령과 춘향이 첫날 밤에 먼저 옷을 벗으라고 실랑이를 하는 가운데 도령이 수를 낸 것이 수수께끼에 진 사람이 먼저 벗기로 한 것이다.

"너 안다 안다하니 먼 산 보고 절하는 방아가 무엇이냐?"

"방아지 무엇이냐?"

"또 안다 안다 하니 대대 곱사등이가 무엇이냐?"

"나 모르겠다."

"그것을 몰라? 새오(새우)란다. 그것을 몰라? 너 졌지? 또 안다 안다 하니 앉은 고리, 선 고리, 뛰는 고리, 입는 고리가 무엇이냐?"

"그런 수수꺼끼도 있나? 나는 모르겠소"

"내 이름 들어 보소 앉은 고리 동고리, 선 고리 문고리, 뛰는 고리 개고리(개구리), 입는 고리 저고리지. 그것을 몰라? 인제 너 졌지? 무슨 핑계하려느냐?"

"도련님, 내 할 것이니 알아 내오."

"어서 하여라."

"도련님, 안다 안다 하니 손님 보고 먼저 인사하는 개가 무엇이요?"

"개지 무엇이냐?"

"또 안다 안다 하니 서모 파는 장사가 무엇이요?"

"세상에 그런 장사도 있나? 나 모르겠다."

"얼어미 장사를 몰라요?"

"옳거니, 참 그렇구나."

"또 안다 안다 하니 나는 개, 차는 개, 미는 개, 치는 개가 무엇이요?"

"나 모르겠다."

"나는 개는 소리개(솔개), 차는 개는 노리개, 미는 개는 고밀개(고무래), 치는 개는 도리깨지 그것도 몰라. 인제 서로 비겼지요?"

'대대 곱사등이(새우)'는 비유에 의한 수수께끼이고, '앉은 고리(동고리), 선 고리(문고리), 뛰는 고리(개고리), 입는 고리(저고리)'는 비유와, 일부 음이 같은 부분동음어(部分同音語)에 의한 수수께끼다. 그리고 '서모파는 장사(얼어미 장사)'는 동음어(同音語)에 의한 수수께끼이고, '나는 개(솔개), 차는 개(노리개), 미는 개(고밀개), 치는 개(도릿개)'는 역시 비유와 부분 동음어에 의한 수수께끼다. 이들 수수께끼는 비유와 동음어에 의해 풍자와 유머를 드러내고 있다.

최남선의 『고본 춘향전(古本春香傳)』에도 첫날밤에 비점타령(批點打令)을 마치고 수수께끼를 하고 있다. 여기에서는 도령과 춘향이 각각 "홍두깨 알 낳는 것이 무엇이냐?"와 "타러 갈 제 타고 가서 타면 못타고 오고, 못 타면 타는 것이 무엇이냐?"란 수수께끼 하나씩을 하고 있다. 전자는 해답이 "총을 놓는 것"이고, 후자는 "환자(還上) 타는 것"이다.

파자(破字)는 한자의 자획을 분합(分合)하여 특이한 표현효과를 드러내는 독특한 표현법이다. 파자는 흔히 문학작품에서 흥미를 유발하고, 표현 효과를 높이기 위한 일종의 수사기법으로 사용된다. 이러한 파자는 그 의미가 확대되어 파자에 의한 수수께끼, 점술법(占術法) 등을 의미한다. 수사법으로서의 파자는 우선 산문류에서 수인사(修人事) 과정에 많이 쓰이고 있는 것을 볼 수 있다. 신재효의 심청가의 통성명하는 장면의 일부를 보면 다음과 같다.

"내 성은 남주월(南走越) 북주호(北走胡)란 달릴 주(走) 변에 요지자(堯之子) 불초(不肖), 순지자(舜之子) 불초(不肖)란 같을 초(肖)하고,

이름은 얻을 득(得), 문 문(門)이오"

"예, 당신은 조득문(趙得門)이시오."

"예, 그러하오."

"내 성은 소 축(丑)자에 꼬리 있고, 임금 군(君)에 입이 없고, 이름은 밝을 명(明), 점 복(卜)자요."

"예, 당신은 윤명복(尹明卜)이오."

"예, 그러하오."

"저 분은 뉘라시오?"

"예, 내 성은 갓 쓰고 치마 입은 자요 이름은 읽을 독(讀), 글 경(經)자요."

"예, 당신은 안독경(安讀經)이신가 보오."

"예, 그러하오."

옷깃차례로 물어오니 심 봉사께 당했구나. 이녁 성자 생각하니 파자를 할 수 없어 유식 발명(發明) 어렵거든 거짓말로 꾸미는데, 가기의기방(可欺宜其方) 되는구나.

"근본 내 성은 잠길 침(沈)자. 아래 하(下)자 하 서방과 사돈을 하였더니 사돈이 하는 말이 제 성은 하바리요, 내 성은 넉 점이라. 점하나만 달라 하고 밤낮으로 졸라대니 어쩔 수 없어 오른 편 찍힌 점을 떼어 사돈 주었더니, 그 사람은 변(卞)가가 되고 이름자는 꿇고 앉은 자 하고 간대에 새 매단 자요."

"예, 잠길 침(沈)자에 오른 점 떼었으면 심(沈)씨요 꿇고 앉으면 학(鶴)자요, 간대에 새를 달면 아홉 구(九)자니, 당신이 심학구(沈鶴九)요."

"아는 품이 용하시오."

이는 성씨를 파자하되 조(趙)자를 '달릴 주(走)', '같을 초(肖)'자로,

윤(尹)자를 '소 축(丑)'자에 꼬리 있는 자, 또는 '임금 군(君)'에 '입(口)'이 없는 자로, 안(安)자를 '갓(宀)'에 치마 입은 자, 곧 '계집 녀(女)'자로 돌려 파자한 것이다. 그리고 심 봉사는 '잠길 침(沈)'자의 오른편 점을 떼어서 사돈을 주어 성이 '심(沈)'씨가 되고, 사돈 '하(下)'씨는 점을 하나 얻어 '변(卞)'씨 가 되었다는 해학적 파자다.

그리고 이름 '학구(鶴九)'는 '학 학(鶴)'자를 새가 무릎 꿇고 앉은 자로, '아홉 구(九)'자는 삐친 획을 간짓대(長竿)로 보고, 나머지 획을 '새 을(乙)'자로 보아 장대에 새를 매단 것이라 익살스럽게 파자한 것이다. 여기에 이어지는 파자는 더욱 해학적이다. 가장 재치 있고, 해학적인 것은 '곽(郭)'자 성의 파자로, 이는 오입을 한 세 남자의 성 일부분씩을 떼어 곽(郭)씨 성을 만들었다는 재담이다.

> "예, 나는 우리 자당이 오입하신 아씨로서, 서방님이 세 분인데 高(고)씨 李(이)씨 鄭(정)씨지요 나를 배어 낳으신 후에 성을 쓸 줄 몰라, 노염 없이 하느라고 셋의 성 한편씩을 떼다 글자 만들고서 三數(삼수)로 본 씨요"
> "예, 성은 郭(곽)씨로되 셋이나 竝立(병립)하면서 봉사로 만들어요?"

4) 육담, 또는 재담 등 재치 있고 해학적인 표현

우리나라에는 단 한 편의 인형극이 전해진다. 이는 중요무형문화재로 지정된 "꼭두각시놀음"으로, 일명 "박첨지놀음", 또는 "홍동지놀음"이라 한다. 이 극본에 다음과 같은 대사가 보인다.

산받이 : 너 삼시나 사시나 먹고 놀지 말고, 평안감사께서 모리꾼
하나 사 달래니 품팔이 가거라.

진동이 : 얼마 준대?

산받이 : 만량 준단다.

진동이 : 가 봐야지.

평안감사 : 웬 발가벗은 놈이냐?

진동이 : 내가 발가벗은 놈이 아닙니다. 아주머니 바지저고리를
입었습니다.

평안감사 : 요놈 곁말을 쓰는구나. 너 이놈아, 싸리 밭에 쐐기 많
다. 네 재주껏 튀겨 봐라.

위의 대사에서 진동이의 "아주머니 바지저고리를 입었습니다."
라 한 말은 비유요, 재담이다. 평안감사는 이를 '곁말'이라 하고
있다. 이 "아주머니 바지저고리"에 대해 다른 연희본(演戲本)에서는
'홍동지'의 설명으로 "고모 바지저고리를 입었단 말씀입니다"라 한
다. '아주머니'가 '고모(姑母)'로 바뀌었다. 곧 '아주머니 바지저고
리'는 '고모 바지저고리'란 말이다. 그렇다면 발가벗은 것과 이들
의 관계는 어떻게 된 것인가?

'아주머니 바지저고리'는 나신(裸身)을 비유한 말이다. 우선 살갗
을 '고무 옷'에 비유하였다. 그리고 이 '고무'가 유음어(類音語) '고
모(姑母)'가 되고, 이 '고모'가 다시 숙모 항렬의 '아주머니'로 바뀌
어 '아주머니 바지저고리'란 비유적 표현이 된 것이다. 곧 "고무
바지저고리 → 고모 바지저고리 → 아주머니 바지저고리"로 표현이

바뀐 것이다. 이들 비유는 재치 있는 해학적 표현이다.

여기 '고무 바지저고리'란 실물 고무 바지저고리를 의미하는 것이 아니다. 나신(裸身)을 '고무옷'을 입은 것으로 비유한 것이다. 그리고 '아주머니 바지저고리'는 여기서 한 번 더 돌려 표현한 것으로, 한 차원 높은 수사적 기법이 된 것이다.

이와 같이 비유를 하고, 또 동음어를 활용한 어희(word play)는 서두의 '곁말'의 풀이에 보이는, '건방지다'를 '병자년 방죽이다'라 하는 것에서도 볼 수 있다. 이 곁말은 알고 나면 그렇구나 하게 되지만, 그전에는 고개를 갸우뚱해야 할 말이다. 조선조 고종 13년 병자년은 흉년으로 잘 알려진 해다. 이 해는 가물이 들어 저수지의 물이 모두 말랐다. 그리하여 방죽은 모두가 마른 방죽, 곧 '건방죽(乾-)'이 되었다. 이러한 상황에서 '건방지다'와 '건방죽'이 발음이 비슷해 동일시되고, '건방진' 성품이 병자년의 흉년과 맞물리면서 '병자년 방죽이다'란 말이 '건방지다'를 비유하게 된 것이다.

사람들은 '건방지다'라는 말을 듣게 되면, 그리 유쾌하지 않을 것이다. 그러나 '병자년 방죽이다'라 비유적 표현을 하게 되면 직설적인 표현이 아니라 좋고, 품위가 있고 해학적이다.

육담의 기본적 의미는 "음담 따위의 야비한 이야기"다. 따라서 조선조에 고려속요를 말이 속되어 책에 실을 수 없다(詞俚不載)고 하였듯 공개적으로 말하기 어려운 것이 육담이다. 은밀한 장소이거나, 기방(妓房) 또는 술자리에서나 할 수 있는 이야기다. 그러나 톰슨(S. Thompson)의 말처럼 "어떤 것보다 관심이 있는 것이 언제나 성적 사건과 속임수의 이야기"다. 그러기에 우리 주변 도처에 깔려 있는 것이 육담이다.

북한 사회에서는 성적인 묘사나 과도한 사랑의 묘사는 금기시한다. 따라서 성적 행위의 묘사는 상상할 수 없다. 그런데 한국에서 만해문학상을 받은 홍석중의 장편소설 『황진이』에는 노골적인 성적 묘사가 많이 되고 있다. 다음에는 이 소설에서 좀 외설적이라 할 성기에 대한 육담 하나를 보기로 한다. 이는 개성유수(開城留守) 김희열의 단풍놀이 장면에서 선비와 기생 사이에 건네지는 육담이다.

한쪽에서는 얼굴이 말고기 자반처럼 시뻘개진 생원님, 진사님들 서넛이 기생들과 한데 어울려서 술기운과 한껏 부풀어오른 정욕을 음탕한 외설로 달래고 있었다.
"그래 계집의 입이 두 개라면 위 입, 아래 입 중에서 어느 것이 더 나이를 먹었느냐?"
"그야 물론 위 입이지요."
"그건 왜?"
"위 입에는 이빨이 났으니까요."
"그래, 네 말이 옳다."
"아니에요. 아래 입이 더 나이를 먹었어요."
"그건 또 왜?"
"아래 입엔 수염이 나지 않았나요?"
폭소가 터지고 허리들을 분질렀다.
"옳거니, 짜장 네 말이 맞았다."

"아니, 아니에요 아래 입이 더 어려워요"

"어째서?"

"늘 젖을 빨구 싶어 하니까요"

이들 육담에서 기생의 대화는 단순한 육담 아닌 비유요, 재담이다. 그래서 추하지 않다. 그리고 이는 이 소설에서 처음 형상화된 것이 아니요, 그 이전에 이미 설화로서 알려져 있던 육담이다.

이상 프롤로그로서 '곁말'의 풀이를 하였다. 이제 이를 바탕으로 앞으로 전개될 "재미있는 곁말 기행"을 떠나기로 한다.

1. 가재 잡으러 가재.

최승호 시인의 동시에 반영된 곁말부터 보기로 한다. 최 시인은 그간 '말놀이 동시집'을 다섯 권 냈다. 이는 우리나라에서 처음으로 말놀이와 낱말 익히기를 염두에 두고 쓴 동시집이다. 그런데 이 시집은 '말놀이'라고 하지만 '말소리', 다시 말하면 글자에 초점이 맞추어져 있다. 1권이 모음편, 2권이 동물편, 3권이 자음편과 같이 되어 있는 것이 그 구체적인 증거다. 그래서 말놀이가 낱말이라기보다 낱말의 부분인 음에 좀 더 주목한다. 낱말 전체의 음이 같다기보다 부분적 동음(同音)에 의한 곁말을 많이 쓰고 있다.

민요나 동시와 같은 노랫말은 운율(韻律)이 있어 기억이 잘 되고, 잊히지 않는다. 이런 면에서 동시는 언어학습의 좋은 교재가 된다. 이번에는 최 시인의 '말놀이 동시집 1 · 2 · 3'권에서 때 묻지 않은, 순수한 동심의 세계에서 노래한 곁말을 보기로 한다.

먼저 전음(全音)이 같은 동음이의어(同音異議語)의 곁말부터 보기로 하자.

고래가 되레/ 고래고래 소리를 지르는 거야

가재 잡으러 가재/ 뭐라고?/
가재 잡으러 가재/ 잘 안 들려 크게 말해/
가재 잡으러 가재/ <u>가재?</u> 어디로 가재?

이 시는 '가재'란 제목의 시다. 그런데 여기에는 '가재'란 단어가 여섯 번 쓰이고 있다. 그러나 이들은 같은 뜻의 말이 아니다. 반반이 서로 같고 다르다. '가재 잡으러 가재'란 첫 구절은 '가재를 잡으러 가자'고 청하는 말이다. 따라서 앞의 '가재'는 물에 사는 생물 '가재', 석해(石蟹)를 말한다. 이에 대해 뒤의 '가재'는 '가자'고 청하는 말을 간접적으로 전달하는 말이다. 그런데 이것들이 동음어가 되어 재미있는 말놀이가 된 것이다. 셋째, 다섯째 시구도 마찬가지다. 여섯째 시구의 '가재?'는 그 의미가 좀 아리송하다. 그러나 문맥으로 볼 때 이것도 어류 '가재'로 보아야 한다. '가재를 잡으러?', 이런 뜻을 나타낸다. 다음의 '고래'란 제목의 시도 동음어를 활용한 동시다. 이 시의 표현은 좀 더 박진감을 안겨 준다.

고래에게 왜/ 바다사자를 잡아먹냐고 야단쳤더니/
고래가 되레/ 고래고래 소리를 지르는 거야//
너는 왜 고래 고기 먹어/ 왜 먹어 왜 먹어 왜 먹어/
고래고래 소리를 지르는 거야/ 나중에는 귀가 먹먹하더군이 시에서는 '고래(鯨)'와 동음인 말을 반복한 부사 '고래고래'를 사용함으로, 고래가 큰소리로 사람에게 항의하는 것을 나타내 귀가 먹먹한 상황을 실감케 한 시다. 다음의 '새우'란 시도 동음어에 의한 말놀이 시다.

새우야/ 밤을 새우니까/
눈알이 튀어나오는 거야/ 이제는 새우지 마/
새우야

이 시에서는 어류 '새우(蝦)'를 '한숨도 자지 아니하고 밤을 지내다'란 의미의 낱말 '새우다'의 어간과 동음이어 동일시하여 곁말을 한 것이다. 새우의 눈알이 튀어나온 것은 자지 않고 밤을 새운 때문이라 본 것이다. 기발한 발상이다. 그러니 앞으로는 밤을 새우지 말라고 당부한다. 이는 어린이들이 공감할 시상이라 하겠다. 동음어에 의한 마력이다.

다음에는 이 시집의 대표적 말놀이인 부분 동음어를 활용한 표현의 묘미를 맛보기로 한다.

초가집 위에/ 초롱초롱

동음어는 흔히 전음 동음어가 곁말로 많이 쓰인다. 그런데 '말놀이 동시집'의 동시는 앞에서 말한 바와 같이 어린이에게 낱말을 쉽게 익히게 하기 위한 것이기에 구체적으로 글자의 음(字音)을 익히게 하려고 부분(部分) 동음어를 많이 활용하고 있다. 구체적으로 용례를 보면 다음과 같다.

> 초가집 위에/ 초롱초롱
> 올빼미 눈 위에/ 초롱초롱
> 별 떴다/ 초여름밤/
> 초생달 떴다.

이 시는 '초여름밤'이란 제목의 시다. 이 시에는 제목 '초여름밤'과 부분 동음어인 '초'가 여럿 쓰이고 있다. '초가집, 초롱초롱, 초(初)여름밤, 초승달(初生-)'과 같은 것이 그것이다. 이는 '초여름밤'이란 제목 아래 '초가집'과 같은 '초'자가 들어가는 너덧 개의 낱말을 가르치자는 속셈이 들어 있는 시다. 어린이는 모르겠지만 '초가집, 초롱초롱, 초여름밤'의 '초'는 다 같이 '초'로 발음되나 그 의미가 같지 않은 말이다. '초가집'의 '초'는 '풀 초(草)'이고, '초롱초롱'의 초는 의성어의 어두음일 뿐이며, '초여름밤'의 '초'는 '처음 초(初)'이다. 이는 동음어를 활용하여 의미에 변화를 주고, 운율을 빚어내기 위해 사용된 것이다. '초생달'의 '초'는 '초여름밤'의 '초'와 마찬가지로 '처음 초(初)'다. '초생(初生)'은 '초승'을 의미한다. 따라서 '초여름밤'과 '초생달'의 '초'는 곁말로 쓰인 것이 아니다. '초생달'은 같은 소리를 활용한 운율적 표현을 한 것일 뿐이다. 그래서 '초가집지붕-초롱초롱한 별-초여름밤-초생달'의 일련의 시상(詩想)이 어울려 초여름 밤을 수놓고 있다.

> 으슬으슬한/ 으스름 달밤에는
> 으쩍으쩍 호두를 깨자/ 으스러지게 호두를 깨자.//
> 으흐흐 이 빠졌다.

이 시는 '으스름 달밤'이란 시다. 달빛이 침침하고 흐릿하게 비치는 밤이다. 결코 명랑하고 유쾌한 밤이라 할 수 없는 밤이다. 그래서 그 밤은 '으슬으슬'하고, 이빨로 '으스러지게' '으쩍으쩍' 호두를 깨다 '으흐흐' 이가 빠졌다. 어린이들이 배꼽을 잡고 웃을 정경이다. 여기에 쓰인 '으슬으슬', "으쩍으쩍", '으스러지게', '으흐흐'는 모두 시의 제목 '으스름달밤'의 어두음 '으'와 같은 '으'를 써 표현효과를 드러내고 있는 부분 동음어의 곁말이다.

맨드라미 지고 귀뚜라미 우네

어두음을 활용한 곁말을 살펴보았으니 이번에는 어말음(語末音)을 활용한 '말놀이'를 보기로 한다. 제목은 '귀뚜라미'란 시다.

라미 라미/ 맨드라미//
라미 라미/ 쓰르라미//
맨드라미 지고/ 귀뚜라미 우네//
가을이라고/ 가을이 왔다고 우네//
라미 라미/ 동그라미//
동그란/ 보름달

　이 시에서는 '라미'라는 넓은 의미의 어말음이 이어지며 여름이
지나고 가을이 온 정경을 노래하고 있다. 어말음 '라미'를 반복적
으로 부름으로 '맨드라미'와 '쓰르라미'가 등장한다. 맨드라미는
여름 꽃이고, 쓰르라미는 뜨거운 여름날 우는 곤충이다. 이들이 사
라지고 같은 어말음의 '귀뚜라미'가 나타나 울고, 같은 어말음의
'동그라미' 보름달이 뜬다. 이들은 가을을 상징하는 것들이다. '귀
뚜라미'는 가을에 풀밭이나 뜰 안에 살면서 가을이 다가옴을 알리
듯, 귀뚤귀뚤 우는 곤충이다. '동그라미' 보름달은 둥근 가을달이
다. 따라서 시 '귀뚜라미'는 '맨드라미, 쓰르라미, 귀뚜라미, 동그라
미'란 일련의 어말음 '라미'를 통해 계절의 변화, 여름이 가고, 가
을이 찾아온 것을 신통히 노래 한 것이다. 곁말의 마술적 힘이다.
다음의 '코끼리'도 어말음을 활용한 곁말의 동시다.

끼리끼리 코끼리/ 코끼리끼리 가네/
긴 코 늘어뜨리고/ 큰 귀 너펄거리며/

끼리끼리/ 코끼리끼리 가네/
흙먼지 일으키며 가네

'코끼리'는 어원적으로 '곻(鼻)-길(長)-이(접사)'가 변한 말이다. 이 '코끼리'란 말의 뒷부분 '끼리'를 여럿이 무리를 지어 따로따로를 뜻하는 '끼리끼리'로 보아 곁말을 한 것이다. 코끼리들이 무리를 지어 흙먼지를 일으키며 떼로 이동하는 장엄한 모습이 눈앞에 전개된다. 어말음은 이들과는 달리 종결어미로 쓰이는 것도 볼 수 있다. '코뿔소' 등의 시에 쓰인 곁말이 그러한 것이다.

그렇소/ 나는 코뿔소/
창 같지 않소/ 멋지지 않소/
그렇소/ 나는 코뿔소/
내 가죽은 갑옷처럼 튼튼하오/
무장한 무사 같지 않소/ 무섭지 않소/
얼른 길을 비키시오

이 시에서 종결어미로 쓰인 '-소'는 '코뿔소'의 어말음을 활용한 곁말이다. 종결어미 '-소'는 장대한 '코뿔소'의 위용과 함께 위엄 있고, 단정적인 표현성을 드러낸다.

꼴뚜기야 꼴이 그게 뭐냐

'말놀이 동시집'에는 어두음이나, 어말음을 따로따로 사용하지 않고, 이들을 함께 활용하여 표현 효과를 거두고자 하는 겹말도 쓰이고 있다. '꼴뚜기'란 시제의 시가 이런 것이다.

> 꼴뚜기야/ 꼴이 그게 뭐냐/
> 네 꼴 좀 봐라//
> 내가 어때서요/ 나는 꼴뚜기예요/
> 깍두기도 메뚜기도 아닌 꼴뚜기라고요//
> 잔소리 좀 그만 하세요

이 시에서 1연의 '꼴이 그게 뭐냐/ 네 꼴 좀 보아라'는 '꼴뚜기'의 어두음 '꼴'을 활용한 겹말이다. 꼴뚜기가 못생겼다는 것이다. 이에 대해 2연의 '깍두기도 메뚜기도 아닌 꼴뚜기라고요'의 '깍두기'와 '메뚜기'는 '꼴뚜기'의 어말음 '뚜기'를 활용한 겹말이다. 이렇게 시 '꼴뚜기'는 표현기법으로 어두음과 어말음을 다 함께 활용한 시다. 다음의 시 '공룡'도 어두음과 어말음을 다 같이 사용하고 있다.

> 공룡 꿈을 꾸었어요/ 공룡을 타고 숲속 길을 가는데/
> 공룡이 이런 노래를 부르는 게 아니겠어요//
> 공짜는 없어요 돈을 내세요/ 공을 살 거야 축구공을 살 거야/
> 공짜는 없어요 돈을 내세요/ 공을 사야지 농구공을 사야지

이 시에서 '공짜'와 '공'은 '공룡'의 공과 동음인 어두음을 활용한 곁말이다. 이에 대해 '축구공', '농구공'의 '공'은 '공룡'의 '공'을 어말음으로 활용한 곁말이라 하겠다. 다음에는 비유라는 말놀이, 곁말을 보기로 한다.

밀가루 반죽 덩이 같은 뭉게구름

　밀가루 반죽 덩어리 같은 / 뭉게구름을 보면/
　굽고 싶어/ 뭉게구름을 구워서/
　빵 덩어리로 만들고 싶어/ 하늘에 빵 가게를 차리고 싶어/
　새들이 빵을 사러 오는 빵 가게

이는 '빵'이란 제목의 시다. 여기에는 비유가 쓰이고 있다. 여름 하늘에 뭉게뭉게 떠오르는 '뭉게구름'을 '밀가루 반죽 덩어리'에 비유한 것이다. 직유다. 그리고 그 반죽덩이로 빵을 만들고 싶다 한다. 뭉게구름으로 빵을 만들겠다는 생각, 얼마나 어린이다운 순진하고, 순수한 생각인가? 다음은 '섬'이란 시로, 직유와 은유가 함께 쓰인 시다.

　그 섬에는 / 흰 돌 검은 돌이 있는데/
　건반처럼 소리를 낸대/ 파도가 밀려오면 소리를 낸대/
　그 섬이 거대한 피아노인 거야/ 바다가 연주하는 피아노/

물개들이 듣는 피아노 소리/ 바다코끼리들이 듣는 피아노 소리

　바닷가에 조수가 들락거릴 때, 희고 검은 조약돌들이 흘러내리며 내는 소리를 '건반처럼 소리를 낸대'라고 한 것은 직유를 한 것이다. 그리고 그 섬이 거대한 피아노가 되고, 물개들과 바다코끼리가 듣는 '피아노 소리'라는 것은 은유. 이렇게 조수가 들락거리며 조약돌들이 빚어내는 소리를 피아노 소리라 함으로 해변은 거대한 피아노 공연장이 되었다. 전라남도 완도(莞島) 구계등 해변의 갯돌이 내는 소리던가?

　　　구슬치기를 하다/ 구슬을 잃어버렸어/
　　　구슬을 찾고 있는데/ 구슬이 연못에 둥둥 떠 있는 게 아니겠어/
　　　그래서 구슬을 꺼내려는데/ 악어가 버럭 화를 내는 거야//
　　　내 눈알 건드리지 마!

　이는 '구슬'이란 은유의 시다. 구슬치기를 하다가 구슬을 잃고 사방을 찾았다. 그런데 구슬이 연못에 떠 있는 게 아닌가? 찾았다고 생각하여 꺼내려 한다. 그러자 악어가 내 눈알 건드리지 말라고 화를 낸다는 것이다. 악어의 눈알을 구슬로 본 것이다. 아니 악어의 눈알을 구슬에 비유한 것이다. 이것도 어린이다운 발상이다. 어린이들의 눈에 악어의 눈알이 구슬같이 보이니까. 어린이들이 박수를 칠 광경이다.

2. 개 건너 큰애기 날 오라누나.

대추나무 방아라 대충대충 굴러 놓고

민요(民謠)에 쓰인 곁말을 보기로 한다. 민요에는 동음어, 비유, 풍자의 곁말이 많이 쓰이고 있다. 먼저 동음어의 곁말을 쓰고 있는 "방아타령"부터 보자.

신재효의 심청가에는 심 봉사가 외설적 "방아타령"을 해 여인들이 욕을 하는 장면이 보인다. 그런데 김태갑 외(중국 연변출판사, 1981)의 "민요집성"에 보이는 "방아타령"은 점잖게 어두음을 활용하여 흥미로운 "방아타령"을 하고 있다.

이 방아가 무슨 방아/ 감나무야 방아거든/ 간간하게도 굴러 놓고
이 방아가 무슨 방아/ 고욤나무야 방아거든/ 곤곤하게도 굴러 놓고
이 방아가 무슨 방아/ 대추나무야 방아거든/ 대충대충 굴러 놓고
이 방아가 무슨 방아/ 잣나무야 방아거든/ 자춤자춤 굴러 놓고

이 방아가 무슨 방아/ 오동나무야 방아거든/ 오동통통 굴러 놓고
이 방아가 무슨 방아/ 가죽나무야 방아거든/ 가죽 벗겨서 찧어 보세

　방아를 찧는다는 것은 힘든 작업이다. 디딜방아는 발로 굴러 방
아 머리를 들어 올린 다음 그 끝에 달려 있는 방앗공이가 내려 떨
어지며 확 속의 곡식을 찧기 때문이다. 그래서 우리 속담에는 "죽
은 시어미도 방아 찧을 때는 생각난다."고 미운 시어미까지 생각
날 정도로 방아 찧는 일이 힘든 일임을 빗대어 말하고 있다. 따라
서 방아 찧는 작업은 결코 즐거운 일이 못 된다. 그런데 위의 "방
아타령"은 이 고된 작업을 즐거운 노동요로 승화시키고 있다. 방
아 몸통인 나무의 이름과 구르는 동작을 같은 어음인 부분 동음어
를 활용하여 재미있게 노래하고 있는 것이다. 곧 "감나무"는 "간
간하게" 굴러 놓고라 하고, "고욤나무"는 "곤곤하게", "대추나무"
는 "대충대충", "잣나무"는 "자충자충", "오동나무"는 "오동통통"
굴러 놓고라 하고 있다. 그리고는 이어서 "가죽나무"는 "가죽 벗
겨서", 곧 거피(去皮)하여 찧어보자고 하고 있기 때문이다. 이런 것
을 보면 우리 조상들은 확실히 지혜 있는 백성들이다. 그리고 음
률에도 뛰어난 자질을 지녀 이를 즐긴 사람들이다.
　"장타령"은 흔히 동음어를 활용하는 민요다. "민요집성"에 보이
는 "장타령"은 앞에서 본 "방아타령"과는 달리 보다 전음 동음어
(全音同音語)라 할 표현을 하여 익살스러운 타령을 하고 있다. 이는

다음에 소개하는 "각설이 타령"처럼 수요(數謠)의 형식을 취하고 있지도 않다.

　　육날 미투리 신천장/ 신천장을 볼라니/ 신날이 끊어져 못 본다.
　　아궁 안의 재령장/ 재령장을 볼라니/ 재 쳐내기에 못 본다.
　　색시 많다 안악장/ 안악장을 볼라니/ 곁눈질 바람에 못 본다.
　　아이고 대고 곡산장/ 곡산장을 볼라니/ 눈물 나서 못 본다.

　이는 평안도와 황해도 지역의 장을 보려 하나 볼 수 없다는 것으로, 그 이유를 곁말로 노래한 것이다. 평안도 신천(信川)장은 어두음 "신"을 짚신, 미투리와 같은 "신(鞋)"으로 받아 "신날"이 끊어져 못 본다고 한 것이고, 황해도 재령(載寧)장은 어두음 "재"를 불타고 남은 "재(灰)"로 받아 "재"를 쳐 내느라 볼 수 없다고 한 것이다. 같은 황해도의 안악(安岳)장은 부녀자를 뜻하는 "아낙"으로 받아 시샘 많은 여인들의 곁눈질 때문에 못 본다고 한 것이다. 마지막의 황해도 곡산(谷山)장은 어두음 "곡"을 "울 곡(哭)"자로 받아 눈물이 나서 못 보겠다고 한 것이다. 이들은 평범한 지명에 새로운 유연성을 부여함으로 의외의 표현효과를 드러내어 재미있는 노래가 되게 한 것이다.

　전통적인 각설이 타령인 다음의 "장타령"은 수요(數謠)의 형식을 빌려 여러 가지로 동음어에 의한 곁말을 한 것이다.

일자 한 장 들고 봐/ 일월이 성성 야송송/ 밤중 샛별이 완연타

이자 한 장 들고 봐/ 의암이란 기생이 왜장청정(倭將淸正) 목을 안고/ 진주 남강 떨어졌다.

삼자 한 자 들고 봐/ 삼월이 신령 도신령/ 외나무다리서 만나도/ 이만 딱딱 갈린다.

사자 한 장 들고 봐/ 사신행차 바쁜 길/ 점심참이 늦어진다.

오자 한 장 들고 봐/ 오관참장 관운장/ 적토마를 비껴 타고/ 와룡선생 찾아간다.

육자 한 장 들고 봐/ 육관대사 성진이/ 팔선녀 잡고 희롱한다.

칠자 한 장 들고 봐/ 칠월칠석 견우직녀/ 오작교로 만난다.

팔자 한 장 들고 봐/ 팔월이라 팔자타령/ 어이할꼬 이 자식

구자 한 장 들고 봐/ 구십 먹은 노인이/ 구들막에서 밥먹고/ 윗목에 앉아 똥싼다.

장자 한 장 들고 봐/ 장안 광대 박광대/ 광대 중에 모개비/ 은광대를 쓰고서/ 만년 덕담 하누나.

이는 각설이패가 난전을 찾아들어 타령을 하는 것이다. 일자(一字)에는 일월(日月)의 일(日)에, 이자(二字)에는 지역방언에 의암(義岩)의 의(義)자가 "이"로 발음되기에 여기에 대응시켜, 논개의 고사를 노래하고 있다. 삼자(三字)는 "삼월(三月)이"라는 신령에 연합시키고 있고, 사자(四字)는 "사자(使者)"의 "사(使)"자에 대응시키고 있다. 오자(五字)는 촉한의 무장인 관운장, 곧 다섯 관문 장수 목을 벤 오관참장(五關斬將)에 연결시킨 것이다. 육자(六字)는 "구운몽"에 나오는 육관대사(六觀大師)에, 칠자(七字)는 칠월칠석(七月七夕)에, 팔자(八字)는

"팔자타령(八字打令)"에 각각 결부시킨 것이다. 구자(九字)는 구십(九十)의 "구(九)"와, 아랫목을 뜻하는 방언 "구들막"의 "구"에 대응시켜 곁말을 한 것이다. 이는 치매에 걸린 노인의 행동을 노래해 적잖은 비감을 자아내게 한다. 십자(十字)는 "장자(字)"로 바꾸어 "장안(長安) 광대"의 긴 "장(長)"자에 대응시켜 사설을 늘어놓았다. 따라서 여기 명실상부한 동음어에 의한 곁말은 일(一)의 일월(日月), 이(二)의 의암(義岩), 사(四)의 사자(使者), 구(九)의 구들막, 장(十)의 장안(長安)의 다섯 가지에 쓰여 그 표현효과를 더하고 있다.

소뿔 같은 더덕 장아찌

다음에는 농부가인 "메나리"를 보기로 한다. 이는 "점심 메나리"와 "저녁 메나리"가 있는데 그 중 "점심 메나리"의 일부다. 이는 비유를 활용한 곁말을 하고 있는 민요다.

> 여보소 벗님네야/ 요 내 점심 왜 늦었나?
> 쇠뿔 같은 더덕 장아찌/ 찌노라니 늦었습네.
> 말피 같은 정치령/ 대리노라니 늦었습네.
> 신짝 같은 준치 자반/ 굽노라니 늦었습네.
> 외씨 같은 전니밥/ 짓노라니 늦었습네.

이 노래는 들에서 일을 하고 있는 농부에게 내어 온 점심참을 노래한 것이다. 우선 점심이 늦은 것을 탓한다. 그러나 차려온 음식은 일꾼의 들참이라기에는 매우 격이 높다. 더덕 장아찌에, 다린 간장(정치령), 준치 구이, 전(金)니밥이 그것이다. 이들을 준비하노라 점심이 늦었단다. 그런데 이들 음식은 비유로 꾸며져 있다. "더덕 장아찌"는 "쇠뿔" 같은 오래 묵은 더덕이다. 오래 묵은 더덕은 인삼과도 바꾸어 먹지 않는다고 한다. 이렇게 오래된 더덕을 더덕찜으로 내 왔다. 그러니 늦을 만도 하다. 간장은 그 빛깔이 말피(馬血) 같다. 간장의 검붉은 빛깔이 "말피"에 비유된 것은 생생한 시골 냄새를 풍긴다. 그것을 다려 왔다. 일본에서는 생선의 으뜸으로 도미를 친다. 이에 대해 우리는 "썩어도 준치"라고 준치를 친다. 이런 준치를 구워 왔다. 그리고 밥은 "전(金)니밥"으로, 온통 입쌀로 지은, 흰 쌀밥이다. 기름이 자르르 흐르는 흰 쌀밥이겠다. 이는 농부의 들밥이라고 하기에는 호화판이다. 흔히 농부의 밥은 꽁보리밥이거나, 잡곡을 많이 둔 잡곡밥이다. 가을철 들일하는 낭군의 밥이었을까? 이런 음식을 준비하자니 시간이 걸렸겠다. 여기에는 더덕이 오래 묵은 것이어 쇠뿔에, 간장은 검붉어 말피에, 준치는 큰 것이었던지 신짝에, 입쌀은 그 생김생김이 외씨같이 생겼다 하여 외씨에 각각 비유하여 표현 효과를 드러내고 있다.

개 건너 큰 애기 날 오라누나.

위의 농부가 "메나리"는 식(食)이 족(足)하자 사랑가로 넘어간다. "사래 길고 길찬 밭에/ 목화 따는 저 처녀야/ 목화 숙화 내 따 줄게/ 요 내 품에 안겨 주오"라 노래하고 있는 것이 그것이다. 노동요는 고된 일을 하며 고통을 잊고, 위로를 받고자 해서 부르는 것이다. 그러기에 사랑 노래가 있고, 여기에 자연스레 외설적인 사설도 섞여 나온다. 이 노래에도 사랑 노래가 열도(熱度)를 더하여 큰 아기의 유혹을 받고, 그 집을 찾는 자못 심상찮은 장면까지 노래 불리고 있다. 그런데 이때의 대단원은 의외의 장면이 전개된다.

저녁 먹고 썩 나서니/ 개 건너 큰애기 날 오라누나
오라기는 오래 놓고/ 문만 걸고 잠만 자네.

문을 걸면 실로 걸고/ 잠을 자면 실로 잘까
문 걸었다고 돌아서는 장부/ 장부중의 졸장부라.
문 걸었다고 돌아 섰나/ 동남풍 바람에 비켜섰지.

저녁을 먹고 나니 개울 건너 "큰아기"가 나를 오라 한다. 밤은 사랑의 시간이다. 큰아기도 "봄봄"의 점순이처럼 불쑥 춘정이 솟구친 것일까? 총각은 "큰아기"를 찾아간다. 문은 걸려 있고, 아가씨는 잠을 잔다. 돌아선다. 이것이 전개된 현실적 장면의 전부다.

그런데 이에 대한 해석은 사뭇 다르다. 문을 걸었으면 정말로 걸었고, 잠을 자면 정말로 ('실로') 자는 것이겠느냐는 것이다. 문이 걸렸다고 돌아선 장부는 졸장부란 것이다. 이에 장부는 동남풍이 불어서 돌아선 것이지 문이 잠겨 돌아선 것이 아니라 변명한다. 사랑한다, 나는 네가 좋다고 말을 하지 못하고, 행주치마 입에 물고 입만 방긋하는 것이 처녀의 사랑이다. 총각의 사랑도 문이 걸려서가 아니라 동남풍이 불어서 돌아섰다고 변명하는 체면이 앞서는 사랑이다. 이것이 우리의 전통적 사랑의 정서였다. 그러기에 "푸지기"라는 민요에는 다음과 같이 노래 하고 있다.

> 일각문(一角門) 안에 비껴선 각시/ 아양에 꼬부장 낚시눈 떴네.
> 아양에 꼬부장 눈뜨지 말고/ 네 속을 풀어서 말을 좀 하려무나.

이런 아가씨의 태도에 동네 총각은 더욱 애만 태웠다. 남녀를 가릴 것 없이 적극성, 대담성이 없었다. 요사이의 말로 "내로남불"을 두려워한 것이다. 그러기에 "메나리"의 대단원은 아이러니컬한 사랑이요, 표현기법 또한 역설, 아이러니라 하겠다.

네 배때지 부르단들, 네 땀 흘려 불렸더냐?

이번에는 민요의 또 하나의 표현 특성인 풍자의 기법을 쓰고 있는 노래를 보기로 한다. 다음은 소재부터 이색적인 이(蝨)를 통한 풍자의 노래다.

> 네 발 많아 육발인들/ 일밭 한번 가 봤드냐?
> 네 등판이 넓적한들/ 나무 한 짐 져 봤드냐?
> 네 배때지 부르단들/ 네 땀 흘려 불렸더냐?
> 네 주둥이 뾰족다 한들/ 바른 말을 해 봤드냐?
> 네놈 눈이 한 쌍인들/ 우리 사정 봐 줬더냐?
> 네 성 좋아 이라해도/ 네 갈 곳은 북망이라
> 요놈 이야 딱 죽어라.

　이는 이(蝨)의 특성을 들고, 이가 그 특성을 가지고 인간에게 무엇 하나 이로운 행동을 한 적이 있느냐고 시비를 한 것이다. 그리고 그렇지 못하니 마땅히 죽어야 한다고 노래한 것이다. 이(蝨)는 발이 많아 여섯 개다. 그런데 일터에 나가 일 한번 해 본 적이 없다. 등판이 넓적하나 나무 한번 져 본 적도 없다. 배가 부르다 해도 땀 흘려 일한 결과가 아니고, 사람의 피와 살을 갉아 먹은 것이다. 주둥이가 뾰족하나 바른 말을 한번도 해 본적이 없다. 눈이 둘이나 인간의 사정을 살펴 돌보아 준 적도 없다. 성은 비록 왕족의 좋은 이(李)씨 성을 가졌으나, 올바른 처신을 하지 못했으니 죽어야 마땅하다고 노래한 것이다. 이 노래는 바르지 못한 이(蝨)의 생태를 심판한 것이다. 그러나 이면에 숨겨진 주제는 무위도식하고, 가렴주구(苛斂誅求)하며, 올바로 처신하지 않은 양반 세력을 비판한 풍자에 초점이 놓일 것이다. 그래서 이런 족속은 처형돼야 할 대상이라 노래한 것이다.

이(虱)에 대한 노래는 이와 좀 다른 것도 있다. 그러나 노래의 구조와 내용이 대동소이하다. 앞의 노래와 다른 노래를 하나 보면 다음과 같다.

> 이야 이야 옷의 이야/ 네 발이 육발이면/ 서울 한번 다녀왔냐?
> 네 등이 넓적하니/ 거무산성 무을 적에/ 돌 한 덩이 실었느냐?
> 네 주둥이 뾰죽해도/ 만인간이 모였을 제/ 말 한 마디 해 봤느냐?
> 네 배때기가 먹통인들/ 붓 한 자루 들고 나와/ 기역자를 써 봤느냐?
> 네 성은 이가라도/ 네 이름은 딱 일러라/ 요 이야, 딱 죽어라

이 노래는 서울을 가 봤느냐, 거무산성을 쌓을 때 조금이나마 돕기를 하였느냐, 말 한마디를 해 보고, 기역자 한 자라도 써 봤느냐, 아무 것도 하지 않지 않았느냐? 이렇게 앞의 노래에 비해 다소 객관적으로 기술한 것이다. 앞의 노래가 적의를 앞세운 감정적인 노래인데 반해, 이 노래는 다소 논리적이고 차분한 기술적 노래다. 따라서 전자에 비해 이 노래는 덜 선동적이고, 그러기에 이 노래를 듣는이에게 미치는 효과도 덜 하다 하겠다. 그러나 이의 족속은 처형의 대상이란 주제 면에서는 마찬가지다. 이는 사람으로 태어나 이(虱)와 같은 족속이 되어서는 안 된다는 풍자적 노래

라 하겠다.

이색적인 짧은 풍자적 노래 하나를 더 보기로 하면 다음과 같은 것도 있다. 제목은 "내 서방"이란 노래이다.

솔잎사귀 대구리 물레줄 상투/ 언제나 길러서 내 서방 삼나//
시내 강변에 가는 비 오나마나/ 어린 서방은 있으나 마나//
노랑두 대가리 쥐나 콱 물어가라/ 동네집 총각이 내 서방 되리라.

다 큰 처녀에 어린 신랑. 우리의 조혼이 빚은 폐습이다. 이 노래는 이런 조혼의 비극을 풍자한 민요다. 상투를 틀기에도 머리털이 제대로 자라지 않은 어린 사람이 관례(冠禮)를 하고 상투를 틀고 아내를 맞았다. 그러니 아직 사내 구실도 제대로 못한다. 다 큰 처녀는 속이 탄다. 강변에 내리는 가는비처럼 서방은 있으나 없는 것과 매한가지다. 차라리 젖내 나는 노랑 대가리 이 신랑을 쥐가 물어갔으면 좋겠다. 그러면 건장한 동네 총각을 내 서방으로 맞아 결혼생활을 즐길 것이 아닌가? 이렇게 신부는 탄식한다. 행복해야 할 결혼생활이 비극이 되었다. 요사이는 이와 달리 오히려 만혼에 독거 처녀·총각이 많아 이것이 사회적 문제가 되고 있다.

3. 개 팔아 두 냥 반(兩半)

　봄이다. 움츠렸던 몸을 펴고 보니 벌써 낙화가 흩날린다. 조선
조 이정보(李鼎輔)의 시조에 "각씨(閣氏)네 꽃을 보소, 피는 듯 이우
느니/ 얼굴이 옥(玉) 같은 들 청춘(靑春)을 매었을까/ 늙은 후(後) 문
전(門前)이 냉락(冷落)하면 뉘우칠까 하노라"가 보인다. 인생을 위해
세월은 머물러 주지 않는다. 그래서 우리 조상들은, 물론 신명도
남달랐겠지만, 불철주야 가무(歌舞)를 즐겼고, 놀기를 좋아했다.
　이번에는 "벗구 놀자"란 다소 황당한 동음어에 의한 말놀이부터
보기로 한다.

벗구 놀자

　황해도 일대에 분포된 탈춤의 하나에 봉산탈춤이란 것이 있다.
이는 산대도감 계통극의 한 분파인 해서형(海西型), 곧 황해도 지방

의 탈춤에 속하는 것이다. 이 탈춤의 내용은 양주별산대놀이의 주제와 같이 파계승에 대한 풍자와 양반에 대한 조롱과 모욕을 주류로 한다. 구성은 크게 일곱 과장으로 되어 있다.

제1과장 사상좌무(四上佐舞), 제2과장 팔목승무(八目僧舞), 제3과장 사당무(社堂舞), 제4과장 노장무(老長舞), 제5과장 사자무, 제6과장 양반무, 제7과장 미얄춤 등이 그것이다. 그런데 이 탈춤의 제2과장 팔목중춤에 '벗구 놀자'란 동음어를 활용한 말놀이가 보인다. 이는 음이 완전히 같은 것은 아니고, 비슷한 음인 유음어에 의한 곁말로, 익살을 부리고 사람을 웃기는 대화가 오가는 것이다.

목중 1 : (탈판 중앙으로 걸어 나와서) 아나야.
목중 2 : (목중 1을 따라 나와서) 그래애.
목중 1 : 우리가 중이 아니냐? 벗구 놀아보자.
목중 2 : 아나야.
목중 1 : 그래애.
목중 2 : 벗구 놀잔 말이가?
목중 1 : 그래, 벗구 놀자.
목중 2 : (이상하다는 듯이) 아나야.
목중 1 : 그래애.
목중 2 : 벗구 놀자 하였다?
목중 1 : 그래 벗구 놀자 하였다.
목중 2 : (그래도 이상하다는 듯이) 아나야.
목중 1 : 그래애.
목중 2 : 정말 벗구 놀자 하였지?

목중 1 : 야, 이놈아 벗구 놀잔 말이다.

목중 2 : (옷을 벗으려 하며) 아나야.

목중 1 : 그래애.

목중 2 : (옷을 조금 벗으며) 진정 벗구 놀자 하였다?

목중 1 : 아니 이놈아. 그래 진정 벗구 놀자.

목중 2 : 아나야.

목중 1 : 그래애.

목중 2 : (옷을 벗으면서) 꼭 벗구 놀자 하였다?

목중 1 : 하하, 이놈아. 그래 벗구 놀자.

목중 2 : (더거리를 벗었다) 아나야.

목중 1 : 그래애.

목중 2 : (옷을 벗어 놓고 바지 띠를 잡고) 벗고 놀자 하기로 자 벗었다.

목중 1 : 야 이놈아, 벗구 놀자 하니까 의복을 홀딱 벗었구나. (북채를 집어 중앙에 있는 북을 꽝 치면서) 이거 벗구 말이다.

목중 2 : 야, 이놈 무식한 놈아. 이것은 북 鼓(고)자, 벅고다.

목중 1 : 하하하…. 그런가? 그러면 벅고 놀자. 벅고를 대갱에다 두리둥실 여라.

이들 목중들의 대화는 관객을 자못 의아한 경지로 몰아간다. 도를 닦는 중의 신분으로 놀이를 한다는 것도 이상한데, '벗구' 놀자고 하기 때문이다. 그것도 오늘날과 같이 성이 개방된 시대도 아니요, 유교의 윤리도덕이 강조되던 조선조에 말이다. 그래서 같이 등판한 목중 2도 의아해 한다. 이에 '벗구 놀자'는 말이냐고, 한두 번도 아니고 무려 여섯 번씩이나 물었다. 그러면 목중 1은 그렇다고 확인을 한다. 이러한 확인에 내용을 모르는 관객은 더욱 호기심을 갖게 되어, 흥미는 고조된다.

그러나 이러한 의아심은 '벗구'가 '법고(法鼓)'를 잘못 발음한 것임을 알고 관객은 실소하게 된다. '법고 > 벅고 > 벗고 > 벗구'란 변음의 과정을 겪어 말놀이를 한 것이다. 그러나 이 말 뒤에는 단순한 어희만이 아닌, 벌거벗은 목중이 실재한다. 실소 하는 가운데 중은 이미 놀림감이 되어 있다.

이는 숭유억불(崇儒抑佛)의 정책으로 중이 놀림감, 조소의 대상이 된 것이라 하겠다. 그러나 탈춤은 앞에서 언급하였듯 중만을 이렇게 놀림감을 만드는 것이 아니다. 양반도 놀림감을 만든다. 탈춤의 중요한 주제 가운데 하나가 양반을 조롱하는 것이기 때문이다. 부패한 양반사회, 타락한 양반을 고발하는 것이다. 같은 봉산탈춤의 제6과장 "양반춤"에는 동음어에 의한 곁말로 양반을 조롱하고 있는 것이 보인다.

개잘량이라는 양 자에 개다리소반이라는 반 자

탈춤 판에 말뚝이가 양반 3형제를 인도하여 등장한다. 맏이는 샌님(生員), 둘째는 서방님(書房), 셋째는 도령(道令)이다. 말뚝이는 뒤따라 나온 이들 양반을 조롱한다.

말뚝이 : (가운데쯤 나와서) 쉬이. (음악과 춤 멈춘다) 양반 나오신
다아! 양반이라고 하니까 노론(老論), 소론(少論), 호조, 병조, 옥당(玉
堂)을 다 지내고 삼정승, 육판서를 다 지낸 퇴로재상(退老宰相)으로
계신 양반인 줄 아지 마시오. 개잘량이라는 양 자에 개다리소반이라
는 반 자 쓰는 양반이 나오신단 말이오.
　　양반들 : 야아, 이놈 뭐야아!
　　말뚝이 : 아, 이 양반들 어찌 듣는지 모르갔소. 노론, 소론, 호조,
병조, 옥당을 다 지내고, 삼정승 육판서 다 지내고 퇴로재상으로 계
신 이 생원네 삼형제분이 나오신다고 그러하였소.
　　양반들 : (합창) 이 생원이라네.

　　말뚝이가 동반 서반의 양반을 개잘량이라는 '양'자와, 개다리소
반이라는 '반'자에 끌어다 붙인 것은 말할 것도 없이 양반을 조롱
하기 위함이다. 그리고 이를 시비하는 양반 삼형제에게 변명하는
말뚝이의 말은 진정한 변명이 아니다. 그는 '퇴로정승댁에 계신
이 생원네 삼형제분'이라고 하는 것이 아니라, '퇴로재상으로 계신
이 생원네 삼형제분'이라고 하여 논리에 맞지 않는 빼딱한 사설을
늘어놓은 것이다. 그럼에도 어리석은 양반 삼형제는 그것도 모르
고 '이 생원이라네'라고 만족해한다.
　　'개잘량'은 방석처럼 앉기 위해 박제한 개가죽을 이르고, '개다
리소반'이란 상다리 모양이 개다리처럼 휘인 막치 소반을 가리킨
다. 따라서 이 '개잘량'이라는 '양'자에 '개다리소반'이란 '반'자의
'양반'이란 말은 양반을 개로 취급한 모욕적인 말이다. 개 같은 양

반이란 말이다. 이에 양반 삼형제도 분개하고 '야아, 이놈 뭐야아!'
하고 야단을 친 것이다.

양반에 대한 야유와 조롱은 속담에도 많이 반영되어 있다. "양
반 양 반 두 양 반(兩半)", "개 팔아 두 냥반(兩半)", "양반(兩半)인가,
두 냥반(兩半)인가", "돝 팔아 한 냥, 개 팔아 닷 돈하니 양반(兩半)
인가" 따위가 그것이다.

옥녀(玉女)의 해군성(解裙聲)

『태평한화골계전』의 삼자(三子)의 즐거움에 짝이라도 맞추려는
듯, 조선 후기의 문인 홍만종의 『명협지해』라는 민속집에는 다음
과 같은 소리에 관한 재미있는 일화가 전한다.

나그네를 떠나보내는 자리에 정송강, 유서애, 이백사, 심일송, 이
월사 등 다섯 사람이 자리를 같이 했다. 술이 얼근해지자 소리에 대
한 품격을 이야기하게 되었다. 먼저 송강이 말했다.
"맑은 밤, 달이 밝은데, 누각 머리가 구름을 멈추게 하는 소리가
제일 좋겠지."
이어서 일송은 "온 산이 단풍으로 울긋불긋하고 바람이 불 때 원
숭이 우는 소리가 제일일 게야."했다.
서애는 "새벽 창가에 졸음이 밀려오는데 술독에 술 거르는 소리가
묘하지."라 했다.
월사는 "산간 초당에 재자가 시를 읊는 소리가 아름답지." 했다.

그러자 백사가 웃으면서, "여러분의 소리에 대한 찬사가 다 그럴 듯하오. 그러나 사람들이 듣기에 좋기로는 동방화촉 좋은 밤에 아름다운 여인이 치마 벗는 소리(解裙聲)만한 것이 있을까?" 했다. 그러자 모두가 크게 웃었다.

위의 설화에 등장하는 인물 가운데 송강은 정철, 서애는 유성룡, 백사는 이항복, 월사는 이정구로 조선조 선조 때의 내로라하는 문장 대가들이다. 이들은 소리를 품평하며 문인들답게 시적 상상의 날개를 펴 자기 나름의 최고의 소리를 들고 있다. 그리고 백사의 아름다운 여인의 치마 벗는 소리에 좌중이 모두 압도되었다.

백사의 치마 벗는 소리, 곧 해군성은 육감적인 느낌을 자아내는 비유적 표현이다. 이는 신비하고 매혹적인 표현임에 틀림없으나, 역시 고혹적인 성감을 자극하는 표현이다. 지난날의 사랑은 그것이 곧 성애(性愛)였다. 고소설에서 사내가 여인에게 혹하였다 하면, 별다른 수작 없이 곧바로 성관계로 들어간다. 성관계가 사랑이다. 그러기에 사랑은 바로 음담패설의 화두가 된다.

이러한 '해군성(解裙聲)'은 설화에만 보이는 것이 아니다. 우리의 옛시조에도 보인다.

금준(金樽)의 주적성(酒滴聲)과 옥녀(玉女)의 해군성(解裙聲)이
차(此) 양성(兩聲) 중에 어늬 소래 더욱 조흐리.
아마도 월침삼경(月沈三更)에 해군성(解裙聲)인가 하노라.

이 시조는 술독에 술 거르는 소리와 여인의 치마 벗는 소리 가운데 어느 것이 더 좋으냐? 아마도 달이 기운 밤에 치마 벗는 소리가 더 좋은가 한다는 노래다.

서거정의 『태평한화골계전』을 보면 삼봉 정도전, 도은 이숭인, 양촌 권근이 자기들이 평생에 즐겁게 여기던 것을 이야기하는 설화가 실려 있다. 여기서 양촌은 "흰 눈이 뜰에 가득하고, 붉은 해가 창에 비칠 때 따뜻한 온돌에 병풍을 두르고, 화로를 끼고서 손에 책 한 권을 쥐고 길이 발을 뻗고 누웠으면 미인이 그 곁에 앉아 섬섬옥수로 수를 놓다가 때로 바늘을 멈추고, 밤을 구워서 먹여 주는 것이 가장 즐겁다."고 했다. 선비의 점잖은 풍류다.

양촌은 점잖게 미녀의 시중을 즐거운 일이라 하였다. 그런데, 이 시조는 한 걸음 나아가 육욕을 추구하고 있다. 흔히 주색이라 하듯, 흔히 남자들이 즐기고자 하는 것이 술과 여인이거니와 이 시조는 그 가운데도 여인이 더 좋다는 것을 '해군성(解裙聲)'으로 빗대어 노래한 것이다.

그리고 여기 사족을 붙일 것은 '해군성(解裙聲)'이 비록 한자어지만 이 말이 중국어에는 잘 보이지 않는다는 것이다. 중국의 『사원(辭源)』은 물론 모로바시(諸橋)의 『대한화사전』에도 보이지 않는다. 그리고 보면 이는 우리만의 시심의 표현이 아닌가 한다. 이는 한자어가 아닌, "치마 벗는 소리"라고 모더니스트 김광균의 시에도 나타난다.

하이얀 입김 절로 가슴이 메어
마음 허공에 등불 켜고
내 홀로 밤 깊어 뜰에 내리면
머언 곳에 여인의 옷 벗는 소리. <설야(雪夜)>

이는 물론 육감을 자극하는 소리가 아닌 눈이 내리는 신비한
소리이다.

선시산인(仙是山人)

다음에는 파자의 예를 하나 보기로 한다. 이는 방랑시인 김삿갓,
김립(金笠)의 시이다. 김삿갓은 몇 편의 파자시를 보여 주는데 "선
시산인"은 그 대표적인 것이다.

신선은 산에 사는 사람이요, 부처는 사람이 아니며,
기러기는 강에 사는 새이나, 닭이 어찌 새이랴.
얼음이 한 점을 잃으니 도로 물이 되고,
두 나무가 서로 대하니 숲을 이루도다.

仙是山人佛不人(선시산인불부인)
鴻惟江鳥鷄奚鳥(홍유강조계해조)
氷消一點還爲水(빙소일점환위수)
兩木相對便成林(양목상대편성림)

이는 기지가 넘쳐나는 파자시다. 기구의 '신선 선(仙)'자는 '山, 人', '부처 불(佛)'자는 '弗, 人'으로, 승구의 '기러기 홍(鴻)'은 '江, 鳥'로 파자하고, 전구의 '물 수(水)'자는 '얼음 빙(氷)'의 점이 떨어진 것으로, 결구의 '수풀 림(林)'은 '나무 목(木)'자 둘로 파자한 시다. 본래 파격을 좋아하는 김삿갓이기는 하지만, 이렇게 파자를 하여 시를 지음으로, 그는 주지적(主知的) 시의 경향을 형상화하여 더욱 그의 기지를 생생히 드러내고 있다.

4. 관망은 오려논에 새 볼 터

비단이 한 끼

흥부전을 보면 흥부는 대망(大蟒 : 큰 구렁이)의 화를 입은 제비 새끼의 다리를 고쳐준 것이 인연이 되어 제비 왕으로부터 보은의 박 씨를 하나 받게 된다. 흥부가 이것을 심었더니, 이삼일에 싹이 나고, 사오일에 순이 벋어 박 네 통이 열렸다. 박은 "대동강 상 당 두리선같이, 종로 인경같이, 육관(六觀) 대사 법고같이" 크기에 따라 둥두렷이 달리니, 흥부가 좋아라고 문자를 써서 말을 한다.

유월에 화락(花落)하니 칠월에 성실(成實)이라. 대자(大者)는 여항 (如缸)하고, 소자(小者)는 여분(如盆)하니 어찌 아니 기쁠소냐? 여보 소, 아기 어머니. 비단이 한 끼라 하니 한 통을 따서 속을랑 지져 먹 고, 바가지는 팔아다가 쌀을 팔아 밥을 지어 먹어 보세.

굶기를 밥 먹듯 하는 흥부의 집안이라 박을 보고도 먼저 먹는 것을 생각하였다. 흥부의 말 가운데 보이는 "비단이 한 끼"라는 말은 비유로, 양식이 떨어져 깊이 간직해 두었던 비단을 파니, 겨우 한 끼 먹을 돈밖에 안 된다는 말이다. 이는 본래 열상방언(洌上方言)에 "언 호화불과일시야(言豪華不過一時也)"라 되어 있는 바와 같이, 인생의 호화가 오래 가지 아니하고 쉬 몰락한다는 말이다. 그러나 이 말은 흔히 목구멍이 포도청이라 굶게 되면 아낄 것이 없다는 뜻을 나타낸다. "굶으면 아낄 것이 없어 통비단도 한 끼라"라는 속담이 이를 웅변으로 증명해 준다. 그래서 이담속찬(耳談續纂)에도 이 속담에 대해 "주리면 인색할 것이 없다. 한 필의 비단으로 한 끼를 먹는다. 이것은 천하지물 가운데 먹는 것보다 급한 것이 없음을 말한다."고 풀이하고 있다. 유몽인의 "어우야담"에 천하명기 황진이가 "두루 유람(금강산) 하는 가운데 걸식도 하고, 승려들에게 몸을 팔아 양식을 얻기도 하였다."는 기록이 보이는데 이도 그 한 예이다. "금강산 구경도 식후경"이나, 논어의 "의식이 족한 연후에 예절을 안다"고 한 것도 다 이러한 지경을 말하고 있는 것이라 하겠다. 흥부도 이런 뜻으로 말한 것이다.

그런데 여인들은 반드시 그렇지만은 않은 것 같다. 신재효의 판소리 "박타령"을 보면 흥보가 셋째 박을 타 놓았을 때 한 미인이 나타나 자기는 양귀비로, 흥보의 첩이 되려 왔다고 한다. 그러자 흥보의 아내 하는 말이 "나는 열 끼 곧 굶어도 시앗 꼴은 못 보겠

다. 나는 지금 곧 나가니 양귀비와 같이 잘 살아라." 한다. 천하지
물 가운데 "막급어식(莫急於食)", 먹는 것보다 급한 것이 없다고 하
는데 여인네는 오히려 지아비의 사랑이 우선인 모양이다.

그러면 아내의 강짜에 흥보는 어떻게 응수했는가? "여보소, 아
기 어멈. 이것이 웬일인가? 자네 방에 열흘 가면, 첩의 방에 하루
자지. 그렇다고 양귀비가 나 같은 사람을 보려 하고 만리타국에
나왔으니 도로 쫓아 보내겠나?" 한다. 군자 같은 흥보건만 그도
첩에 대한 미련은 어쩔 수 없는 모양이니, 역시 남자는 늑대인 모
양이다.

관망은 오려논에 새 볼 터

먹는 것에 대해 살펴보았으니, 다음에는 입는 것에 대한 곁말을
보기로 한다. 같은 신재효의 판소리 "박타령"을 보면 흥보가 놀보
에게 전량을 얻으러 갔다가 난장을 맞고 집으로 돌아와, 형님이
주는 전량을 흉한들에게 다 빼앗겼다고 아내에게 거짓말을 한다.
그러나 흥보 아내는 이를 믿지 않고, 손뼉을 치며 이렇게 말한다.

그래도 내가 알고, 저래도 내가 아네. 몹쓸래라, 몹쓸래라, 시아주
비도 몹쓸래라. 하나 있는 동생을 못 본 지가 몇 해런고? 오늘같이
추운 아침 형 보자고 간 동생의 관망(冠網)을 보거드면 오려논에 새
볼 터요, 의복을 보거드면 구력 속에 황육(黃肉) 든 듯, 얼굴은 부황

(浮黃) 채색(茱色), 말소리는 기진함함(氣盡頷頷), 여러 해 굶은 줄과 조금 하면 죽을 정색(情色) 번연히 알 터인데 구완하긴 고사하고 저리 몹시 때렸으니 사람이 할 일인가? 애고 애고 설운지고

홍보 아내의 비탄 가운데 "관망을 보거드면 오려논에 새 볼 터요, 의복을 보거드면 구럭 속에 황육 든 듯"이라 하고 있는데, 이는 홍보의 의관이 남루함을 비유로 나타낸 것이다. "오려논에 새 볼 터요"의 "오려논"은 곧 "올벼 논"을 가리키는 말로, 올벼 논에 새를 본다는 말은 관망(冠網), 곧 갓과 망건의 허름하기가 논에 세워 놓은 허수아비 같다는 말이다. "구럭 속에 황육 든 듯"이란 새끼를 얽어서 만든 망태기 속에 쇠고기가 든 것 같다는 말이니, 이는 홍보의 옷이 다 해어져 얼기설기 걸쳐지기만 하였을 뿐으로, 살이 다 드러났다는 말이다. 이는 곧 홍보의 의관이 더 할 수 없이 허름하고 초라함을 비유한 것이다.

이러한 허름한 차림의 의관은 춘향전에서 이 도령이 암행할 때의 모습에서도 볼 수 있다. 최남선본 "고본춘향전"을 보면 춘향이 도령의 남루한 모습을 보고, 천대는 고사하고 기한을 견디기 어려웠으리라 한다. 그러자 도령은 이렇게 말한다.

어허, 이것이나마 내 것이랴? 맹송이 바람으로 다니다가 임실 읍내 오려논에 막대 메여 세웠거는 앞뒤 사람 없을 적에 얼른 벗겨 쓰고 나와 불나게(부리나케) 끝으로 나서 사람 많은 데 가기 싫더라.

임자 나올까 보아.

　도령의 말은 이 남루한 의관마저도 사실은 자기 것이 아니요, 맨몸으로 다니다가 임실 읍내 올벼 논에 세워 놓은 허수아비의 의관을 훔쳐 걸쳤다는 것이다.

　홍보의 의관은 "올벼 논에 새 볼 터"요로 되어 있고, 도령의 그것은 "올벼 논의 막대에서 벗겨 온 것"이라 되어 있다. 이를 보면 지난날의 우리 선조들은 남루한 옷을 "올벼 논의 허수아비 차림"에 비유하기를 좋아했던 것 같다. 그런데 문제는 "입은 거지는 얻어먹어도 벗은 거지는 못 얻어먹는다."는 것이다. 그러니 우선 잘 입어야 한다. 그래서 춘향이도 그의 어머니더러 "셔방님이 유리걸식을 할지라도 관망의복 선명하면 남이 천대 아니 하고 정한 음식 먹이겠소"하며 금은 패물을 다 팔아 갓 망건과 의복을 갖추어 입혀 달라고 당부하고 있다.

주둥이는 하얗고, 몸뚱이는 알락달락한 자

　요사이는 정상적인 것이 아니라, 오히려 비정상적인 퀴즈를 입에 잘 올린다. 정답이란 것이 황당하다. 상대방의 허를 찔러 실소를 자아낸다. 진지하게 생각하는 사람이 바보가 된다. 이른바 난센스 퀴즈다.

"아저씬 무슨 띠에요?"

"나는 범띠란다."

"그러면 너는 무슨 띠냐?"

"저요? 물개 띠에요."

"물개 띠가 어디 있어?"

"제 허리에 맨 띠가 물개 가죽으로 만든 거예요."

이런 식이다. 그런데 이런 난센스 퀴즈가 지난날에도 있었다. 이는 탈춤의 대사에도 보인다. 봉산탈춤의 예를 보면 다음과 같다.

생원: 그러면 이번에는 파자(破字)나 하여 보자. 주둥이는 하얗고 몸뚱이는 알락달락한 자가 무슨 자냐?

서방: (한참 생각하다가) 네에, 거 운고옥편(韻考玉篇)에도 없는 자인데, 그것 참 어렵습니다. 그 피마자(蓖麻子)라고 하는 자 아닙니까?

생원: 거 동생 참 용할세.

서방: 형님, 내가 그럼 한 자 부르라우?

생원: 부르게.

서방: 산 둔덕에 살피 짚고 섰는 자가 무슨 잡니까?

생원: (한참 생각하다가) 아, 그것 참 어려운 잘세. 그것은 논임자가 아닌가?

서방: 하하 그것 형님 잘 맞췄습니다.

이는 외형상 파자 수수께끼의 형식을 빈 것이다. "피마자"의 "자(子)"와 "논임자"의 "자"를 글자 자(字)자로 보아 동음어의 곁말을 한 것으로, 황당한 "파자놀이"다. 이로 보면 사람의 발상은 예나 이제나 마찬가지이고, 소학(笑謔)이란 시대를 관통하는 정서인 모양이다. 다음에 근자의 파자놀이를 몇 개 소개하면 다음과 같다.

"아래윗집에 불붙는 자가 무어냐?" -"불꽃 염(炎)자"

"점 하나 붙으면 단단해지는 자는?" -"얼음 빙(氷)자"

"나무 위에서 나팔 부는 글자는?" -"뽕나무 상(桑)자"
"그건 왜?"
"또 우(又)자가 세 개나 있어 '또, 또, 또' 하니까"

"원두막에 네 사람이 올라앉은 글자는?" -"우산 산(傘)자"

오가출두천(吾家出頭天)

앞에서 파자 아닌, 황당한 파자를 살펴보았으니 이번에는 재미있는 진짜 파자를 보기로 한다. 먼저 이명선본 춘향전에서 간단한 것부터 하나 보자. 옥에 갇힌 춘향의 편지를 가지고 가는 총각과 어사가 만나 나누는 대화다.

어사또 웃뚝 서며,
"아나, 너 어디 사노?"

"내 말씀이요? 다 죽고 남원(나만) 사오."
"나이 몇 살이니?"
"목 부러진 일천 천(千), 두 단이 없는 또 역(亦) 자요."

이 대화에서 보면 편지를 가지고 가는 총각, 방자는 재담꾼이다. 우선 어디 사느냐는 어사의 질문에 방자는 "다 죽고 남원 사오"라 곁말을 한다. 이는 "다 죽고 나만 사오"를 나타낸 말인데, 이는 지명 "남원"과 "나만"이 비슷하게 발음되므로 유음어에 의한 곁말을 한 것이다. 그 다음 나이를 묻는 말에 "목 부러진 일천 천(千), 두 단이 없는 또 역(亦) 자요"란 대답은 파자를 한 것이다. "목 부러진 일천 천(千)"이란 "千"자를 파자하여 "열 십(十)"자를 나타낸 것이다. "千"자의 삐친 점을 목으로 보고, "十"자에는 이 점이 없으니 목이 부러져 나간 것으로 파자한 것이다. "두 단이 없는 또 역(亦) 자"란 "여섯 육(六)" 자를 나타내기 위해, "또 역(亦)"자를 파자한 것이다. 이는 또 "역"자에서 "한 일(一)" 자 아래의 점 둘, 획 둘을 짚단이나 보릿단 따위의 단으로 보아, 그 가운데 두 단이 없다고 함으로 "여섯 육(六)"자를 나타낸 것이다. 그리하여 방자는 자기 나이를 16세라 말하고 있는 것이다. 이러한 파자는 다소 지적이며, 파격적인 것이다. 그리하여 조금 난해한가 하면, 지적인 흥미를 자극한다. "십육(十六)"이란 수자는 흔히 "이팔(二八)"이나 "사사(四四)"와 같이 나타내고, 이러한 파자는 보기 드물기 때문이다.

다음에는 고소설 "배비장전"에 나오는 애랑의 파자를 보기로 한다. 상담(常談)에서도 때로 일러지나, 유식한 문자로 이렇게 쓰인 것은 보기 드문 것이다. 먼저 파자가 쓰인 어름의 대문을 보면 다음과 같다.

한창 이리 노닐 적에 방자놈 언성을 변하여 고함하고 들어가며,
"불 켜 놓고 문 열어라. 항문볼(肛門洴)랑은 내 막으마."
소리 하니 저 여인 놀라는 체, 일신을 떨며 황황할 제, 방자놈 언성 높여,
"요기(妖氣)롭고 고이한 년, 내 몸 하나 움쩍하면 문 앞에 신 네 짝 떠날 날이 없으니, 어느 놈과 둘이 미쳐서 두런두런 하느냐? 이 연놈을 한 주먹에 쇄골(碎骨) 박살(撲殺)하리라."
장담하고 들어오니 배 비장 혼겁하여 황황하나 외 문 집이라 도망할 수 바이없어 알몸으로 이불 쓰고 여자더러 이르되 죽어도 문자는 쓰는 것이었다.
"야장과반(夜將過半)에 내호개문(來呼開門)하니 호령자(號令者)는 수아(誰也)오?"
저 여인 답하되,
"오가(吾家) 출두천(出頭天)이오."
"그게 본부낭군(本夫郎君)이오? 성품이 어떠한고?"

제주 목사를 따라 서울서 내려온 배 비장이 여염집 여자를 가장한 본부 기생 애랑이와 방사(房事)를 하고 있는데, 방자가 거짓 애랑의 남편인 체 야반에 나타났다. 이때 비장이 "야반에 와서 문

을 열라는 사람이 누구냐?"고 물으니, 애랑이 "오가(吾家) 출두천(出頭天)"이라 파자의 곁말을 한다.

　"오가 출두천"은 문맥으로 볼 때 그가 낭군임이 분명하다. 그렇다면 이 말이 어떻게 되어 "낭군"을 의미하는가? 문제는 "출두천"에 있다. 이는 "하늘 천(天) 자에 머리가 나왔다"는 말이다. "천(天)"자에 머리가 나오면 무슨 자가 되는가? 그것은 "지아비 부(夫)"자가 된다. 따라서 "오가 출두천"이란 "오가부(吾家夫)", 우리 집의 지아비, 남편이란 말이다. 그러니 배 비장은 꼼짝없이 유부녀와 통간하다가, 본부(本夫)에게 현장에서 들킨 것이다. 그러니 이런 낭패가... 그래서 배 비장은 "본부(本夫)냐? 성품은 어떠하냐?"하고 다급하게 물었다. "출두천(出頭天)"의 파자가 상담에 때로 일러진다는 것은 "지아비((夫)"를 "하늘(天)"보다 높다고 하는 것이 그것이다. "부(夫)"자는 하늘 위로 머리가 솟아난 글자이기 때문이다. 그러나 요사이는 여성상위 시대가 되어 오히려 여성이 남성 위에 군림하고 있다. 남편을 "출두천"이라 파자하는 것도 여인에게 성희롱이라 시비를 당할는지 모른다.

5. 기름 두 되만 기왓골에 바르라.

요사이 "통일은 대박"이란 말이 유행이다. 그러나 "대박"이란 말은 많이 쓰이는 것과는 달리 그 어원을 알 수 없는 신어(新語)다. 이는 도박판의 용어거나, 운동회 때 행해지는 경기의 하나인 박터뜨리기에 그 어원이 있는 것이 아닌가 생각된다. 그것은 어떻든 이번에는 신재효(申在孝)의 "박타령"에 나오는 가벼운 유머로 물고를 트기로 한다.

기름 되나 먹었느냐?

놀보가 넷째 박을 타 놓으니 검무(劍舞)장이와 북잡이를 앞세워 풍각(風角)쟁이, 각설(却說)이패, 외초라니 등이 꾸역꾸역 몰려 나왔다. 그리고 놀보의 안마당을 장판으로 아는지, 풍각쟁이는 판을 벌이고, 각설이는 전라도 장타령을 시작한다.

한 놈은 옆에 서서 두 다리를 빗디디고 허릿짓, 고갯짓, 살 만 남은 헌 부채로 뒤꼭지를 탁탁 치며,

"잘한다, 잘 한다. 초당(草堂) 짓고 한 공부가 실수 없이 잘 한다. 동삼(童參) 먹고 한 공부가 진기(津氣) 있게도 잘 한다. 기름 되나 먹 었느냐, 미끈미끈 잘 나온다. 목구멍에 불을 켰나, 훤하게도 잘 한다. 뱃가죽도 두껍다, 일망무제로 나온다. 네가 저리 잘 할 적에 네 선생 이 오죽하랴? 네 선생이 나로구나. 잘 한다, 잘 한다. 목쉴라, 목쉴라, 대목장에 목쉴라. 가만가만 섬겨라, 네 못 하면 내가 하마." 한참 이 리 덤벙일제...

위의 사설에서 "기름 되나 먹었느냐, 미끈미끈 잘 나온다. 목구 멍에 불을 켰나, 훤하게도 잘 한다. 뱃가죽도 두껍다, 일망무제(一 望無際)로 나온다."고 한 것은 익살스러운 곁말이다. 여기 쓰인 "미 끈미끈"이나, "훤하게"는 문자 그대로 촉각이나 시각을 나타내는 말이 아니다. 타령소리가 "매끄럽고", "밝게" 나온다는 것을 비유 적으로 나타낸 말이다. 말을 바꾸면 "막힘없이 낭랑하게" 울려 나 오는 것을 의미한다.

"미끈미끈한 소리"나, "훤한 소리"를 오늘날의 수사학에서는 공 감각적(共感覺的) 은유라 한다. 청각의 대상인 소리를 촉각(매끄러운) 과 시각(밝은)으로 나타내었기 때문이다. 그러나 여기의 표현은 이 러한 공감각적 표현과는 다르다. "매끈매끈"한 것은 "기름을 먹어

서", "훤한" 것은 "불을 켰기" 때문이라 보고 있기 때문이다. 이것
은 재담(才談)이요, 익살이란 유머다. 다른 장면을 같은 장면으로 보
기에 이 표현이 재미있고, 우스운 곁말이 된 것이다. 이런 곁말은
무겁거나, 저속하지 않고, 가볍게 웃어넘길 수 있는 것이어서 좋다.

기름 두 되만 기왓골에 바르라

춘향전(春香傳)에도 기름과 관련된 유머가 보인다. 도령이 광한루
에서 춘향을 잠시 만나고 헤어진 다음, 밤에 그녀의 집을 찾으려
할 때의 장면이다. 춘향을 보고 싶은 마음에 도령의 눈에는 모든
것이 헛보이고, 춘향으로 보인다. 그는 해가 넘어가지 않아 안타깝
고, 자꾸만 조바심이 인다. 이때의 장면을 고려대학교 도서관이 소
장하고 있는 고대본 "춘향전"에는 다음과 같이 그리고 있다.

> "방자야."
> "예."
> "해가 얼마 갔느냐?"
> 쳐다보고,
> "동(東)에서 아귀 트오."
> "지는 해를 보았나 보다. 광한루에서 춘향 제 집으로 돌려보내고
> 책방으로 들어온 제 오후가 넘었거든 이제 아귀 튼단 말이냐? 방자
> 야. 해 얼마 갔느냐?"
> "그 해가 오도가도 않고   한 가운데 꽉 떴소."

"무슨 트집이 있나 보다."

"아마도 도련님과 시비(是非)를 차리나 보오."

"관청에 가 기름 두되만 가져다 서편 기왓골에 슬슬 바르라. 운김에 쑥 넘어가게."

"하늘에 있는 해가 기왓골에 기름 바른다고 넘어갈 듯하오?"

"이놈, 양반이 저 해를 정 쫓으려면 어찌하여 못 쫓으랴? 몽치로 덜미를 우려 쫓아라."

여기서도 기름의 속성을 매끄러운 것으로 묘사하고 있다. 그리하여 실혼(失魂)이 된 도령은 기름을 지붕의 기왓골에 바를 때 그 운김으로 해가 미끄러져 넘어갈 것이라 한 것이다.

그러나 지붕마루는커녕 하늘에 온통 기름을 바른 대도 공중에 떠 있는 해가 미끄러져 넘어갈 리 없다. 해가 빨리 넘어가기를 바라는 간절한 소망을 이런 익살로 표현했을 뿐이다. 이 장면이 최남선이 개수한 "고본 춘향전"에는 좀 더 익살스럽게 묘사하고 있다. 그리고 기름에 관련되는 부분도 논리적으로 제시되고 있다.

이 "관청빛(官廳色) 부르라. 기름을 많이 가져다가 서산(西山) 뒷봉에 많이 발라 밋그러져 너머가게 하려므나. 그리고 해 지거든 즉시 거래하라."

이 도령이 쉽게 해가 넘어가라고 기름을 바르게 한 것처럼 미국에서는 도버해협(海峽)을 잘 빠져 나가게 하기 위해 비누를 사용했다는 웃기는 선장의 유머가 전한다.

유머의 주인공은 "캡틴 스토마롱". 그는 엘바트로스호(號)를 몰아 7대양(大洋)을 누빈 사나이다. 그가 한번은 도버해협을 건너자니 해협이 좁아서 배가 빠져나갈 수 있을 것 같지 않았다. 그는 생각 끝에 모든 선원들에게 배의 허리에 비누칠을 하도록 했다. 그리고 배를 몰아 해협을 싸악 빠져나갔다. 그랬더니 이 어찌 된 일인가? 도버해협의 높은 벼랑은 깨끗이 씻기어 고래의 뱃가죽처럼 하얗게 되었다. 그래서 도버해협의 벼랑이 지금도 하얗다 한다.

미국 사람들은 장엄한 자연 속에 살며 마음이 부풀대로 부풀어 소박하고 낙천적이며 호언장담(豪言壯談)하는 성격이 길러졌다 한다. 그래서 그들의 유머는 자연 터무니없는 허풍을 떠는 이야기가 주류를 이루게 되었다. 캡틴 스토마롱의 이야기도 이런 허풍선이 이야기 가운데 하나다. 이러한 허풍을 영어로는 "톨 테일(tall tale)이라 한다. 톨 테일은 미 대륙 개척자들 사이에서 만들어진 것이 많고, 대부분이 그들의 자랑이 부풀려져 오늘에 전하는 것이다.

열여덟에 얻은 서방 벼락 맞아 식고

장타령에 보이는 "미끈미끈"이나, "훤하게"는 서로 다른 장면을 동일시하여 곁말을 한 것이다. 이는 일종의 동음어에 의한 곁말이다. 다음에는 신재효의 판소리 "변강쇠가(歌)"에서 유음어(類音語)에 의한 곁말을 보기로 한다. 이는 하나의 재담(才談)이요, 말놀이(語戱)라 할 수 있는 것이다.

　　열다섯에 얻은 서방 첫날밤 잠자리에 급상한(急傷寒)에 죽고, 열여섯에 얻은 서방 당창병(唐瘡病)에 튀고, 열일곱에 얻은 서방 용천병(몹쓸 병)에 펴고, 열여덟에 얻은 서방 벼락 맞아 식고, 열아홉에 얻은 서방 천하의 대적(大賊)으로 포청(捕廳)에 떨어지고, 스무살에 얻은 서방 비상(砒霜) 먹고 돌아가니 서방에 퇴가 나고 송장 치기 신물 난다.

　"변강쇠가(歌)" 서두의 일절이다. 이 타령의 여주인공 옹녀(雍女)는 사주에 청상살(青孀煞)이 겹겹으로 끼어 매년 상부(喪夫)를 한 것으로 되어 있다. 아니 상부만이 아니다. "기둥서방, 간부(間夫), 애부(愛夫)"와 같이 그녀와 관계를 가진 사나이는 말할 것도 없고, 심지어 그녀의 손을 한번 쥔 놈까지 결딴이 나 황해도와 평안도의 양도(兩道)는 사내들이 다 죽어 여인국(女人國)이 될 판이어 그녀는 집이 헐리고, 고향에서 내쫓겨나는 신세가 되었다. 앞에 든 예는 이 여인이 상부하게 된 연유를 열거한 것이다.

　그런데 여기에는 "죽다"라는 말이 여러 유의어로 표현되어 변화를 보이고 있다. "죽고, 튀고, 펴고, 식고, 떨어지고, 돌아가니"와 같이 여섯 남편의 죽음을 달리 표현하였다. 곁말은 그 의미 범위가 넓어, 그 가운데는 특수사회에서 뜻을 숨겨 나타내는 은어(隱語)

도 포함되는 바, 여기에 쓰인 곁말은 이러한 은어, 곧 특수어의 성격을 지니는 말이다. 실로 "튀고, 펴고, 식고, 떨어지고"와 같은 말은 일반사회에서는 쓰이지 않는, 불량 집단의 말이다.

사람의 죽음을 이와 같이 유의어에 의해 다채롭고 변화 있게 표현한 것과는 달리 같은 신재효의 "적벽가(赤壁歌)"에는 "죽고"를 반복해 씀으로 무수한 죽음을 실감 나게 표현한 것도 보인다. 그 예는 다음과 같다.

> 불 속에 타서 죽고, 물속에 빠져 죽고, 총 맞아 죽고, 살 맞아 죽고, 칼에 죽고, 창에 죽고, 밟혀 죽고, 눌려 죽고, 엎어져 죽고, 자빠져 죽고, 기막혀 죽고, 숨 막혀 죽고, 창(腸子) 터져 죽고, 등 터져 죽고, 팔 부러져 죽고, 다리 부러져 죽고, 피 토하여 죽고, 똥 싸고 죽고, 웃다 죽고, 뛰다 죽고, 소리 지르다 죽고, 달아나다 죽고, 앉아 죽고, 서서 죽고, 가다 죽고, 오다 죽고, 장담하다 죽고, 부기(浮氣) 쓰다 죽고, 이 갈며 죽고, 주먹 쥐고 죽고, 죽어 보느라 죽고, 재담(才談)으로 죽고, 하 서러워 죽고, 동무 따라 죽고, 수 없이 죽은 것이 강물이 피가 되어 적벽강(赤壁江)이 적수강(赤水江), 군장(軍裝) 복색(服色) 다 타진다.

적벽강에서 포화(砲火)와 창검(槍劍), 화살, 불에 의해 조조(曹操)의 백만 대군이 각색으로 죽는 모습을 그린 것이다. 이는 유의어의 곁말과는 달리 동일어를 반복 사용하였기 때문에 운율성을 띠게 하여 그 표현 효과를 높이고 있다.

춘향이가 지선이라

곁말에는 연쇄법(連鎖法)에 의한 육담(肉談)도 있다.

하늘 천, 따 지, 집 우, 집 주, 집 가르쳐 뵈든 양이 눈에 암암, 귀에 쟁쟁, 천지지간(天地之間) 만물지중(萬物之中)에 유인(唯人)이 최귀(最貴)하니 귀한 중에 더욱 귀한 춘향이를 보고 지고 천황씨(天皇氏)는 이목덕(以木德)으로 왕하여 세기섭제(歲起攝提)하여 제 못 와도 내 가리라. 이십삼년이라. 초명(初命) 진 대부(晉大夫), 위사(魏斯), 조적(趙籍), 한건(韓虔) 하여 한가지로 못 간 줄이 지금 후회막급이라. 원형이정(元亨利貞)은 천도지상(天道之常)이오, 인의예지(仁義禮智)는 인성지강(人性之綱)이니라. 강보(襁褓)부터 못 본 줄이 지금 한이 더욱 깊다. 맹자(孟子) 견양혜왕(見梁惠王)하시니 왕왈(王曰) 쉬불원천리이내(叟不遠千里而來)하시니 천리천리(千里千里)로다. 지척이 천리로다. 관관저구(關關雎鳩) 재하지주(在河之洲)로다. 요조숙녀(窈窕淑女)는 군자호귀(君子好逑)로다. 우리 둘을 이름이라. 대학지도(大學之道)는 재명명덕(在明明德)하며, 재신민(在新民)하며, 재지어지선(在止於至善)이라. 춘향이가 지선이라.

도령이 춘향을 그리는 마음에 식불감(食不甘) 침불안(寢不安)하여 책을 읽을 때의 모습이다. 이는 최남선의 "고본춘향전"의 묘사로, 남원고사(南原古詞)는 이와 아주 비슷하나, "우리 둘을 이름이다" 이하의 대학(大學)의 구절이 빠져 있다. 이 글의 내용을 이루고 있는 것은 천자문(千字文), 동몽선습(童蒙先習), 사략(史略), 통감(通鑑), 소학

(小學), 맹자(孟子), 시경(詩經), 대학(大學)의 서두 부분이다.

위에 인용한 표현은 앞에서 말한 대로 일종의 연쇄법(連鎖法), 곧 꼬리따기 형식의 표현을 취한 것이다. 그러나 일반적인 연쇄법과는 달리 대를 이루는 뒷 구절의 앞말만이 반복되는 전사반복(前辭反覆: ana diplosis)을 한 것이다. .

첫 문장에서 "집 주"와 "집 가르쳐"의 "집", "유인이 최귀"와 "귀한 중에 더욱 귀한"의 "귀", "세기섭제"와 "제 못 와도"의 "제", "한건하여"와 "한가지로 못 간 줄이"의 "한", "인성지강이니라"와 "강보부터"의 "강", "불원천리이내"와 "천리천리 천리로다"의 "천리", "재지어지선이라"와 "춘향이가 지선이라"의 "지선"이 앞의 구절, 내지 앞의 말(前辭)을 반복한 것이다. 보기는 이와 같이 앞에 쓰인 글 내지 말을 반복하였기에 글에 운치를 빚어내고, 해학미를 드러내고 있다.

네 나를 붙을소냐?

끝으로 사설시조에서 곁말 하나를 보기로 한다.

각시님 물너 눕소 내 몸의 안기리.
이 아히놈 괘심호니 네 날을 안을소냐? 각시님 그 말 마소 됴고만
단젓고리 크나큰 고양남긔 쎵쎵 도라가며 제 혼자 안거든 내 자너
못 안을가? 이 아히놈 괘심호니 네 날을 휘울소냐? 각시님 그 말 마

소 됴고만 도사공이 크나큰 대듕선(大重船)을 제 혼자 다 휘우거든
내 자니 못 휘울가? 이 아히놈 괘심ᄒᆞ니 네 날을 붓흘소냐? 각시님
그 말 마소 됴고만 벼룩 불이 니러곳 나게 되면 청계라 관악산을
제 혼자 붓거든 내 자니 못 붓흘가? 이 아히놈 괘심ᄒᆞ니 네 날을 그
늘을소냐? 각시님 그 말 마소 됴고만 빅지댱이 관동팔면(關東八面)
을 제 혼자 다 그늘거든 내 자니 못 그늘올가?
　　진실로 네 말 갓흘쟉시면 빅년동쥬(百年同住)ᄒᆞ리라.

　이 시조는 점층적인 대화를 통해 남녀가 사랑에 합의하는 과정
을 노래한 것이다. 특히 같은 말을 다른 뜻으로 쓰거나, 동음어 또
는 유음어를 활용한 곁말을 함으로 애정사(愛情事)를 난하지 아니하
고, 익살스럽게 표현하고 있다.
　이 시조에는 "안기다, 휘우다, 붓다, 그늘오다(御)"의 네 개 낱말
이 곁말로 쓰이고 있다. "안기다"는 아이의 "안기다(抱)"- 각시의
"안을소냐(抱)"- 다시 아이의 "안거든(坐), 안을가(抱)"로 이어져 "님
을 품에 안다"의 "안다(抱擁)"를, 조그만 단졋고리(딱따구리)가 고양
나무(회양나무, 또는 속이 빈 나무)에 "앉다(坐)"란 동음어로 돌려 표
현함으로 곁말이 되게 한 것이다. "휘우다"는 "휘다"의 방언으로,
"구부러지게 하다"의 뜻이다. 그런데 이 말이 여기서는 "아이가
각시를 휘어잡다"와 "도사공(都沙工)이 대중선(大重船)을 마음대로 조
종하다"의 두 장면에 쓰여 소위 펀(pun)이란 형식의 곁말이 되게
한 것이다. "붓다"는 각시가 "네 날을 붓흘소냐?"라 한 것은 암컷

과 수컷이 교미하다란 뜻으로 쓴 것이다. 이를 아이는 "벼룩이 불이 나 청계산 관악산에 제 혼자 도망가 붙는다"란 "매달리다"의 뜻으로 돌려 곁말을 한 것이다. "그늘오다"는 각시의 "네 날을 그늘을소냐?"에서 "그늘을 비(庇), 그늘을 음(蔭)<類合>의 "그늘우다"로, "보호하여 돌보아 주다"의 뜻으로 쓰이고 있다. 아이는 이것을 "관동 팔면을 제 혼자 그늘거든"과 같이 "그늘지게 하다, 그림자지게 하다"라 돌려 표현하였다. 동음어의 곁말이다. 이렇게 두 남녀는 겉으로 보기에 삐걱거리는 대화를 하고 있다. 그러나 결과는 이와는 달리 백년동주(百年同住)로 마무리 짓고 있다. 이는 아이놈의 말이 표면적 의미와 달리 속에 감추고 있는 내면적 의미, 곧 내심은 각시님과 같은 것이기 때문이다. 이는 한신(韓信)이 검각산(劍閣山)의 잔도(棧道)를 닦는 체하고, 진창(陣倉)으로 빠져 항우(項羽)의 군사를 대파한 용병법(用兵法)과 같은 것이라 하겠다.

6. 길짐승은 족제비를 사랑하고...

　마산(馬山) 지방의 장타령으로 이번 곁말 기행은 시작하기로 한다. 대부분의 장타령이 수요(數謠)라 할 정도로 숫자에 의존하는데, 이 마산 지방의 장타령은 온통 곁말로 이루어져 그 표현의 묘를 한껏 즐길 수 있게 한다. 그런 의미에서 이는 장타령의 걸작이다.

　이 노래는 세 부분으로 나누어 볼 수 있다. 첫 부분은 못 생긴 서방님이 미워 죽겠음을 비유에 의해 표현하고 있다. 둘째 부분은 십전(十錢)타령이라 할 수 있을 것으로, 1전에서 10전까지를 동음어에 의해 노래한 것이다. 마지막 부분은 일반적인 각설이타령의 형식을 밟은 노래다. 그러면 먼저 이 장타령의 첫 부분을 보기로 한다.

급살 맞을 놈 오래도 산다

　　길로 길로 가다가
　　서방님이라고 얻은 것이

지랄같이도 생겼네.
분통(粉桶) 대가리, 양푼 낯짝
실내끼(실낱) 모가지, 빈대 코
데비진(뒤집어진) 눈에도 종구리개(종구라기)
장구통배지(장구통배)에다가
망두산(望柱石) 연장
깔쿠리(갈키) 손에 괭이(고양이) 발 지니고
급살맞일(急煞맞을) 놈 오래도 산다.

　여기 서방님은 '변강쇠타령'의 변강쇠와 옹녀처럼 길에서 오다가다 만난 것일까? 길을 가다 얻은 서방이 '지랄같이', 곧 괴상하게도 생겼다. 그 서방의 용모를 의논할진대 분통같이 둥근 머리, 양푼같이 넓적한 얼굴, 실오리같이 가느다란 모가지, 그리고 납작한 코, 뒤집힌 눈에 종구라기같이 튀어나온 눈, 불쑥 튀어나온 장구통 같은 배, 망주석(望柱石)같이 커다란 성기(性器), 갈키같이 오구라진 손, 고양이 발을 지녔다는 것이다. 그리고 이 서방님이 급살을 맞아 죽기라도 했으면 좋으련만, 죽지도 않고 오래 산다는 것이 이 노래의 내용이다. 둘은 만나지 말아야 할 사람이 만난 것이다. 그러니 이 노래는 서방님을 안타까이 그리는 노래가 아니라, 미워서 저주한 노래다.

　주인공인 여인은 '눈 끔적' 젊은 총각이라도 얼러 둔 것일까? 아니면 못 생긴 임이 밉기만 하고 저주스러운 것일까? 후자라면

이 여인은 남자들 못지않게 미모를 따지는 사람이다. 밤 잔 원수 없다는데, 동상이몽(同床異夢)이란 말도 있기는 하지만 잠자리를 같이 하는 부부가 이렇게 엉뚱한 생각을 할 수 있을까? 하기는 '우리 집 낭군은 고기잡이를 갔는데, 바람아, 강풍아 석 달 열흘만 불어라.'라는 엄청난 민요도 있기는 하다.

계집의 묘리

그러면 인생살이에서 못 생긴 사람은 다 이렇게 버림받고, 저주를 받는 것일까? 그런 것은 아니다. 춘향전의 한 이본인 '남원고사(南原古詞)'에는 이와 다른 면을 보여 준다.

이 도령이 춘향과 작별하고 상경할 때 마부도 차모(茶母) 귀덕이를 얻어 신정(新情)이 미흡한데 길을 떠나와 간장이 녹는다고 한다. 그러면서 길 가기 심심하고, 도령님 마음도 산란하시니 위로 겸하여 놀던 이야기나 하며 상경하자고 한다. 이때 마부가 먼저 "우리 귀덕이도 묘하외다."하고 말을 꺼낸다. 이 도령이 어떻게 묘하냐고 물으니, 마부는 이렇게 대답한다.

마부 대답하되,
"머리 앞은 쑥 붙어 두 눈썹이 닿아 있고, 두 눈은 왕방울만하고, 코는 바람벽(壁)에 말라붙은 빈대 같고, 입은 두 귀밑까지 돌아오고, 가슴은 두리기둥 같아서 젖통이란 말은 아주 없사오니 요런 묘한 계집이 또 어디 있사오잇까?"

이 도령 웃고 이른 말이,

"그것도 사람이란 말이냐? 너는 무엇을 취하느니? 흉하고 끔찍하다."

제 눈이 안경이라고, 도령은 '흉하고 끔찍하다'고 말하는 차모(茶母)를 마부는 더할 수 없이 묘하고 사랑스럽다고 한다. 마부의 태도는 앞에서 본 장타령의 여주인공과는 정반대다. 그러면 이런 여인을 마부는 왜 좋다고 하는 것일까? 그 이유를 그는 이렇게 설명한다.

"도련님이 계집 묘리를 모르시는 말씀이올시다. 머리 앞 쑥 붙기는 겨울에 돈 아니 들인 붙박이 휘항(揮項 : 머리에 쓰는 방한구) 긴(緊)하옵고, 계집의 눈 큰 것은 서방이 꾸짖어져도 겁을 내어 공순(恭順)하고, 코 없기는 입 댈 제 거칠 것이 없사오니 더 긴하옵고, 입 큰 것은 바쁜 때에 급히 맞출 제 아무 데를 대어도 영락없으니 긴하옵고, 젖통이 없는 것은 단야(短夜)에 곤한 잠 자다가도 부로통한 것이 만지이면 자연 마음이 동하여 버물에나(交合에나) 떼이고(떨어지고) 한 가음이나 뜨오니(몸이 축나니), 젖통이 없사오면 왼 밤을 성히 자고 나오면 녹용(鹿茸) 한 그릇 먹은 셈이오니 요런 계집은 곧 보배와다. 도련님 수청(守廳)은 어떠합더니잇까?"

마부의 설명이 부분적으로 옳은 것도 있으나, 그 묘리에 다 수긍하기는 어려울 것 같다.

양귀비꽃보다 더 붉은 그 마음

다음에는 마산 장타령의 끝부분을 보기로 한다. 그것은 앞에서 말한 바와 같이 둘째 부분은 다른 곳에서 감상할 것이다. 이는 '일전 한 푼을 주었네/ 금일 돈이 일전이오/ 이전을 주었네/ 어젯 돈이 이전이오'와 같이 노래 불리는 것이다. 각설이 타령의 끝 부분은 다음과 같이 되어 있다.

일(一)자를 들고 봐
일월(日月)이 송송 해 송송
밤중 샛별이 완연해
이(二)자 한 자를 들고 봐
전주 기생 이암(義岩)이
우리 백성 살리려고
왜장(倭將) 청정(淸正) 목을 안고
진주(晉州) 남강(南江)에 떨어졌네.
품파고 잘한다.

이는 흔히 '1자나 한자 들고 보니'와 같이 시작하여 '9자', 또는 '장자(10자)'까지 이어지는 각설이타령의 축약형이다. 가사의 표현은 숫자와 같은 말소리를 활용하여 곁말을 한 것이다.

위의 마산 장타령의 경우는 '일(一)'자의 '일(一)'과 '일월(日月)'의 '일(日)', '이(二)'자의 '이(二)'와 '이암(義岩)'의 '이(義)'를 두운(頭韻:

alliteration)으로 활용하여 곁말을 한 것이다.

위의 타령 가운데 '해 송송'의 '해'는 '하이'로 '많이', 또는 '하도'의 뜻으로 쓰인 것이며, '이암'은 논개를 이른다. 논개는 의기로서 진주성이 왜적에게 함락되자 타령의 내용과는 달리 '가등청정(加藤淸正)' 아닌, 적장 '모곡(毛谷 : 게다니)'을 유인하여 진주 남강의 의암에서 안고 투신자살한 여인이다. 그의 애국적인 단심은 수주 변영로의 시 '논개'에 잘 그려져 있다.

거룩한 분노는 종교보다도 깊고
불붙는 정열은 사랑보다도 강하다.
아~강낭콩 꽃보다 더 푸른
그 물결 위에
양귀비꽃보다 더 붉은
그 마음 흘러라.

아리땁던 그 아미(蛾眉) 높게 흔들리우며
그 석류 속 같은 입술
죽음을 입 맞추었네.
아~ 강낭콩 꽃보다 더 푸른 물결 위에
양귀비꽃보다 더 붉은 그 마음 흘러라.

가옥가옥 갈가옥

다음에는 동음어에 의한 곁말을 보기로 한다. 춘향이 옥에 갇혀 있을 때 지나가는 판수를 불러 해몽을 한다. 이때 옥의 담에서 까마귀가 운다. 이를 듣고 춘향이가 까마귀를 날리며, 불길해하니 판수가 이를 동음어에 의한 재해석을 하는 장면이다. 먼저 '열녀춘향수절가'를 보면 다음과 같이 되어 있다.

> 한참 이리 수작할 제 뜻밖에 까마귀가 옥 담에 와 앉더니 '까옥까옥' 울거늘, 춘향이 손을 들어 후여 날리며,
> "방정맞은 까마귀야, 나를 잡아가려거든 조르지나 말려므나."
> 봉사가 이 말을 듣더니, "가만 있소 그 까마귀가 가옥가옥 그렇게 울제?"
> "예, 그래요"
> "좋다, 좋다. 가자는 아름다울 가(嘉)자요, 옥자는 집 옥(屋)자라. 아름답고 즐겁고 좋은 일이 불원간에 돌아와서 평생에 맺힌 한을 풀 것이니 조금도 걱정 마소.(하략)"

미물인 짐승의 울음 '가옥가옥'에 새로운 의미를 부여함으로 문의(文意)를 일전시켰다. 이런 것이 곁말의 효과다. '고본춘향전'에는 이런 불길한 까마귀 소리가 꿈으로, 그 해석이 해몽으로 그려져 있다. 그러니 '고본춘향전'의 해석이야말로, 문자 그대로 '꿈보다 해몽이 좋다'는 실례라 하겠다.

그런데 이러한 까마귀 울음에 대한 해석은 고려대본 춘향전과, 이명선본 춘향전의 것이 걸작이다. 먼저 고려대본의 것을 보면 다음과 같다.

> 말이 맞지 못하여 아미산(峨眉山) 갈가마귀 팔공산(八空山) 구경하고 중로에 허기 만나 흙도 돌도 아무것도 못 얻어먹고, 옥 담을 연비(連飛)하여 가옥가옥 갈가옥 꽉꽉. 춘향이 깜짝 놀라 질색하며 "까마귀가 영물이라, 날을 잡아가려는가. 그는 무슨 징조이까?" 저 장님 침음(沈吟)터니, "그 까마귀 울음소리 내 이를 게 네 들어라. 가옥하는 소리 가 자는 아름다울 가(佳)자, 옥 자는 구슬 옥(玉)자. 열녀비어백옥(烈女比於白玉)이라. 아름답다. 저 여인아, 칭찬하는 소리로다."
> "갈가옥 하는 소리, 그 아니 흉하오?"
> "갈 자는 다할 갈(竭)자, 옥 자는 너 갇힌 옥 옥(獄)자되, 옥방살이 다하였다, 연통하는 소리로다."
> "꽉꽉 소리 더 흉하오."
> "부월(斧鉞)이 당전(當前)하여도 네 속에 먹은 말을 꽉꽉 하라는 소리다. 만고열녀 굳은 정절, 비금(飛禽)인들 모를손가?"

이렇듯 불길하기만 하다는 까마귀 소리를 아름다운 뜻으로 해석하였다. 물론 이는 이 소설의 복선이기도 하다. 그러나 이는 어쩌면 역경을 역경으로, 시련을 시련으로만 알지 말고 분발하라는 권면의 교훈이기도 할 것이다.

이명선본 춘향전은 고대본과 비슷하나, 다음과 같이 다른 점도 보여 준다.

춘향이 퍽 조와라고 그러키를 바라럿가마는 난데없는 저 가마귀 옥 담 우희 올라안자 '가옥가옥 갈가옥 오비약 꽉꽉' 듣기 설케 우는구나.

"애고 여보 봉사님, 저 가마귀 날 잡어갈 소래가 이상하고 고약하오."

저 봉사 하는 말이 "그 소래를 네 모른다. 가옥가옥 하는 것은 아름다울 가(佳), 옥 옥(玉), 너를 형산백옥갓치 하여 층찬하는 소래로다."

"갈가옥 하니 무슨 소래오?"

"그 소래는 더욱 좃타. 다할 갈(竭), 집가(家), 옥 옥(獄), 갈가옥 하니 옥방살이 다하였다는 말이다."

"오비약하니 무슨 소래오?"

"매 맞고 고생하여도 내가 약을 아니 줄가, 나 오(吾), 아닐 비(非), 약 약(藥), 오비약이 이 안이냐?"

"꽉꽉 하는 것은 무슨 소래요?"

"사모지 두리장으로 팰지라도 말을 꽉꽉 하라는 소리로다. 짐생들도 저러하이 한번 호강은 하여 볼나."

이렇게 단순한 소리도 그것과 같거나 비슷한 음의 딴 말로 재해석할 때 새로운 생명을 가질 수 있다. 이러한 표현은 무미하고 평면적인 표현을 흥미롭고 뜻이 있으며, 변화 있는 것으로 바꾸어 놓는다. '급할수록 돌아가라.'는 말이 있거니와, 말도 직설적으로 할 것이 아니라, 한번 돌려서 표현할 때 그 표현효과를 더 거두게 되는 경우도 많다.

길짐승은 족제비를 사랑하고...

'사랑'이란 본래 '사량(思量)'이 변한 말로, 오늘날의 '생각'을 이르던 말이다. 그런데 이 '생각'을 뜻하던 '사랑'이 '애정'의 뜻으로 의미가 축소되었다. '생각'은 '그리움'을 낳고, '그리움'은 '사랑'으로 변하는 것이고 보면, '생각'이 '애정'의 뜻으로 바뀌는 것은 당연한 이치의 결과라 하겠다.

신재효의 판소리 "박타령"을 보면 이렇게 생각이 지나친 나머지 사람 아닌, 새를 연모하여 상사병이 난 장면을 보여 준다. 그것은 놀보가 제비에 상사병이 난 것이다. 이때의 표현을 신재효는 어말음에 의한 곁말로 그리고 있다.

　　놀보가 제비에 상사병이 달려들어 길짐승(走獸)은 족제비를 사랑하고, 마른 그릇은 모제비만 사고, 음식은 칼제비, 수제비만 하여 먹고, 종이를 보면 간(簡)제비를 접고, 화가 나면 목제비를 하는구나.

놀보는 제비가 와서 깃을 들이라고 제비받기를 무수히 걸어놓고, 가을과 겨울에 제비를 몰러 다녔다. 그러나 제비의 소식이 없자 제비에 상사병이 걸리고 말았다. 그래서 그는 제비에 미쳐 연작(燕雀) 아닌 "족제비, 모제비, 칼제비, 수제비, 간제비, 목제비"와 같이 '제비'라는 말이 들어있는 것에만 애착을 가졌다.

'족제비'란 길짐승 황서(黃鼠)요, '모제비'란 '모집'이라고 하는 고리짝의 방언이다. '칼제비'란 칼국수이고, '수제비'는 칼국수와 같이 밀가루를 반죽하여 장국이나 미역국에 적당한 크기로 떼어 넣어 익혀 먹는 음식이다. '간제비'란 창호지 따위로 접어서 만든 빗집 같은 것을 이르는 말이며, '목제비'란 목접이의 방언으로, 목이 접질려 부러지는 것을 뜻한다.

'사랑'은 맹목(盲目)이란 말이 있거니와 이는 이렇게 "목이 접질려 부러지도록" 이성을 마비시키는 모양이다. 이 도령이 춘향을 보고 열이 올라 눈앞에 뵈는 것이 모두 춘향으로 보여 '보고지고' 타령을 하다가 사또의 염문(廉問)을 받은 것도 같은 어름이라 하겠다. 다소 육감적인 고대본(高大本) 춘향전의 '보고지고' 타령을 보면 다음과 같다.

보고지고, 보고지고, 春香(춘향) 잠깐보고지고 漆夜三更(칠야삼경) 깊은 밤에 불현듯이 보고지고 春香(춘향) 丹脣(단순) 고운 입을 쪽 맞추어 보고지고 白玉(백옥) 같은 春香(춘향) 살점 잡아뜯어 보고지고 조그만 兒女子(아녀자)로 大丈夫(대장부)가 죽단 말가?

7. 낙민루(樂民樓) 아래 백성은 눈물 짓는다.

  곁말은 말장난, 어희(語戲)의 일종이다. 이는 고상한 언어에서보다 일상 언어, 그것도 속된 언어에 많이 쓰인다. 그래서 이는 탈춤, 곧 가면극 대사나 판소리에 많이 보인다. 곁말을 사용하여 양반과 승려들을 조롱하고 욕함으로 학대 받던 서민들의 마음을 위로하고, 다소간에 울분을 해소해 주었다.

  그런데 김삿갓의 경우는 일상 언어 아닌, 시에서, 그것도 한시(漢詩)에서 이 곁말이 많이 쓰이고 있다. 시문의 내용이 사회를 비판하고 조롱하는 풍자적인 것인가 하면, 거짓된 인간의 모습을 육담(肉談)으로 욕하는 것이기 때문이다.

  김삿갓이 평범한 사람이 아니요, 폐족(廢族)으로 멸시를 받던 사람이기 때문에 그는 삿갓으로 얼굴을 가리고 세상을 떠돌았다. 그러기에 그의 행동은 어깃장이 놓이고, 말은 따뜻하고 다정하기보다 울분을 토로하고, 저주하고 욕하는 곁말의 표현이 많다. 다음에 곁말을 활용한 김삿갓의 풍자와 익살의 한시를 보기로 한다.

워리 사냥개, 통시 구린내

하늘이 길어서 가도 가도 잡을 수 없고,
꽃이 시들면 나비도 찾아오지 않는다.
국화꽃은 찬 모래밭에 피고,
나뭇가지 그림자는 반쯤 땅에 드리워졌다.
강가 정자에 가난한 선비가 지나다가,
크게 취하여 소나무 아래 엎드려 있다.
달이 기울어 산 그림자가 바뀌고,
장에 가서는 돈을 벌어 오는구나.

천장거무집(天長去無執)
화로접불래(火爐蝶不來)
국수한사발(菊樹寒沙發)
지영반종지(枝影半從地)
강정빈사과(江亭貧士過)
대취복송하(大醉伏松下)
월이산영개(月移山影改)
통시구리내(通市求利來)

이 시는 그 내용으로 보아 강촌 풍경을 노래한 것 같다. 그러나
이는 '파격시'란 제목이 붙어 있듯, 역시(譯詩)와 같은 시상을 노래

하자는 것이 아니다. 해학적 농언(弄言)의 시다. 이는 한시를 보아야 안다.

앞에서 김삿갓이 '어깃장을 놓는다'고 하였거니와 이 시는 선비의 점잖은 한시가 아니요, 말뚝이가 어깃장을 놓듯, 한자의 어음(語音)을 활용한 엉뚱한 내용의 희화한 시다. 이 시는 외형상 한시의 형식을 빌었을뿐 중의법(重義法)을 써 말놀이를 한 것이다. 이는 위의 해석과는 달리 다음과 같은 말놀이를 한 것이다.

> 천장(天井) 거무집(거미집)/ 화로(火爐) 접불래(겻불내)
> 국수(麵) 한 사발(沙鉢)/ 지영(지령) 한 종지(鐘子)
> 강정(江亭) 빈 사과(沙果)/ 대취(大棗) 복송하(복숭아)
> 월이(워리) 산영개(사냥개)/ 통시(通屎) 구리내(구린내)

김삿갓이 어떤 잔칫집에라도 들른 것일까? '변학도 잔치에 이도령 상'이란 속담처럼 초라한 상을 받고 읊은 해학적 서경시다.

방안의 천장에는 거미가 줄을 쳐 집을 지었고, 화로에서는 겻불내가 난다. 상에는 국수가 한 사발 놓였고, 지령(간장) 반 종지와 강정과 빈 사과, 그리고 대추, 복숭아가 놓여 있는 초라한 상이다. 사냥개도 못 얻어먹어 배가 고픈지 변소 근처를 얼쩡거리고 있어 '워리' 하고 불러본다. 통시(변소)에서는 구린내가 난다. 이런 슬프고도, 해학적인 시다. 김삿갓이 받은 상과 이 도령이 변 사또 생일

잔치에서 받은 상을 비교해 보면 다음과 같다.

　　모 떨어진 개상판에 따채(楛木) 저범 콩나물, 깍두기, 막걸리 한 사
발 놓았구나. <열녀춘향수절가>

　김삿갓이 받은 상은 이 도령 상과 대동소이하다. 방랑시인의 행
색도 거지 차림의 암행어사의 행색과 별반 다른 것이 없을 것이고
보니 거지 취급을 하였을 것이다. 그러고 보니 남의 상을 보고 내
상을 보니 울화가 치밀지 않을 수 없다. 그래서 이런 시를 지은
것이다. 허기진 개가 변소 옆을 서성거린다는 묘사는 한층 시인의
모습을 불쌍하게 보이게 한다.

낙민루(樂民樓) 아래 백성은 눈물짓는다

　위의 '파격시'가 김삿갓의 서러운 처지를 파격적으로 노래한 것
이라면, '낙민루'란 시는 벼슬아치에 의해 수탈당하는 백성들의 참
상과, 탐관오리의 세도를 저주한 풍자적 시다.

　'선정을 베푼다는 선화당(宣化堂) 위에는 화적질하는 무리들뿐이
고, 백성을 즐겁게 한다는 낙민루(樂民樓) 아래에서는 백성들이 눈물
을 떨군다. 관북(關北) 지방인 함경도 백성은 학정에 놀라 모두 도망
가니, 관찰사 조기영(趙岐泳)의 집안이 어찌 오래갈 조짐이 있겠는가?'

선화당상선화당(宣化堂上宣火黨)
낙민루하낙민루(樂民樓下落民淚)
함경도민함경도(咸鏡道民咸驚逃)
조기영가조기영(趙岐泳家兆豈永)

　이 시에는 '宣化堂-宣火黨, 樂民樓-落民淚, 咸鏡道-咸驚逃, 趙岐泳-兆豈永'과 같이 동음어에 의해 기지가 발휘되고 있다. 시의 내용은 풀이에서 이미 드러났듯, 관찰사 조기영은 도정을 보는 청사 선화당에서 화적질을 일삼고 있고, 백성들은 낙민루 아래에서 눈물을 흘리고 있다. 함경 도민은 모두 학정에 시달리다 못해 도망을 간다. 그러니 어찌 하늘이 무심하게 조기영 관찰사 일가의 세도가 오래 가게 그냥 두겠느냐고 저주한 것이다.

　지난날 지방 관원의 녹봉(祿俸)은 중앙에서 지급하는 것이 아니었다. 지방 관아에서 스스로 해결해야 했다. 그리고 보니 악종(惡種) 관원은 백성들의 재물 수탈을 일삼았다. 따라서 가렴주구하는 관원은 함경도 관찰사만이 아니었다. 상당수의 외직의 관원이 그러했다고 봄이 좋을 것이다. 그러기에 조선조에는 민란이 끊이지 않았다.

중대가리는 둥글둥글 땀 흘리는 말 불알 같고

　다음에는 중과 선비를 욕한 시를 보기로 한다. 이는 비유에 의

한 곁말로, 승유(僧儒)를 조롱한 '조승유(嘲僧儒)'시다.

> 중대가리는 둥글둥글 땀 흘리는 말 불알 같고,
> 선비 대가리는 삐죽삐죽 앉아 있는 개좇이로다.
> 목소리는 구리방울을 구리 솥에 굴리는 듯하고
> 눈은 흰죽에 빠진 검은 후추 알같이 작도다.

> 승수원원한마랑(僧首圓圓汗馬閬)
> 유두첨첨좌구신(儒頭尖尖坐狗腎)
> 성금동령영동정(聲今銅鈴零銅鼎)
> 목약흑추낙백죽(目若黑椒落白粥)

이 시를 짓게 된 배경은 금강산 유점사에서 하룻밤 묵어가기를 청하는 김삿갓의 청을 못들은 척, 묵살한 데 있는 것으로 보인다. 이때 주지와 선비는 장기를 두고 있었다. 꾀죄죄한 과객, 오랜 여정에 고약한 냄새까지 풍긴다. 재워 주고 싶은 생각이 없다. 장기에 열중한 체 두 사람은 반응을 보이지 않는다. 이에 김삿갓은 승유(僧儒) 두 사람을 싸잡아 조롱한 것이다. 이 시의 소재가 된 것은 중과 선비의 머리와 목소리, 그리고 눈이다.

시인은 이들의 모습을 이렇게 욕하였다. 중의 박박 깎은 머리는 둥그런 것이 마치 땀 흘리는 말 불알 같고, 선비의 삐죽삐죽 솟아 있는 관은 개가 앉아 있을 때 삐죽 나온 신(腎)과 같다. 그런데 이들의 말소리는 구리 솥에 구리 구슬을 굴리듯 시끄럽고, 눈은 마치 흰죽에 떨어진 검은 후추 알갱이 같이 작다. 이렇게 이들을 조롱하고 돌아서니 김삿갓의 마음은 다소나마 후련했을 것이다.

선생은 내 불알

승유(僧儒)를 조롱한 시를 보았으니, 이번에는 서당의 훈장(訓長)을 욕한 시를 보기로 한다. 이는 표면적 주제와 이면적 주제가 다른 시다. 앞에서 살펴본 '파격시'와 그런 면에서 시작(詩作) 태도가 같다.

> 선생은 와 보이지 않고
> 생도는 모두 해야 열 명이 안 된다.
> 서당은 일찍부터 알고 있는데
> 방 안에는 모두 존귀한 물건이로다.
>
> 선생내불알(先生來不謁)
> 생도제미십(生徒諸未拾)
> 서당내조지(書堂乃早知)
> 방중개존물(房中皆尊物)

이 시는 외형상 조그만 서당을 그린 것이다. 생도는 채 10명이 안 된다. 그들은 이미 다 와 있는데, 선생은 아직 보이지 않는다. 이는 일찍부터 알고 있는 서당인데, 방 안에는 모두가 존귀한 물건이다.' 이런 내용의 시다. 그러나 이 시는 이런 표면적 사실과 달리 내면적 주제는 몹쓸 서당이라 욕한 것이다. 시의 일부 표현을 그 의미와 관계 없이 음독(音讀)하면 욕이 되게, 간접적으로 욕을 한 것이다. '내 불알-來不謁, 제미십-諸未拾, 내조지-乃早知, 개존물-皆尊物'이 그것이다.

김삿갓이 서당을 찾아가니 훈장은 아직 보이지 않고, 아이들만 와서 글을 읽고 있다. '너의 선생 어디 가셨느냐?'고 물으니, 아이들이 궁상스런 김삿갓의 모습을 보고 업신여겨 대구를 하지 않는다. 이에 김삿갓이 훈장을 '내 불알', 생도를 '제미 씨', 서당을 '내 좆', 가구를 '개 좆물'이라 욕한 것이다. 그러나 욕이 과했다고 생각한 것일까, 누가 시제를 '패담시(悖談詩)'라 했다.

'패담시'를 본 끝이니 또 다른 욕설 시 하나를 더 보기로 한다. '욕제가(辱祭家)'란 시다.

해마다 섣달 보름 밤에
그대 집에 제사 있음을 내 아는데
제상에 오른 것은 칼질 잘한 제물
헌관과 집사가 모두 아뢰어 보인다.

연년납월십오야(年年臘月十五夜)
군가제사내자지(君家祭祀乃自知)
제전등물용도질(祭奠登物用刀疾)

헌관집사개고알(獻官執事皆告謁)

남의 제사를 점잖게 읊은 시다. 시제는 놀랍게 '욕제가(辱祭家)'다. 그런데 욕은 보이지 않는다. 이상하다. 이 시도 시의 표면과 이면이 달리 된 것이기 때문이다. '욕제가'는 내면적 주제로, 이는 일부 시어를 의미와 관계 없이 음독하면 알 수 있다. 동음어의 욕을 한 것이다. '十五夜, 乃自知, 用刀疾, 皆告謁'은 각각 '씨 오는 밤, 내 자지, 용두질, 개 공알'을 나타냄으로 제가(祭家)를 욕한 것이다. 번연히 며칟날 제사가 드는 것을 알고 있는데 제사를 지내고도 아무런 소식이 없다. 제사 음식을 보내오지 않는다. 이에 김삿갓이 제삿집을 외설적 용어를 써 욕한 것이다. 따라서 제가(祭家)는 숭조(崇祖)의 봉제사(奉祭祀)를 하고, 김삿갓에게 음식을 나누어주지 않아 인정 없는 집으로 욕을 얻어먹은 것이다.

한 고조가 몹시 추운데, 도연명이 오지 않는구나

다음에는 지금까지와는 차원을 달리하는 시를 보기로 한다. 고도의 식자(識者)가 아니고는 해독을 제대로 할 수 없는 난해한 시다. 이는 좋게 말하면 유식한 시이고, 나쁘게 말하면 현학적(衒學的) 시라 할 것이다.

한고조가 몹시 추운데
도연명이 오지 않는구나.
진시황의 아들을 치려 하는데
어찌 초패왕은 없는고?

심한한고조(甚寒漢高祖)
불래도연명(不來陶淵明)
욕격시황자(欲擊始皇子)
기무초패왕(豈無楚覇王)

　이는 시가 아니라, 사설이 무슨 잠꼬대 같다. 조리 없는 뚱딴지 같은 소리가 이어진다. 그도 그럴 것이 이 시는 겉으로 드러나는 표현이 아니라, 여기 인용된 인물의 이름을 빌어 다른 뜻을 나타내고 있는 시이기 때문이다. 따라서 곧이곧대로 시를 해석해서는 의미가 통하지 않는다. 시에 인용된 인물의 이름을 파악한 뒤, 그것이 돌려서 표현하고자 한 진짜 의미를 파악해야 한다.

　한고조의 이름은 유방(劉邦)이요, 도연명의 이름은 잠(潛)이다. 시황자는 진시황의 아들을 가리키는 말로, 그의 이름은 부소(扶蘇)다. 초패왕의 이름은 항우(項羽)다. 따라서 이 시는 '심한방(甚寒邦) 불래잠 (不來潛) 욕격부소(欲擊扶蘇) 기무우(豈無羽)'라고 노래한 것이다. 그렇다면 이는 어떻게 해석해야 하는가? 수수께끼는 아직 다 풀리지 않았다. 따라서 해석이 제대로 되지 않는다. 여기 인명은 다시 동음어 내지 새김(訓)으로 재해석해야 한다. 곧 이들 구절은 '심한(甚

寒)방, 불래(不來)잠, 욕격(欲擊)부소, 기무(豈無)깃'이 본래 노래하고자
한 시상이다. 항우의 이름은 새김으로 읽고, 나머지는 음으로 읽은
것이다. 그래서 노래하고자 한 것은 '몹씨 추운 방(房), 잠(睡眠)이
오지 않는다. 부시(火刀)를 치고 싶은데 어찌 깃(火茸)이 없는고?'가
이 시의 주지(主旨)다. 김삿갓이 엄동설한 추운 날 불도 때지 않은
방에서 잠을 청하나 잠이 오지 않는다. 그래서 부시를 쳐 부시깃
에 불을 붙여서는 불을 피우고 싶은데, 어찌하여 부싯깃마저 없는
가? 하고 자기의 딱한 처지를 동음어와 우회법을 써 노래한 것이
다. 요사이도 난해한 시가 문제가 되지만, 김삿갓의 이 시도 꽤나
난해한 시다.

김삿갓은 확실히 해학과 풍자의 시인일 뿐 아니라, 박식한 시인
이었다.

8. 내 분부 거절키는 필연 곡절 있을 터니...

세상에서 제일 무서운 것

어쩌다가 이리 되었을까? 이 세상이 아주 무서워졌다. 요사이 부모가 다른 사람도 아닌, 제 자식을 죽였다는, 그것도 아주 끔찍하게 죽였다는 사건이 자주 보도되고 있다. 고슴도치도 "제 새끼는 함함하다" 하고, "호랑이도 자식 난 골에는 두남둔다."고 하는데, 만물의 영장인 인간이 동물만도 못하게 마성을 드러내 있다.

지난날의 재담에 이런 것이 있다.

이야기를 좋아하는 한 재상(宰相)이 문객(門客)과 이야기를 하다가 "이 세상에서 무엇이 제일 무섭고 두려우냐?"라고 물었다. 문객들이 이런 저런 소견을 말하였다. 그러나 재상은 한마디도 반갑게 듣지 않았다. 그러자 한 사람이 이렇게 말하였다.

"세상에서 제일 무섭고 두려운 것은 계집과 뒷간(厠所)입니다."

그러자, 재상은 "그것이 무에 무섭고 두려울 것이 있겠느냐?" 하였다.

　그는 이렇게 대답하였다.

　"세상의 왕후장상(王侯將相)과 영웅열사(英雄烈士)라도 누구나 계집을 대하면 꿇지 않는 사람이 없고, 뒷간에 가면 누구나 오줌이나 똥을 싸지 않는 사람이 없으니 어찌 무섭지 아니하겠습니까?"

　그 말을 듣자 재상과 좌중은 그럴법하다고 고개를 끄떡였다.

　김동진의 '조선 팔도 익살과 재담'에 수록된 이야기다. 이는 익살스러운 재담으로, 어찌 보면 좀 황당한 우스개라고 할 것이다. 이 재담의 절정은 사내는 여자 앞에서 "무릎을 꿇고", 화장실에 가서는 누구나 "오줌 똥"을 싸니, 여자와 화장실이 무섭고 두려운 것이 아니냐는 것이다. 그러나 여자 앞에서 무릎을 꿇는 것과, 화장실에서 "오줌 똥을 싸는 것"은 "무섭고 두려워서" 취하는 행동이 아니다. 이는 하나의 현상을 사실적으로 묘사한 것이다. "무릎을 꿇는 것"은 방사의 자세를 취하는 것이며, "오줌 똥을 싸는 것"은 "배변"하는 현상을 이렇게 표현한 것뿐이다. 따라서 여기에는 무서움이나 두려움의 감정은 전혀 내재되어 있지 않다. 이는 동음어에 의한 일종의 곁말을 한 것이다. 이렇게 곁말을 함으로 객관적 사실의 표현은 익살스러운 유머가 되었다.

　다음에는 동음어를 활용한 어희, 말장난을 하나 보기로 한다. 역시 '조선팔도 익살과 재담'에 실려 있는 이야기다.

평안감사(平安監司)가 이방(吏房)의 의견(意見)을 들어보자고 대동강의 오리를 가리키며 이렇게 말하였다.

"저 오리는 십 리를 가든지, 백 리를 가든지 어찌하여 오리라고만 하느냐?"

이방이 대답해 말하였다.

"할미새는 어제 나도 할미새요, 오늘 나도 할미새라 하니 어떠한 이치온지요?"

감사가 또 물었다.

"새 장구(裝具)는 다 해어져도 새 장구라 하니 어찌된 일이냐?"

이방이 또 대답하였다.

"북(鼓)은 동에 있으나 서에 있으나 항상 북이라고 하는 일은 어찌한 일이겠습니까?"

이렇게 둘의 문답은 재담이었다.

평안감사와 이방의 문답은 본문에도 보이듯 '재담'이다. 질문에 대한 대답을 하는 것이 아니라, 상대적인 동음어의 곁말을 함으로 질문에 대한 대답을 회피한 것이다. 그리고 오히려 재미있는 말놀이를 한 것이다. 따라서 감사가 이방의 의견을 들어보자고 한 것은 동음어에 의한 곁말을 얼마나 끌고 나가느냐에 달려 있다 하겠다.

개구리는 맹자를, 꾀꼬리는 장자를 읽는다

제비가 논어를 왼다는 이야기가 있다. '지지위지지(知之謂知之) 부지위부지(不知謂不知) 시지야(是知也)니라'라 지저귄다고 한다. 제비가

'아는 것을 안다고 하고, 모르는 것을 모른다고 하는 것, 이것이 아는 것이니라'라고 논어를 왼다는 것이다. 그런데 제비가 논어를 읽는 데 그치는 것이 아니다. 개구리는 맹자를 읽고, 꾀꼬리는 장자를 읽는다고도 한다. 이들은 다 동음어 내지 유음어에 의한 곁말을 하는 것이다. 『어우야담』의 저자 유몽인은 만력 연간에 강서의 행재소(行在所)에 있을 때 중국의 유생 황백룡(黃伯龍)과 이런 문답을 하였다고 한다.

> "조선 사람은 오로지 경서에만 전념하는데 당신네 나라 사람들은 몇 개의 경서를 공부하오?"
> "우리나라 사람들은 삼경, 혹은 사경을 공부합니다. 심지어는 제비와 개구리, 꾀꼬리까지도 하나의 경서는 전공하였지요"
> 황백룡이 물었다.
> "그게 무슨 말이오?"
> 내가 말했다.
> "제비는 논어를 전공하였기에 '지지위지지 부지위부지 시지야'라 하지요"
> 내말이 끝나기 전에 황백룡이 말했다.
> "개구리는 맹자를 전공하였기에 이른바 '독락악(獨樂樂) 여인락악(與人樂樂) 숙락(孰樂)'이라 하는 것이지요"
> 내가 놀라니 그가 말했다.
> "우리나라에도 그 같은 말이 있습니다. 북경(北京) 관화(官話)로 '독(獨)' 음은 '두(豆)'이고, '락(樂)' 음은 '요(夭)'이며, '악(樂)' 음은 '로(路)'이고, '숙(孰)' 음은 '수(睡)'입니다. 그래서 관화로 읽으면 개

구리 소리 같지 않지만, 강남의 음은 개구리 소리 같고, 조선의 음과 한가지입니다."

개구리, 꾀꼬리까지 경서 하나는 전공하였다고 하자 황백룡이 중국에서도 개구리가 맹자를 전공해 북경 음으로 하면 '두요로여 인요로 수요'라 한다는 것이다. 이 말을 듣고 유몽인은 놀라며, 강남 음이 조선의 음과 같다고 한다. 사람들의 발상이란 비슷하게 마련이다. 우리가 어떤 소리를 듣고, 그와 유연성(有緣性)을 지닌 딴 것을 생각하듯, 중국 사람들도 그런 생각을 한 것이다. 다만 언어와의 유연성은 같지 않을 수 있다. 그래서 우리가 개구리 소리를 "개굴개굴" 한다는 것과는 거리가 있을 수 있다.

꾀꼬리 소리도 마찬가지다. 꾀꼬리는 '손가락을 가지고 손가락이 손가락이 아니라고 가리키는 것은, 손가락이 아닌 것을 가지고 손가락이 손가락이 아니라고 가리키는 것만 못하다. 그리고 말을 가지고 말이 아니라고 가리키는 것은, 말이 아닌 것을 가지고 말이 말이 아니라고 가리키는 것만 못하다'라는 뜻의 장자(莊子)의 '이지유지지비지(以指喩指之非指) 불약이비지 유지지비지(不若以非指喩指之非指), 이마유마지비마(以馬喩馬之非馬) 불약이비마 유마지비마야(不若以非馬喩馬之非馬也)'라 운다고 한다. 중국 사람은 우리가 "꾀꼴꾀꼴" 운다고 하는 꾀꼬리 소리를 꽤나 우리와 다른 것으로 받아드리는 것 같다.

그러나 이런 의성어가 민족이 달라도 똑 같지는 않으나, 비슷한 소리로 수용한다는 것은 분명하다. 예를 들어 영어로 '뻐꾸기'를 Cuckoo라 하는데, 이는 뻐꾸기가 'cuckoo cuckoo'라 울기 때문에 이런 이름이 붙은 것이다. 이와 비슷한 이름은 다른 언어에도 많이 보인다. coucou(불어), cuclilo(西語)), cuculo(伊語), cucu(루마니아어), cuculus(라틴어), kuckkuck(獨語), kukushka(露語), kakuk(헝가리어), kakkou(日語) 등이 그것이다. 우리도 사실은 뻐꾸기를 '꾸꾸기'라고도 하여 비슷한 울음소리로 수용한 흔적을 볼 수 있다.

십벌지목(十伐之木) 믿지 마오

다음에는 전음 동음어가 아니라, 부분 동음어를 활용한 곁말을 보기로 한다. 먼저 두음을 활용한 곁말을 보기로 한다.

두음을 맞추어 운율적 효과를 드러내는 것에 수요(數謠), 또는 요일요(曜日謠) 같은 것이 있다. 춘향전에 보이는 십장가(十杖歌)는 수요에 속하는 노래다. 이는 변 사또가 수청을 들라 하는데, 춘향이 조롱관장(嘲弄官長)하고, 거역관장(拒逆官長)하여 형장(刑杖)을 맞으며 읊은 것이다.

이 십장가는 경판본 춘향전을 제외한 완판본 열녀춘향수절가, 이명선본 춘향전, 고대본 춘향전, 파리 동양어학교의 남원고사, 일본 동양문고의 춘향전, 최남선본 춘향전, 신재효의 춘향가, 이해조의 옥중화 등의 이본에 두루 보인다. 그런데 이 가운데 열녀춘향수절가, 옥중화 및 이명선본, 최남선본 등의 춘향가는 그 가사가 길고, 고대본의 십장가는 비교적 간략하게 되어 있다.

그러나 무엇보다 간략하게 되어 있는 것은 신재효의 춘향가이다. 여기에서는 집장가(執杖歌)라 하고 있는데, 집장가의 사설이 길지 않은 내력까지 설명하고 있다. 이 십장가는 안짝이 숫자, 바깥짝이 육담으로 되어 있다. 이 노래를 보면 다음과 같다.

> 일정지심(一貞之心) 있사오니 이러하면 변하리오?
> 이부(二夫) 아니 섬긴다고 이 거조(擧措)는 당치 않소
> 삼강(三綱)이 중하기로 삼가히 본 받았소
> 사지(四肢)를 찢더라도 사또의 처분이오
> 오장(五臟)을 갈라 주면 오죽이 좋으리까?
> 육방하인(六房下人) 물어보오, 육시(戮屍)하면 될 터인가?
> 칠사중(七事中)에 없는 공사(公事) 칠대로만 쳐 보시오.
> 팔면부당(八面不當) 못된 일을 팔짝팔짝 뛰어 보오.
> 구중분우(九重分憂) 관장(官長)되어 궂은 짓을 그만하오.
> 십벌지목(十伐之木) 믿지 마오, 쓰은 아니 줄 터이오.

이 노래 가운데 '일정지심'은 '한 가닥 정절의 마음', '이부'는 '정녀불경이부(貞女不更二夫)'의 '이부'로 '두 지아비', '육방하인'은 지방관아에 두었던 '이(吏)·호(戶)·예(禮)·병(兵)·형(刑)·공방(工房)'의 하인을 의미한다. '칠사'는 '칠거지악(七去之惡)', 곧 '불순부모

(不順父母), 무자(無子), 음(淫), 투(妬), 유악질(有惡疾), 다언(多言), 절도(竊盜)'를 의미한다. '팔면'은 '사면팔방(四面八方)'의 '팔방'을 뜻한다. '구중분우(九重分憂)'의 '구중'은 '구중궁궐'의 '구중(九重)'으로 궁성 나아가 임금을 뜻하고, '분우(分憂)'는 '근심을 나눔'을 뜻한다. 따라서 '구중분우'는 '임금의 근심을 나누어 맡음'의 뜻이 된다. '십벌지목'은 '열 번 찍어 아니 넘어가는 나무 없다.'는 속담의 한문 표현이다.

그러면 이 십장가의 두음에 의한 겯말이란 어떻게 되어 있는가? 숫자와 같거나 비슷한 두음의 말이 연합되어 겯말을 이루고 있다. '일정지심'의 '일'과 '이러하면'의 '이', '이부'와 '이' 거조의 '이', '삼강'의 '삼'과 '삼가히'의 '삼', '사지'의 '사'와 '사또(使道)'의 '사', '오장'의 '오'와 '오죽'의 '오', '육방하인'의 '육'과 '육시(戮屍)'의 '육', '칠사(七事)'의 '칠'과 '칠(亂打)'의 '칠', '팔면부당'의 '팔'과 '팔짝팔짝'의 '팔', '구중분우'의 '구(九)'와 '궂은'의 '구', '십벌지목(十伐之木)'의 '십'과 음문(陰門)을 나타내는 고유어 '씨'의 '씨'이 동음 내지 유음어에 의해 연합되어 겯말을 이룬다. 전자는 숫자이고, 후자는 두음이 같은 부분 동음어이다. 이 노래는 간결한 표현 속에 춘향의 정심(貞心)을 재미있게 드러낸 것이다. 이러한 정심이 겯말에 의해 의미가 강조되고, 운율적 효과를 드러내고 있다.

특히 이 십장가는 '십벌지목'이 절정을 이룬다. '열 번 찍어 아니 넘어가는 나무 없다.'는 속담을 부정하며, 수청을 들지 않는다고 하여 이 형벌을 받는 것이기에 '몸'을 아니 주겠다고 하여 유음어의 비어로 곁말을 하여 절정을 이루고 있다.

내 분부 거절키는...

어두음의 곁말을 보았으니 다음에는 어말음에 의한 곁말을 하나 보기로 한다. 신재효의 춘향가(남창)에는 '절'자 사설이 나온다. 이는 '재초수절(再醮守節)'하란 사또의 분부를 춘향이 거절한 뒤 사또가 춘향이 하도 예뻐 욕심이 잔뜩 나서 어르면 될까하고 '절'자 사설을 한 것이다.

'어허 이런 시절(時節) 보소 기생 수절(守節)하단 말은 누가 아니 요절(腰折)하리. 내 분부 거절(拒絕)키는 간부(間夫) 사정 간절(懇切) 하여 필연 곡절(曲折)이 있을 터니 그 소위가 절절(節節) 가통. 형장 아래 기절(氣絕)하면 네 청춘이 속절없다.'
준절(俊截)히 호령하니 춘향이가 절(節)이 나서 불고사생(不顧死生) 대답한다.
'절행(節行)에는 상하 없어 필부 가진 정절(貞節) 천자(天子)도 못 뺏거든, 사또 탈절(奪節)하실 테요 예양(豫讓)의 본을 받아 재초수절 (再醮守節) 하라시니 사또도 그 본받아 두 임금을 섬기시려오?'

사또의 '절'자 사설에는 '시절, 수절, 요절, 거절, 간절, 곡절, 절절, 기절, 속절'과 같이 '절'자가 9개가 쓰여 곁말이 되었으며, 이들에 의해 운율이 빚어지고 있다. 이 '절'자 어말음은 사또의 '절'자 사설에 한정되지 않고 창자의 해설과 춘향의 대답에도 '준절, 정절, 탈절, 재초수절'의 네 개가 더 쓰이고 있어 표현 효과를 더하고 있다.

이들 13개의 '절'자는 발음은 다 같은 '절'이나, '수절'의 '절'과 같은 '절개 절(節)'자가 6개, 꺾을 절(折)자가 2개, 끊을 절(絕)자가 3개, 끊을 절(切)자가 1개, 끊을 절(截)자가 1개, 고유어 '속절'의 '절'이 1개가 쓰이고 있다. 이렇게 음은 같고 뜻이 다른 말을 씀으로 곁말이 성립되어 표현효과를 드러내게 된다.

첩첩산중(疊疊山中)의 의미

다음에는 비유에 의한 곁말을 하나 보기로 한다. 이는 다소 외설적인 곁말이며, 다소 심한 풍자이기도 하다. 출전은 김동진의 앞에 소개한 책이다.

　　예전에 안 생원이란 양반이 있었다. 그는 아는 것도 많고, 문자를 잘 썼다. 한번은 동네 사랑에 놀러 갔더니 사람들이 묻되, "사람마다 큰 산을 보면 첩첩산중(疊疊山中)이라 하니 무슨 곡절이오니까?"
　　안 생원이 말하되, "언제나 지각이 난단 말이냐? 왜 큰 산만 그렇다더냐? 크든지 적든지 절간만 있으면 첩첩산중이라 하느니라."
　　사람들이 물었다.

"어찌하여 그러하오니까?"

안 생원이 또 말하기를 "허허 이 사람들아, 그리하여도 모르겠나? 중이 절에 가만히 앉아 있어도 되지 못한 계집들이 불공을 드리네, 정성을 올리네, 아이를 비네, 생남(生男)을 원하네, 각색 청탁을 하고, 절에 가면 하나라도 성하게 오는 계집이 있는 줄 아나? 그런고로 절 간 많은 데를 위지 첩첩산중이니, 만첩청산이니 이르는 것일세."

사람들은 "옳지, 옳지" 하였다.

"첩첩산중"이란 물론 '여러 산이 겹치고 겹친 산속'을 의미한다. 이를 안 생원은 "세속과 절연된 곳", "속인이 잘 모르는 위험한 곳"에 비유하고 있다. 그래서 절에 간 계집은 성한 사람이 없다고 하였다. 이는 사회적 단면을 풍자한 것이나, 여인에 대한 비하, 불교에 대한 부정적 인식을 좀 과도하게 표현한 것이 아닌가 한다.

9. 내 언제 공경해 달랬소?

닭이나 타고 갈까?

서거정의 『태평한화골계전』에는 다음과 같은 익살스럽고, 풍자적인 이야기가 전한다.

> 김 선생이란 담소를 좋아하는 사람이 있었다. 그의 이름은 전하지 않는다. 그가 일찍이 친구의 집을 찾았을 때 술상을 내 왔는데, 상 위에는 다만 나물 안주만이 놓여 있었다. 주인은 먼저 사과의 말을 하였다.
> "집이 가난하고 저자(市場)가 멀어서 고기를 구하지 못해 싱거운(淡泊) 상차림이 되어 미안하오."
> 그때 마침 한 무리의 닭이 마당에서 어지러이 모이를 쪼아대고 있었다.
> 손이 이렇게 말했다.
> "대장부란 천금을 아끼지 않는 것이니, 내가 타고 온 말을 잡아서 안주를 장만하시구려."

주인이 말하였다.

"말이 한 마리뿐이데, 말을 잡으면 무엇을 타고 돌아가려구 그러시오?"

그러자 손은 이렇게 말하였다.

"저 닭을 빌려 타고 가겠소"

주인은 크게 웃고, 닭을 잡아 안주를 마련하여 즐겁게 웃고 마셨다.

사람들은 남에게 인정이나 사랑을 베푸는 체하면서도, 사실은 체면만 차리는, 이기적인 경우가 많다. 위의 집 주인의 경우도 닭을 잡아 친구를 대접할 수 있었지만, 미처 그런 생각은 하지 않고 허례만 갖추었다. 주인은 우스개 잘하는 친구가 "닭을 빌려 타고 가겠다"고 하는 말을 듣고 비로소 친구 대접이 소홀히 됐음을 깨달았다. 수인사(修人事)는 흔히 인간이 지닌 상심(常心)이요, 습관적 태도일 뿐이었다. 이러한 상심이 친구의 우스개를 통해 풍자되고 익살스럽게 표현된 것이다. 그러고 보면 인간은 얼마나 이기적이고 간사한 동물인가?

또 하나의 상심 이야기를 보기로 한다. 이는 송세림의 『어면순』에 보이는 본능적 상심에 대한 익살스러운 이야기로, 여심의 이야다.

어떤 선비가 기생을 매우 사랑하였다. 그러자 그의 아내가 선비에게 말하였다.

"사내가 아내를 박대하고, 기생에 빠짐은 무슨 연유이오?"

선비는 이렇게 대답하였다.

"아내에게는 서로 공경하고 분별할 의리가 있으므로, 존경할 수는 있지만 지나치게 희롱할 수는 없는 법이오. 그러나 기생은 이와 달라서 정욕에 따라 음란한 희롱을 못할 것이 없소. 대체로 공경하면 성기어지고, 친근하면 가까워지는 것이 당연한 이치가 아니겠소?"

그러자 아내는 벌컥 화를 내면서, "내가 공경해 달랬소?, 내가 언제 특별히 대우해 달랬소?" 하며 남편을 어지러이 치기를 마지않았다.

사람은 사회적 동물이다. 그리고 만물의 영장이라 한다. 사람에게는 지켜야 할 도리가 있다. 이른바 오륜이 그것이다. 이러한 오륜이 있어 사람들은 동물과 구별된다. 이를 달리 말하면 오륜에 의해 동물적 속성이 억제되고, 감추어진다. 이러한 속성 가운데 가장 대표적인 것이 애욕이다. 사람은 사랑을 하고, 사랑을 받고 싶어 한다. 정숙한 귀부인도 마찬가지다. 속설에 의하면 우리나라의 대표적 성인인 율곡(栗谷)은 애정생활에도 점잖았던 모양이다. 이에 대해 퇴계(退溪)는 활발했던 것 같다. 그래서 율곡은 후손이 귀하고, 퇴계는 후손이 많다는 이야기가 있다. 『어면순』의 이야기는 바로 점잖은 여인의, 이러한 억제돼야 할 애욕이 노골적으로 표출됨으로 우리에게 웃음을 자아내게 한다.

업어 온 중이 어찌 나가랴?

우리 속담에 "업어 온 중"이란 말이 있다. 이는 이미 일을 저질러 놓아 어쩔 수 없다거나, 싫으면서 감내할 수밖에 없는 상황을 비유적으로 나타내는 말이다. 이는 여러 패설(稗說)에 그 근원설화라 할, 소위 육담(肉談)이라는 것이 실려 전한다. 그 가운데 『속어면순』에 전하는 이야기를 보면 다음과 같다.

마을의 한 처녀가 이웃의 사내와 더불어 정을 통하며 즐겼다. 처녀는 외진 곳에 짚단으로 은신처를 마련해 놓고, 사나이로 하여금 그곳에 숨어 있게 하였다. 그리고 밤마다 그를 집으로 업고 와 사통(私通)하였다. 한 중(僧)이 이를 알고 하루 저녁에는 미리 짚단 속에 들어가 홀로 앉아 있었더니, 그녀가 와 업어다가 자기 방 가운데 놓았다. 그리고 불을 켜고 보니 중이다. 처녀는 크게 놀라, "에구머니 중이네." 하였다. 그러자 중은 큰소리로 "중은 남자가 아닌가?" 하였다. 처녀는 남이 들을까 두려워 낮은 소리로, "스님, 빨리 나가시오." 하였다. 중은 "업어 온 중이 어찌 나가랴?" 하며 끝내 나가지 않았다. 처녀는 하는 수 없이 중과 정을 통하였다. 세상에서 흔히 이르는 "업어 온 중이 어찌 나가랴?"라는 말은 여기서 나온 것이다.

처녀의 비밀을 안 몹쓸 중은 이를 계획적으로 이용하여 욕심을 채우고자 하였다. 이를 모르는 처녀는 언제나와 같이 중을 자기 정인(情人)으로 잘못 알고 업어왔다. 중은 "업혀온 중이 어찌 가랴?"라고 뻗대었다. 처녀는 문자 그대로 빼도 박도 못할 외통수에 걸린 것이다. 그러고 보니 싫으면서도 욕을 감수할 수밖에 없다. 이런 상황이 "업어 온 중(負來僧焉往)"이거나, "업혀 온 중이 어찌 가라(負來僧何往耶)"라는 것이다. 이 "업어 온 중" 설화는 다양한 변종으로 발전해 오늘에 전해지고 있다.

사절 소식 끊어질 절(絕)

이번에는 어말음에 의한 곁말을 보기로 한다.

'열녀춘향수절가'에서 춘향이가 이 도령과 이별할 때 오리정(五里亭)에서 망종 술을 권하고, 떠나는 이 도령을 다시 불러 당부의 말을 한다. 이때 춘향은 어말음(語末音)으로 '절'자 운(韻)을 달아 그녀의 애절한 마음을 토로한다.

> 여보 도련님, 인제 가시면 언제 오시려오? 사절(四節) 소식 끊어질 절(絕), 보내나니 아주 영절(永絕), 녹죽 창송 백이숙제(伯夷叔齊) 만고 충절(忠節), 천산에 조비절(鳥飛絕), 와병에 인사절(人事絕), 죽절(竹節), 송절(松節), 춘하추동 사시절(四時節), 끊어져 단절(斷絕), 분절(分絕), 훼절(毀節), 도련님은 날 버리고 박절(迫切)히 가시니 속절없는 나의 정절(貞節), 독수공방 수절(守節)할 제, 어느 때에 파절(破節)할꼬? 처(妻)의 원정(冤情) 슬픈 고절(孤節), 주야 생각 미절(未絕)할 제, 부디 소식 돈절(頓絕) 마오.

'절'자 사설은 앞에서 신재효의 '춘향가'에 나오는 변사또의 사설을 본 바 있다. 여기서는 춘향의 사설이다. 변사또의 회유 사설은 '절(節)'자에 초점이 놓여 있고, 춘향의 당부 사설은 '절(絕)'자에 초점이 맞추어져 있다. 그래서 두 사설은 대조적이다.

춘향의 사설에는 "사절(四節) 소식 끊어질 절(絶), 보내나니 아주 영절(永絶), 천산에 조비절(鳥飛絶), 와병에 인사절(人事絶), 끊어져 단절(斷絶), 분절(分絶), 주야 생각 미절(未絶)할 제, 부디 소식 돈절(頓絶) 마오."와 같이 "끊어질 절(絶)"자가 많이 쓰이고 있다. 이밖에 "마디 절(節)"자와 "끊을 절(切)"자, "속절"의 "절"자가 쓰여 변화와 리듬을 자아내고 있다.

마지막 당부가 이러한 "절"자 운으로 되지 않고 평면적 표현이 되었다면 글의 운치는 반감되고도 남음이 있을 것이다. 이러한 운율을 밟은 표현은 사람의 마음에 감동을 준다.

삼국(三國) 풍진(風塵) 싸움질

동음어를 활용하되 동음이의의 어말음을 활용하는 것이 아니고, 동의어인 어말음을 활용하여 운을 드러내고, 익살을 부리고, 흥미를 자아내는 것도 있다. 이는 자음요(字音謠)라는 타령이다. 우리의 민요나 고전 작품에는 이러한 자음요가 많다 춘향전에만 하여도 "정(情)자 타령, 궁(宮)자 타령, 인(因)자 타령, 연(緣)자 타령, 절(節)자 타령, 덕(德)자 타령, 질자 타령, 기자 타령" 등 많은 운자를 단 타령이 있다. 앞에서 "절(絶)"자 운의 타령은 춘향전에서 살펴보았으니, "질'자 운의 자음요(字音謠)는 흥부전에서 그 예를 보기로 한다.

삼국 풍진 싸움질/ 유월(六月) 염천 부채질
　　　세우(細雨) 강변 낚시질/ 심산궁곡(深山窮谷) 도끼질
　　　낙목공산(落木空山) 갈키질/ 젊은 아씨 바느질
　　　늙은 영감 잔말질

　놀부가 아홉 번째 박을 툭 타놓으니 수백명 왈짜들이 밀거니 뛰거니 나와, 놀부를 빨랫줄로 묶어 놓고 실컷 놀려 먹기로 하고, 우선 단가를 부른다. 위의 타령은 여숙이라는 왈짜가 부른 것이다.
　"질자 타령"의 "질"은 접미사로, 노릇이나 짓을 나타내는 말이다. 따라서 앞에서 살펴본 동음어에 의한 곁말과 달리 동의어라 할 수 있다. 그러나 접미사 "질"만이 동의어요, 어두의 실사(實辭)는 다 각각 다른 말이다. 따라서 이는 다양한 행동을 나타내는 이의어(異意語)다. 이들은 운율을 지니는 훌륭한 곁말이다.
　"삼국 풍진"의 "삼국"은 신라·백제·고구려라기보다 후한 말엽에 일어난 위·오·촉의 삼국이다. "갈키"는 나뭇잎을 긁어모으는 기구인 "갈퀴"다. 따라서 "질자 타령"은 생활주변의 사실을 "질"자 운을 밟아 운율적으로 노래한 곁말이라 하겠다. 다음 강원도 이천(伊川) 지방의 "질자 타령"도 같은 생활 주변 사실을 노래한 성희요(聲戲謠)이나, 이는 성격을 아주 달리하는 민요다.

　　　혼자 가면 도망질/ 둘이 가면 마전질/ 셋이 가면 가래질
　　　넷이 가면 화토질/ 화토 끝에 싸움질/ 싸움 끝에 정장질

정장 끝에 징역질.

이는 사람의 수에 따라 달라지는 행위, 곧 "질"을 그린 다음, 이에 의해 빚어지는 결과를 읊은 것이다. "마전질"이란 피륙을 표백하는 일이요, "가래질"이란 가래로 흙을 파 옮기는 일이다. 혼자, 둘, 셋, 넷이란 인원은 그 행위에 필요하거나, 충분한 조건을 든 것이다.

"질 타령"의 내용은 마전질, 가래질과 같이 건전한 것도 있으나, 대체로 건전하지 못한 삶을 노래한 것이다. 이 가운데 "화토질"은 화투(花鬪)놀이다. "정장(呈狀)질"이란 관청에 제소하는 일을 말한다. 놀음 화투를 하고, 이것이 싸움이 되고, 마침내 소송 사건으로 발전하는 추태를 그린 것이다. 화투놀이는 광복(光復) 이전에도 많이 했던 모양으로, 화투 끝에 싸움질, 그리고 소송, 마침내는 징역을 가는 소란도 많았던 모양이다. 우리의 부끄러운 과거사다.

사촌 조카는 없나?

이번에는 어두음이 같은 곁말을 몇 개 보기로 한다. "꼭두각시놀음"의 후반부 "평안감사 상여"에 보면 다음과 같은 대화가 보인다.

홍동지: 상주님, 문안이오
상주: 문안이고 문밖이고, 웬 벌거벗은 놈이냐?

홍동지: 상여 모시러 왔소
상주: 발가벗고 이놈아, 대감 상여에 얼씬 말라.
홍동지: 다 틀렸다, 다 틀렸어.
마을 사람: 왜 그러니?
홍동지: 여보게, 빨가벗고는 대감 상여라 얼씬 말라네.

홍동지(진둥이)가 빨가벗고 평안감사 상여를 모시겠다고 상주에게 문안을 드렸다. 상주는 "문안이고 문밖이고 웬 벌거벗은 놈이냐?"고 나무랐다. 이때 "문안이고 문밖이고"라 한 것은 어두음에 의한 곁말이다. "문안"은 물론 "문안(問安)"으로 안부를 묻는 것이다. 이에 대해 "문밖"은 "문외(門外)"로 "문안"을 '문 안(門內)"으로 재해석해 말놀음을 한 것이다. 기지(機智)에 의한 곁말이다. 이러한 곁말은 고대본(高大本) 춘향전에도 보인다.

"밤새 문안 어떠시오?"
"이놈 문안인지 문밖인지 어찌 이리 덤벙이느냐?"

춘향의 방에서 자고 있는 이 도령에게 방자가 문안을 드릴 때의 장면이다. "꼭두각시놀음"이나, 춘향전이나 다 같이 그 "문안(問安)"이 못마땅함을 나타내기 위해 곁말을 쓴 것이다. 이렇게 곁말은 강의(強意)를 나타내기 위해서도 쓰인다. 또 "고본 춘향전"을 보면 다음과 같은 곁말도 볼 수 있다.

"도련님, 약주 잡수"

"아나, 이애. 잡수라 하는 것이 땅쓰러기 수수가 잡수수냐? 을해년 동냥한 수수가 잡수수냐? 외입하는 사나회가 술 부어주며 권주가 하나 못 들을소냐? 아모랴도 그저 먹든 못 하리라."

권주가(勸酒歌)를 부르지 않고, "약주 잡수"하니 마음에 안 들어, 도령이 첫날밤에 춘향에게 투정하는 장면이다. 이때 "잡수"와 어두음이 같은 "잡수수"를 끌어다 댐으로 "잡수"라고 하는, 권주가가 없는 권주사가 불만임을 강력히 표현한 것이다. 이는 "문안 문밖"과 마찬가지로 강세의 효과를 드러내고자 한 것이다.

어두음에 의한 곁말을 하나 더 보면 다음과 같은 것도 있다.

> 박첨지 : 그 배라먹을 자식 또 나왔던가베.
> 마을 사람 : 그게 누구여?
> 박첨지 : 우리 사촌 조카여.
> 마을 사람 : 이 사람아. 사촌 조카가 어디 있어?
> 박첨지 : 아, 사촌 조카는 없나? 아, 누님의 아들이 누군가?
> 마을 사람 : 그 누님의 아들이 생질 조카지 누구야?
> 박첨지 : 생질 조카? 나는 사촌 조카라고 허어- 그놈 들어가서 종아리 좀 때려야겠네.

"꼭두각시놀음"의 제2막에 나오는 대사다. 여기서는 "생질 조카"를 이와 발음이 비슷한 "사촌 조카"라 함으로 익살을 떤 것이다. 박 첨지는 모르는 듯이 "나는 사촌 조카라고"라 말하고 있지만, 이는 뻔히 아는 사실을 이렇게 엉뚱하게 유음어에 의해 대치·활용함으로 희극성을 한층 더 드러낸 것이다.

10. 네 코는 상놈의 코라 이 코에 범치 못한다.

    평범한 말도 시각(視角)을 달리 하면 재미있는 말이 될 수 있다. 발상(發想)을 달리 할 때 의외의 표현이 된다. 사람을 웃기는 개그는 이런 경우가 많다. 황당한 답을 정답으로 하는 수수께끼도 이런 것이다. 상대방의 허를 찌르는 것이다.

    "배가 불러 못 먹겠어."

    "몇 달 됐는데..."

    멀쩡한 처녀가 임신녀(姙娠女)가 되어 한바탕 우스개가 되는 것이 이런 경우다. 이는 동음어에, 위트가 가미된 곁말이다.

네 코는 상놈의 코라, 이 코에 범치 못한다

    우리말의 '하다' 따위 동사나 형용사는 '하'가 줄어 'ㅎ'만 남아, 이것이 뒤에 이어지는 'ㄱ·ㄷ·ㅈ' 소리를 'ㅋ·ㅌ·ㅊ'으로 바꾸어 놓는 현상이 있다. 예를 들면 '맹랑하다, 조롱하다' 따위 용언 (用言)이 '맹랑코, 맹랑커나, 맹랑타, 맹랑토다, 맹랑치', '조롱케, 조롱코, 조롱타가, 조롱터니, 조롱치만' 따위로 되는 것이 이런 것이다. 그리고 한문을 읽을 때 토(吐) '하고'를 줄여 '코'로 하는 것도 마찬가지다. 그런데 이러한 용례 가운데, 연결어미 '하고'나, 조사 '하고'가 준 '-코'란 평범한 표현을 가지고 익살스러운 표현을 한 것이 보인다. 그것도 다름 아닌 우리의 대표적 고소설인 춘향전에 서다.

춘향전은 그 이본이 약 100종쯤 된다. 1910년대 이전에 나온 것만도 30여 종이나 된다. 소설만이 아니라, 판소리 사설로서의 춘향 가도 여러 가지가 있다. 이들 춘향가 가운데 정정렬판(鄭貞烈版)춘향 가가 있는데, 여기서는 이 도령과 춘향이 먼빛으로만 보고 사랑의 편지를 주고받음으로 인연을 맺는다. 흔히는 춘향전에서 도령은 춘향을 만나러 가기까지 밤이 되기만을 초조히 기다리며 서책을 껑충껑충 읽는다. 그런데, 여기서는 방자를 시켜 편지를 전하고, 그 회답을 받을 때부터 '실성 발광'이 되어 기다린다. 그래서 이때 초조한 심정을 달래기 위해 만권서책(萬卷書冊)을 들이어 껑충껑충 노루글을 읽는다고 하고 있다. 이때의 장면이 이렇게 읊어지고 있다.

"이자식아, 잔소리 듣기 싫다. 주역 들여라. 건은 원(元)코, 형(亨) 코, 이(利)코, 정(貞)코, 춘향 코, 내 코 한데 대면 좋고, 좋고"

방자 듣더니,

"도련님, 거 먼 책이요?"

"이게 주역(周易)이다."

"그 어디 주역이오, 코 책이제. 그 책 속에 코 많소 그 흔한 코 밑에 소인놈 코도 넣어 주시오."

"네 코는 상놈의 코라, 이 코에 범치 못한다. 이 글 못 읽것다. 사략(史略) 들여라. 천황씨(天皇氏)는 이 쑥떡으로 왕 하시다."

방자 듣고 어이없어,

"태고(太古)라 천황씨가 이목덕(以木德)이란 말은 들었어도 이(以) 쑥덕이란 말은 금시 초문이오."

"네가 모르는 말이다. 태고라 천황씨가 일만팔천 세니 나이 오죽 많으시냐? 만년에 낙치(落齒)하사 단단한 목떡은 못 자시고, 물씬물씬한 쑥떡을 원하기로 관학(官學)에 공론하고, 각 도, 각 읍 향교(鄕校)로 통문(通文) 났느니라. 이 글도 정신없어 못 읽겠다. 굵직굵직한 천자 들여오너라."

주역을 읽으며, '하고'가 준 '코'가 반복되니 이것을 '코 비(鼻)'자의 '코'와 음이 같아 곁말을 한 것이다. 곧 '하고'의 준 말인 '코'에 '춘향 코 내 코'를 더 늘어놓은 것이다. 그러나 이런 '코'의 전시장에 방자가 '그 흔한 코 밑에 소인놈 코'도 넣어 달라고 한 것도 익살스럽거니와, 그의 코는 상놈 코라 안 된다고 도령이 거절하는 데에는 웃음이 절로 난다. 파스칼은 클레오파트라의 코가 조금만 낮았더라면 세계의 역사가 변했으리라 하였다지만, 이 도령은 신분에 따라 코도 등급이 있음을 갈파한 것이다.

'십팔사략'을 읽으며 천황씨가 '쑥떡'으로 왕을 했다는 것도 웃음을 자아내게 하는 대목이다. 이에 해당한 사략의 내용은 다음과 같다.

먼 옛날 천황씨, 곧 하늘은 오덕(五德)의 하나인 목덕(木德)으로 임금이 되었다. 태세(太歲)를 섭제성(攝提星)에서 일으키니 힘을 쓰지 않아도 백성이 교화되었다. 형제 12인(人), 곧 12지(支)는 각기 1만 8천세를 누렸다.

이것이 '사략'의 내용이다. 천황씨가 쑥떡으로 왕을 했다는 것은 곁말이다. '쑥떡'은 '목덕(木德)' 아닌 '숙덕(淑德)' 쯤을 의식해 유음에 의한 말장난을 한 것이다. 그리고 '목떡'이 있을 리 없지만 '쑥떡'은 이와 대조시켜 논리적인 해석을 가해 만들어 낸 표현이다. 열녀춘향수절가는 이 부분을 다른 각도에서 거시적인 표현을 함으로써 아이러니컬하게 그리고 있다.

이 자식아 네 모른다. 천황씨는 일만팔천 세를 살던 양반이라 이가 단단하여 목떡을 자셨거니와 시속 선비들은 목떡을 먹겠느냐? 공자님께옵서 후생을 생각하사 명륜당(明倫堂)에 현몽하고 '시속 선비들은 이가 부족하여 목떡을 못 먹기로 물신물신한 쑥떡으로 치라' 하야 삼배육십주(三百六十州) 향교에 통문하고 쑥떡으로 고쳤느니라.

이 글에서는 오히려 앞의 춘향가에서와는 반대로, 천황씨가 이가 단단해 목떡을 자신 것으로 되어 있다.

영감 찾는 데도 고하가 있나

다음에는 다의어에 의한 곁말을 하나 보기로 한다. 봉산탈춤의 대사에는 '부르다'란 다의어가 다양한 뜻으로 활용되어 재미있는 장면을 연출하고 있다. 한 사전에 의하면 '부르다'란 '① 소리를 쳐서 남을 오라고 하다. ② 글이나 다른 방법으로 알려서 청하다, ③ 물건값을 말하다, ④ 일컫다, ⑤ 소리를 내어 외치다, ⑥ 소리를 내어 노래하다'의 뜻을 지니는 것으로 되어 있다.

> 악공 : 영감을 한번 불러 봅소
> 미얄 : 여기 없는 영감을 불러 본들 무엇합나?
> 악공 : 아 그래도 한번 불러 봐.
> 미얄 : 영가암!
> 악공 : 거 너무 짧아 못 쓰겠습네.
> 미얄 : 여엉가암!
> 악공 : 너무 길어 못 쓰겠습네.
> 미얄 : 그러면 어떻게 부르란 말입나?
> 악공 : 아, 전라도 제주 망막골에 산다니 시나위청으로 불러 봅소
> 미얄 : (시나위청으로) 절절 절시구 저절절절 절시구. 얼시구 절시구 지화자자 절절 절시구. 우리 영감 어디 갔나…

'부르다'란 말을 악공(樂工)은 '소리하다', 곧 사전의 풀이 ⑥의 뜻으로 쓰고 있는데, 미얄할미는 이것을 ①의 '소리를 쳐서 남을

| 131 |

오라고 하다'의 뜻으로 받아 몇 번이나 말놀음이 되게 한 것이다. 봉산탈춤에서는 할멈을 찾을 때 또 악공과 영감 사이에 똑 같은 대화가 진행된다.

'부르다'의 다의성에 의한 말놀음은 강령탈춤에 좀 더 해학적인 것이 보인다. 봉산탈춤과 같이 역시 영감과 할멈이 서로 찾는 장면이다.

> 장구 : 그럼 불러 봅소
> 할멈 : (강아지 부르는 시늉을 한다.) 애야... 애야...
> 장구 : 누가 강아지를 부르랬어?
> 할멈 : 난 부르라니까, 강아지를 불르라는 줄 알았어.
> 장구 : 영감을 찾아보라는 말이야.
> 할멈 : 영감(짧게).
> 장구 : 그건 너무 짧아.
> 할멈 : 영감 찾는 데도 고하(高下)가 있나?
> 장구 : 고하가 있지.
> 할멈 : 그럼 어찌 부르란 말이야?
> 장구 : 영상도도리로 한번 불러 봅소
> 할멈 : 영- 감-.

여기서는 '부르다'가 '개를 부르는 것'에서 '사람을 찾는 것', '영상 도도리타령을 부르는 것'으로 그 의미가 바뀌어 나가고 있다. 영감을 찾아나선 할멈이 '불러 봅소'하는 소리에 강아지를 부르는 것이 의외의 반응이어서 이것이 웃음을 자아낸다. 언어의 다의성을 활용한 유머다. 이러한 '부르다'의 다의성은 할멈을 찾을 때도 영감과 장구 사이에 진행된다. 여기서는 강아지가 아니라, 개를 부른다. 참고로 그 대목만 보면 다음과 같다.(강령탈춤)

장구: 불러 봅소
영감: 워리 워리.
장구: 그거야 개 부르는 소리지.
영감: 아, 난 부르라니깐 개를 부르라는 줄 알았지. 사람도 부르나?
장구: 한번 찾아보란 말이야.

이렇게 부르는 것은 개나 돼지요, 사람은 찾는 것이지, 부르는 것이 아닌 것처럼 말함으로 단어의 다의성에 의한 말놀음을 한 것이다. 이러한 곁말이 오늘날 드라마에서 눈물을 짜는 것과는 달리 웃음을 선사하고 있다.

안녕하고 절령하고

다음에는 황석영의 소설 '장길산'에서 재미있는 재담을 보기로 한다. 길산의 생모가 될 노비가 만삭의 몸으로 야반도주할 때의 이야기다.

개성의 퇴관한 유 부사댁 사비인 여인은 남편 보(步)와 밀약하고 해주 망해사를 찾아간다. 그러나 이 여인은 이미 포교에 쫓기는 몸이 되었다. 개성에서 60여 리 되는 예성강가 벽란 나루에서 이를 안 무더리 광대들이 혈육을 찾아 나선 이 여인을 구해 주기로 작정하였다. 그들은 재담을 한판 벌여 사람의 정신을 쑥 빼놓은 다음 기찰을 피해 이 여인이 강을 건너게 해 주기로 한 것이다. 이때 춤이 몇 바퀴 돌아가고 광대들이 재담 하나를 한다.

"샌님, 샌님, 큰댁 샌님, 작은댁 샌님, 똥골댁 샌님, 샌님을 찾으려고, 이리저리, 저리이리 다 다녀 보아도 못 보겠더니 여기 와서 만나 보니 안녕하고 절령하고, 무사하고 태평하고 아래 위가 빼꼼합쇼?"

"네 이놈, 양반을 만났으면 절을 하는 게 아니라, 뭣이 어쩌고 어째?"

"예에, 절이요? 알지요, 압니다. 한양에 일러도 새절 덕절 도곡사, 마루사를 건너 봉원사, 합천 해인사, 염주원 염주사, 구월산 월정사, 황주에 성불사, 이런 절 말씀이우?"

"이놈, 누가 그런 절 말이냐?"

"그럼, 무슨 절이우?"

"절 모르느냐? 모르면 배워야지."

"절도 배웁니까? 배웁시다."

"미륵님을 가로 잡아 번쩍 들어라."

"구부려라."

"구부려라."

"이놈, 몸짓으로 하랬지, 누가 입내만 내리더냐? 아하, 이놈이..."

"아하, 이놈이."

"이놈을 패 줄까?"

"이놈을 패 줄까?"

"이놈아, 그만 두자. 그만 두어."

"아이구 어려워라."

"그럼 초판부터 다시 하자. 내가 할 테니 따라 해라. 번쩍 들고, 구부리고, 번쩍 들고 구부리고.."

"에헴, 모시고 자시고 잘 있었느냐?

"이놈, 양반의 절을 받어?"

"양반에게 절을 받으면 명이 길다 합니다. 어휴, 내 힘들어서 양반 안 하겠우. 쌍놈 하겠우, 쌍놈"

정자관을 쓴 양반과 보부상 차림의 광대가 주고받는 재담이다. 여기에는 기지에서 비롯된 몇 개의 골계적 표현이 쓰이고 있다. '안녕하고 절령하고'와 '모시고 자시고'와 같은 어말음에 의한 어희와 예를 뜻하는 '절'을 동음어인 불교 사원 '절'로 보아 곁말을 한 것이 그것이다.

'안녕'에 대한 '절령'은 비슷한 어말음에 의해 말장난을 한 것이다. 그러나 '절령'이란 말은 우리말에 없다. 이 말은 '안녕'이란 인사말에서 '절(禮)'을 연상하고, 이것에 '안녕'의 운을 따 '절령'이란 말을 만들어 낸 것이다. 따라서 '절령'이란 말은 무의미한 말로, 단순히 운율적인 효과를 드러내고 재미있게 표현하기 위해 덧붙인 말이라 하겠다. 이는 우리 민요에서 '세월아, 네월아'와 같이 표현하는 기법과 같다. '네월'은 '세월(歲月)'의 '세'를 '세(三)'의 '세'로 보고, 여기에 숫자 '네(四)'를 끌어다가 '월'이란 운을 맞춘 것이다. 따라서 '네월'이란 무의미한 말을 만들어 운율적 효과만을 거두고, 재미있는 표현이 되게 한 것이다.

고본 춘향전의 '그녠지 고녠지'의 '고네'라는 표현도 마찬가지다. '추천(鞦韆)'을 뜻하는 '그네'의 '그'를 지시사(指示辭) '이·그·저'의 '그'로 보고, 이 지시어를 귀엽게 나타내는 '고'로 대치함으로 '고네'라 하여 어말음에 의한 곁말을 하고 있는 것이다. 이도 물론 운율적 효과와 재미를 더하기 위한 표현 기법임은 말할 것도 없다.

'모시고 자시고'는 각각 '모시다'와 '자시다'를 기본형으로 하는 동사로, 같은 어말음과 어미를 활용한 표현이다. '예'를 뜻하는 '절'을 사원(寺院)을 뜻하는 '절'로 보아 곁말을 한 것은 동음어를 대상으로 한 곁말의 골계로서, 진정한 의미의 기지에 의한 표현이라 하겠다. '절'을 두고 재담을 한 것은 객관적 골계에 속한다.

위의 소설에서 보부상 차림을 한 광대는 '절'을 가지고 말장난을 하던 끝에 마침내는 양반의 절을 받았다. 사농공상(士農工商)의 가장 낮은 지위에 속하는 보부상이 절을 가르치는 과정이기는 하나 결과적으로 양반의 절을 받은 것이다. 이는 그 자체로 있을 수 없는 골계적 사실로 유머로서의 곁말이다. 탈춤의 주제의 하나인 양반을 조롱함으로 웃고자 한 것이다. 이는 문자 그대로 소학지희 (笑謔之戲)다. 그리고 '절'의 까다로움이 문제가 되어 보부상은 양반을 하지 않겠다고 한다. 이는 박지원의 소설 『양반전』에서 양반을 산 부자가 양반의 허식에 놀라 양반이 되지 않겠다고 한 것과 주제면에서 동일하다. 허식(虛飾)이나 허식(虛式)은 우리가 지양해야 할 전통적 악습이라 할 것이다.

11. 네가 무슨 년의 도화(桃花)냐?

천자(千字)는 감자오…

우리 고전에는 동음어에 의한 곁말이 많이 쓰이고 있다. 이러한 곁말에는 전체 음이 같은 것(全音同音語)에 의한 것과 부분적으로 음이 같은 것(部分同音語)에 의한 것이 있다. 춘향전에 보이는 "천자는 감자오" 사설은 단어의 일부분이 같은 부분 동음어를 활용한 곁말이다. 이는 도령이 광한루에서 춘향을 잠깐 보고, 그녀를 만나 보고 싶은 마음에 책의 글자가 바로 뵈지 아니하여 잘못 읽힌다는 대목이다. 사랑은 맹목(blind)이라 했다. 사랑만이 아니다. 사람이 무엇에 미치게 되면 장님이 될 뿐 아니라, 사리판단을 제대로 하지 못하게 된다. 이성이 마비된다.

"천자는 감자오" 사설은 일본의 동양문고에 소장되어 있는, 동양문고본 춘향전이 가장 다채롭게 그려져 있다. 이를 보면 다음과 같다.

> 왼 책의 글자들이 바로 뵈지 아니한다. 천자(千字)는 감자오, 동몽
> 선습 사습(私習)이라. 사략(史略)이 화약이오, 통감(通鑑)이 곡감이라.
> 소학(小學)이 북학(北學)이오, 대학(大學)은 당학이라. 맹자(孟子) 비자
> 오, 논어(論語)는 방어(魴魚)로다. 시전(詩傳)은 딴전이오, 유합(類合)
> 은 찬합이라. 강목(綱目)은 깨묵이오, 춘추(春秋)는 호추(胡椒)로다.

위의 사설은 글자를 잘못 읽은 것이라기보다 책 이름을 가지고
말놀이를 한 것이다. 주로 어말음에 의해 말장난을 하였다. 글자가
바로 보이지 아니 하는 것은 이 대목 뒤에 이어진다. 앞에 거론한
책들은 한학의 입문서이거나, 사서삼경과 같은 유학의 경전이다.
이러한 책들을 희화하여 웃음거리를 만든 것이다. 이는 양반에 억
눌려 지내던 서민의 작은 반항이라 하겠다. "천자-감자, 사략-화약,
통감-곶감, 논어-방어(魴魚), 시전-딴전, 유합-찬합, 강목-깻묵, 춘추-
후추"와 같이 돌려 표현한 것이 특히 그러하다.

이러한 문맥으로 보아 "동몽선습-사습, 소학-북학, 대학-당학, 맹
자-비자"도 결코 좋은 뜻으로 쓴 말이 아닐 것이다. "사습(私習), 북
학(北學), 당학(唐學), 비자(榧子)" 쯤으로 표현한 것이라면 그래도 점
잖은 표현이라 할 것이다. 문맥으로 보아 당학은 "당학(唐瘧)", 비
자는 비자(婢子)"를 나타내었을 가능성이 크다. 이런 의미에서 표음
문자인 한글은 모호한 문자다. 문자(記號)라면 형태와 개념을 지녀

야 하는 데 한글은 형태(소리)만 있고, 의미가 없다. 그래서 세종은 글자를 창제하고, 이를 "훈민정자(訓民正字)"라 하지 않고, "훈민정음(訓民正音)"이라 하였다. 이는 저간의 사정을 반영한 것이라 하겠다.

그것은 그렇고, "천자는 감자오" 사설은 이렇게 곁말을 씀으로 무미건조할 책 이름의 나열을 익살스럽고 재미있는 표현으로 바꾸어 놓았고, 시적 운율을 지니게 하여 사람들의 마음을 흥겹게 하고 있다. 이와 같은 장면을 이명선본(李明善本) 춘향전에서는 "천자는 감자 되고, 맹자는 탱자 되고, 시전은 사전(私田·寺田)이오, 서전(書傳)은 딴전이오, 논어는 잉어 되고, 주역은 우역(牛疫)이오, 중용은 도롱뇽이라."라 하여 경전(經典)을 좀 더 익살스럽게 폄하하고 있다.

하늘 천(天)자 큰 대(大) 되고…

"천자는 감자오…."에 이어지는 사설은 앞에서 언급한 바와 같이 문자 그대로 글자가 헛뵈는 것이다. 동양문고본은 이 장면을 다음과 같이 그리고 있다.

　　하늘 천(天)자 큰 대(大) 되고, 따 지(地)자 못 지(池)자요, 달 월(月)
　　자 눈 목(目)자요, 손 수(手)자 양 양(羊)이라. 일천 천(千)자 방패 간
　　(干), 웃 상(上)자 흙 토(土)자오, 웃 의(衣)자 밤 야(夜)로다. 한 일(一)
　　자 두 이(二) 되고, 또 차(且)자 그 기(其)자라. 집 주(宙)자 범 인(寅)

이오, 하 위(爲)자 말 마(馬)로다. 근 근(斤)자 되 승(升) 되고, 돗 해 (亥)자 집 가(家)로다. 밧 전(田)자 납 신(申) 되고, 두 냥(兩)자 비 우 (雨)로다. 묘할 묘(妙)자 이자 보소 춘향일시 분명하다.

이들은 자형이 비슷해 정신을 집중하지 않거나, 눈이 나쁘거나 침침하여 잘 안 보이는 경우에는 정말로 잘못 볼 가능성이 큰 한 자들이다. 이들은 지적 유희의 표현이라 하겠다. 그러나 맨 끝의 "묘할 묘(妙)"자는 파격이다. 의외로 분명하다. 계집 녀(女), 적을 소 (少)자로 파자(破字) 되는, 젊은 여인 춘향이를 떠올리게 하고 있기 때문이다.

다음에는 비유적인 곁말을 보기로 한다.

네가 무슨 년의 도화냐?

도화라지, 도화라지.
네가 무슨 년의 도화(桃花)냐?
복숭아꽃이 도화지.

이 노래 "도화요(桃花謠)"는 아래 농부가의 후절(後節)과 발상과 구성의 면에서 일치한다.

서 마지기 논배미가

반달만큼 남았네.
네가 무슨 반달이냐?
초생달이 반달이지.

    그러나 "도화요"는 서정적인 농부가와는 달리 비극적 배경을 지닌 노래다. 이는 예언적인 참요(讖謠)다. 그것도 장희빈에 대한 참요, "장다리는 한 철이나"와 같이 궁중의 애정 사건을 배경으로 한 노래다. 이는 조선조 고종 때 평양 기생 도화와 엄귀비(嚴貴妃)의 애증 관계를 예언한 것이다.

    평양 기생에 도화라는 여인이 있었다. 이 여인이 어느 진연(進宴)에 나갔다가 고종 임금의 눈에 띄어 사랑을 받았다. 당시 고종의 총애를 받고 있던 엄귀비(嚴貴妃)가 이 사실을 알게 되었다. 불같이 질투가 일었다. 그녀는 도화를 시샘하게 되었고, 고종의 사랑을 독점하기 위해 제거하기 위한 계교를 꾸몄다. 귀비는 고종 몰래 도화를 불러내어 그녀의 얼굴을 바늘로 찔러 마치 종기가 난 것처럼 흉하게 만들었다. 그리고 도화에게 악질이 있으니 그녀를 쫓아내야 한다고 고종에게 무고를 하였다. 이에 임금의 사랑을 듬뿍 받을 뻔했던 도화는 애매하게 궁중에서 쫓겨나고 말았다. 도화요는 바로 이런 궁중의 사랑싸움이 일어날 것을 예언한 노래다.

    "도화야, 네가 도화라지? 그러나 네가 무슨 임금님의 사랑을 받을 만한 복숭아꽃, 도화란 말이냐? 복숭아나무에 피는 예쁜 꽃이 진짜 도화지. 너는 임금님의 사랑을 받을 예쁜 복숭아꽃은 되지 못한다." 이런 내용의 노래다. 평양 기생 도화는 왕의 사랑을 받을 복숭아꽃 도화가 아니어서 고종의 사랑을 받지 못한다는 것을 예언한 것이다.

시집살이를 한 시어미가 며느리에게 더 시집살이를 시킨다고 한다. 고종과 민비 사이에 끼어들어 고종의 총애를 받은 엄 귀비이기에, 그녀와 고종 사이에 도화가 끼어들어 고종의 사랑을 빼앗아 가는 것을 그녀는 두고 볼 수 없었던 것이다. 그리고 총애를 잃을까 두려웠던 것이다. 그러기에 가여운 도화는 사랑의 꽃을 제대로 피워보지도 못하고 엄 귀비의 시샘에 얼굴에 상처만 입고, 궁중에서 쫓겨나고 만 것이다. 가여운 한 여인의 사랑이다.

다음에는 비유에 의한 결말에 의해 사랑이 파탄 나는 것이 아니라, 가교가 놓여 아름다운 사랑의 열매를 맺게 되는 시조를 보기로 한다.

산에는 눈이 오고, 들에는 찬비로다

조선조 선조 때의 문인 백호 임제(林悌)의 시조에 다음과 같은 것이 있다.

북창(北窓)이 맑다커늘 우장(雨裝) 업씨 길을 난이

산(山)에는 눈이 오고, 들에는 츤비로다.
오늘은 츤비 마잣시니 얼어 잘까 ᄒᆞ노라.

이는 임제가 한우(寒雨)라는 기생에게 준 한우가(寒雨歌)다. "북쪽 하늘이 맑다고 하기에 우장 없이 길을 나섰더니, 산에는 눈이 오고, 들에는 찬비가 내리는구나. 오늘은 찬비를 맞았으니 얼어서 잘까 하노라."라고 읊은 노래다. 그런데 이 노래는 이런 표면적 의미만을 지니는 노래가 아니다. 이는 겉으로 드러나는 의미 외에 다른 숨은 뜻이 있다. 비유에 의해 중의법(重義法)을 쓴 것이다. 그리고 이 비유적 의미가 드러내고자 하는 진짜 주제다. 시조에 쓰인 '츤비'는 문자 그대로 찬비, 한우(寒雨)를 의미하기도 하지만, 비유에 의해 '찰 한(寒)'자, '비 우(雨)'자를 쓰는 기생 '한우'를 가리키기도 한다. 따라서 이 시조는 "오늘은 길을 나섰다가 기생 한우를 만났으니 얼어 잘까 한다"고 노래한 것이 된다.

그리고 여기 쓰인 '얼어'도 표면적으로는 "액체가 찬 기운을 만나 고체가 되는(氷化)"것을 뜻하지만, '츤비'가 기생 한우를 지칭하게 되면 의미가 달라진다. '얼다'는 '물이 찬 기운으로 말미암아 고체화하다'라는 뜻이 아닌, '교합하다, 남녀관계를 가지다'란 뜻의 동음이의의 말, '얼다'로 보아야 한다. 따라서 시조의 종장은 "오늘은 기생 한우를 만났으니 한우와 사랑을 하며 잘까 하노라"란 뜻이 된다.

| 143 |

이 시조는 겉으로 드러나듯 찬비를 맞았으니 얼어 자야겠다는 것이 아니라, 백호가 기생 한우를 만나 사랑의 회포를 풀고 싶다는, 비유에 의한 구애의 시다. 이에 한우는 백호의 시조를 사랑의 제의로 받아들여 이렇게 화답한다.

어이 얼어 잘이, 므스 일 얼어 잘이
원앙침(鴛鴦枕) 비취금(翡翠衾)을 어듸 두고 얼어 자리?
오늘은 춘비 맛자신이 녹아 잘까 ᄒ노라.

이 노래의 뜻은 "어찌 얼어 자리, 무슨 일로 얼어 자리? 원앙을 수놓은 베개와 비취색 비단 이불을 어디에다 두고 얼어 자리? 오늘은 찬비(寒雨)를 맞았으니 따뜻하게 녹아 잘까 하노라."가 된다. 한우는 백호의 사랑의 제의를 답가(答歌)로 수락한 것이다. 백호와 한우의 시조의 수수(授受)는 이렇게 표면적으로는 찬비를 두고 주고받은 평범한 일상의 노래 같지만, 내면적으로는 비유에 의해 농도 짙은 사랑의 제의와 수락을 한 애정의 시이다. 직설적 표현 아닌 비유에 의한 곁말에 의해 이들은 은근히 사랑의 마음을 교환한 것이다.

아가리 크다 대구

다음에는 다시 동음어에 의한 곁말을 하나 보기로 한다. 그것도 지명(地名)과 관련된 것을 보기로 한다. 우리 민요에는 동음어에 의해 지명을 노래한 것이 여러 편 보인다. 그 가운데 향토민요에 속할 "등짐쟁이 타령"이란 것이 있다. "등짐쟁이"란 "등짐장수"를 이르는 말로, 이들은 간단한 생활필수품을 등에 지고 이곳저곳을 다니면서 물건을 팔던 사람들이다. 이들은 달리 말하면 보부상이다.

"등짐쟁이 타령"은 이들 타령의 하나인데, 이는 온통 동음어 내지 유음어에 의한 곁말로 이루어져 있다. 이 노래의 서두를 보면 대구를 출발하여 고령을 거쳐 남원에 이르는 도중의 지명을 곁말에 의해 노래하고 있다. 구체적으로 이 노래를 보면 다음과 같다.

> 아가리 크다 대구(大邱), 서지 못해 안지랑이, 조각달 월배(月背),
> 불 써 놓으니 화원(花園), 자주 자주 오계(玉溪), 천상선(天上仙)이 하
> 강림(下降臨) 강림, 달가운데 옥돌기(금포), 장부기상 식실, 사또 등이
> 원등(위천), 한 대 맞아 멍등이(낙동강), 잘 팔았다 강정(江亭), 종이
> 귀해 반장골(三大洞), 일년 중에도 살대월, 떠들썩 득성(得城), 애 먹
> 었다 골탕(고탄), 한기 든다 어실(於谷), 빨랑빨랑 깃발(기족), 옛날 성
> 주 요지경(기산동), 산대(算-) 들어 계산, 모래밭 걸음 사붓, 삿갓 밑
> 에 도롱골.

이 "등짐장이 타령"에서 '대구(大邱)'는 물고기 '대구(大口)'로, '안지랭이'가 '앉은뱅이', '화원'은 '화원'의 '꽃 화(花)'를 '불 화(火)'로 바꾸어 불을 켠 것으로 돌려 표현하고 있다. '옥계'가 '오계(呼來)',

'옥돌기'가 '옥토끼', '식실'이 '씩씩', '원등'이 '사또의 등(員背)'에, '멍등이'가 멍(凝血), '강정(江亭)'이 한과 '강정(羌飣)', '반장골'이 종이 '반장(半張)'에 돌려 표현되었고, '득성(得城)'이 '들썩'에, '고탄'이 '골탕', '어실(於谷)'이 어실어실 한기(寒氣)가 돈다는 '어실'로 표현하였다. 그리고 '기족'을 기족(旗足)으로 보아 '깃발', '계산'을 산(算)대에 연결시켜 '계산(計算)', '사붓'이 의성어 사붓사붓의 '사붓', '도롱골'의 '도롱'을 우비 '도롱이(簑衣)' 따위로 돌려서 표현한 것이 그것이다.

이러한 것은 우리말 지명이 의미를 가진 형태소들이 결합된 합성어가 많아 이들을 분해하여 재미있는 해학적 표현을 한 것이다. 옛 기록을 보면 우리 민족은 밤낮으로 가무를 즐겼다 하거니와 멋을 아는 민족인 것 같다. 그래서 같은 내용의 표현을 하더라도 이렇게 표현성을 지니는 표현을 선호하였다. 언어의 기능이 통달성(通達性)과 정의성(情意性)을 드러내는 것이고 보면 이들 두 기능을 극대화하여 표현하는 것이 언어 사용의 바람직한 운용 방법이요, 이것이 또한 화자(communicator)의 언어사용능력(communicative competence)이라 할 것이다.

12. 노름이 고름이요, 풍악이 벼락이라.

색시 그루는 다홍치마 적에 앉혀야

우리 속담에 "색시 그루는 다홍치마 적에 앉혀야 한다"는 것이 있다. 이는 아내는 새색시 때 법을 세워야 한다는 말이다. 그렇다면 어찌하여 이 속담이 이런 의미를 나타내는가?

색시 "그루"의 "그루"는 비유적 표현이다. 이는 "나무나 곡식 같은 것의 줄기의 아랫부분"을 나타낸다. 따라서 "색시 그루"는 새색시를 초목에 비유해 젊은 때를 가리킨다. "다홍치마"는 녹의홍상의 홍상(紅裳)으로, 젊은 여자의 복색을 가리키며, 나아가 환유(換喩)에 의해 "젊은 여자"나 "새색시"를 가리킨다. 다홍은 중국어 "대홍(大紅)"을 차용한 말로, 짙고 산뜻한 붉은 빛을 말한다. 따라서 "동가홍상(同價紅裳)"으로 치환되는 "같은 값이면 다홍치마"란 말은 단순히 좋은 것이 좋다는 말이 아니요, 본래는 같은 값이면

늙은이나 과부가 아닌 젊은 아가씨가 좋다는 말이다. 따라서 원뜻은 점잖은 자리에서는 쓸 말이 못 된다.

"색시 구루는 다홍치마 적에 앉혀야 한다"는 속담은 이렇게 "색시 밑줄기는 젊었을 때 바로 앉혀야 한다"는 말이요, 나아가 "아내는 새색시일 때 법을 세워야 한다"는 말이다. "순오지(旬五志)"에는 이 속담에 대해 다음과 같이 풀이하고 있다.

> 옛말(古語)에 이르기를 자식은 어릴 때부터 가르치고, 며느리는 처음 들어올 때 가르치라고 한다. 속어(俗語)로 아내는 홍상(紅裳) 때 가르치고, 아이는 부리가 노랄 때 가르치라고 하는 것이다. 부인과 나약한 자식은 가까이 하면 불손하고, 멀리 하면 원망하므로 이 사이에 간격이 있어야 한다. 이에 이 속담이 생겨났다.

옛말 그른 데 없다고 한다. 이 속담은 교처홍상(教妻紅裳), 곧 아내는 붉은 치마를 입을 때 가르치라는 것이다. 가까이 하면 불손하고, 멀리 하면 원망하므로 일찍 법을 세워야 한다는 말이다. 『용재총화』에 보이는 "일생의 근심은 성질이 고약한 아내"란 말도 있듯, 고약한 아내는 일생의 화근이 되니 갓 시집왔을 때 법을 단단히 세워 놓아야 한다는 것이다.

이에 색시 그루를 잘못 앉혀 망신을 당한 병마사 최운해(崔雲海)의 이야기를 보기로 한다. 최운해는 조선조의 개국공신으로, 여러 번 절제사를 지낸 분이다. 고려사에 다음과 같은 이야기가 전한다.

그가 충주 병마사(兵馬使)로 있을 때의 일이다. 그는 임지에 있다가 오랜만에 아내가 있는 광주에 들렀다. 아내 권씨(權氏)는 반기기보다 강짜를 부렸다.

"흥, 좋겠군... 어떤 년을 끼고 누웠다가 오시오?"

"부인 그게 무슨 소리요?"

이렇게 실랑이를 하다가 마침내 부인은 달려들어 운해의 얼굴을 할퀴어 상처를 내고 피가 흐르게 했다. 고정하라 하나 막무가내로 또 달려들어 옷을 찢는다. 운해가 일어나 밖으로 나가니 부인은 죄가 있으니 겁이 나는 모양이라 하였다. 권씨는 최운해의 칼을 들어 활을 두 동강을 내고, 말을 쳐 말이 고삐를 끊고 도망치게 하였으며, 개를 베어 죽였다. "부인!" 하고 만류하자 권씨는 또 칼을 번쩍 쳐들었다. 운해는 뒤도 돌아보지 않고 도망쳤다.

왜구와 맞서 물러나지 않던 병마사다. 그는 질투가 심한 아내를 다스리지 못해 그녀에 쫓겨 달아났다. 이런 것을 보면 확실히 아내 그루는 일찍이 바로 앉힐 일이다. 다음의 일화는 일찍 아내를 잘 다스린 이야기다.

옛날 김 정승과 이 정승이 배 안의 자식을 두고 사돈을 맺기로 약속하였다. 그리하여 김 정승의 아들은 이 정승의 딸을 아내로 맞게 되었다. 그런데 김 정승의 아들이 들으니 이 정승의 딸은 성격이 억세어 시집을 가면 집안을 온통 휘두를 것이라 하였다. 김 정승의 아들은 근심에 싸였다. 열두 살이 되어 장가를 가며, "살림을 차리기 전에 색시 버릇을 고쳐야지." 라고 생각하였다. 신랑은 생콩가루 한 숟갈을 싸가지고 가 초야에 신부가 잠잘 때 이것을 냉수에 타 먹고 신부 속옷에 설사를 하였다. 그리고 색시를 깨워 웬 구린내가 이렇게 나느냐고 물었다. 신부가 보니 제 속옷, 요 할 것 없이 모두 설사 천지다. 신부는 그만 얼굴이 빨개지고 얼굴을 들지 못했다. 김 정승 아들이 냄새 난다고 나가려 하니 신부가 나가지 못하게 붙잡았다. 그 뒤 색시는 억센 성깔이 죽고, 남편에게 고분고분 복종하며 잘 살았다.

김 정승의 아들은 정말 "색시 그루"를 "다홍치마 적"에 앉힌 것이다. 이렇게 하였기에 최운해와 같은 봉욕(逢辱)을 하지 않았고, 또 화목한 가정을 이룰 수 있었다. 만일 그렇지 않았더라면 그 어느 대중가요의 가사처럼 아내가 "고양이"로 변하고, "호랑이"로 변해 집안의 파란이 끊이지 않았을는지 모른다. 사람은 처신하기 나름이다.

곱불(感氣)인지 행(香)불인지

다음에는 양주별산대놀이에서 어말음에 의한 곁말을 보기로 한다. 이 산대놀이의 제5과장 "팔목중 춤"의 제1경 "염불놀이"에는 다음과 같은 대사가 보인다.

　　목중: 애, 애. 우리들은 겉은 중이라도 속은 멀쩡한 오입쟁이 중인데 염불이고 곱불이고 다 고만두고 백구타령(白鷗打令)이나 한번 부르자.

위의 대사에서 "염불이고 곱불이고"는 어말음에 의한 곁말을 한 것이다. 염불에 곱불을 갖다 붙여 말장난을 한 것이다. 염불(念佛) 은 말할 것도 없이 불경을 외우는 염불이다. "곱불"은 "곳불", 곧 감기를 의미한다. 감기는 코에 열이 나므로, 우리의 옛말로 감기를 "고(鼻)-ㅅ-불(火)"이라 하여 "곳불 > 고뿔"이라 하게 되었다. 따라서 "염불"과 "곱불"은 아무 상관이 없는 말이다. 어말음 "불"이란 같 은 소리에 의해 연상작용이 일어나 연이어졌을 뿐, 뜻도 같은 것 이 아니다. 염불의 '불'은 부처요, 곱불의 '불'은 불(火)이기 때문이 다. 그런데 이들은 이렇게 이어짐으로 아이러니컬한 표현이 되고 말았다. 염불을 곱불과 대등하게 나열함으로 염불은 고뿔과 같이 하찮은 것이 되었다. 탈춤이 양반과 불교를 소학(笑謔)의 대상으로 삼고 있기 때문이다. 더구나 이들 중은 파계승들이니까.

다음의 봉산탈춤 대사는 이 "곳불"에 "염불" 아닌, "행(香)불"을 대응시켜 또 다른 곁말을 하고 있는 경우다.

취발이 : 쉬이, 엑케에 앗쉬이 앗쉬이 쉬이. 아 그 제에미를 할 놈 의 집안은 곳불인지 행불인지 해해년년 다달이 나날이 시시 때때로 감돌아들고 풀돌아 든다.

여기에는 "곳불인지 행불인지" 외에도 "감돌아들고 풀돌아 든 다"의 "돌다"와 "들다"란 두 개의 동음어를 쓴 것 외에, "감다"와

"풀다"란 대조적인 표현을 써 언어유희를 하고 있다. 다음의 "통영오광대"의 대사도 "말뚝이, 개뚝이, 쇠뚝이"의 "뚝이"란 동음과, "말", "개", "쇠"란 상대적인 개념의 단어를 열거함으로 말놀음을 하고 있다. 발상이 서로 같다.

　　말뚝이 : 날씨가 덥덥우려 하니 양반의 자손들이 연당(蓮塘) 못에 줄남생이 새끼 모이듯이, 손 골목 개새끼 모이듯이, 논두렁에 무자수 새끼 모이듯이, 때때로 모아 서서 말뚝인지 개뚝인지 쇠뚝인지 화삼사월(花三四月) 초파일에 장안 만호 등 달듯이, 과거장중(科擧場中)에 제 의붓애비 부르듯이 그저 말뚝아, 말뚝아.

　여기에는 직유도 여러 개 쓰이고 있다. "강령탈춤"의 대사에는 "통영오광대"의 상대적인 개념과는 다른 곁말을 보인다.

　　맏·둘째 양반(合唱) : 이놈 말뚜우가야. 어어이 어어이-.
　　말뚝이 II : (뛰어나오며) 으흐흐 허어얼수여어-. 양반네 집안에 어른 나 하나이 없으니까 말뚝이를 부르거나, 꼴뚜기를 부르거나 근본 있고, 세본 있고, 말이 다 곡절 있게 부르는 것이 아니라, 이놈들이 궁상시리 어이 어이-. 양반 부르는 대로 불르렀다. (노랫조로) 뚝아 뚝아 말뚝아-.

　여기서는 정말 개념상 아무런 관련이 없는 "꼴뚜기"가 단순히 형태상 "-뚜기"란 말소리가 같다는 이유에서 "말뚝이"에 이어 곁말을 하고 있다. 그러나 이런 표현도 의외의 것이기 때문에 흥미를 끌 수 있고, 운율성을 지녀 언어생활의 풍류를 맛볼 수 있게 한다. 그리고 "근본 있고, 세본 있고, 말이 다 곡절 있게"와 같이 "있다"를 "있고, 있고, 있게"와 같이 반복해 사용하고 있는 것도 운율성을 드러냄은 말할 것도 없다.

노름이 고름이요, 풍악이 벼락이라

어말음에 의한 곁말은 가면극의 대사만이 아니고, 고전소설 작품에도 많이 쓰인다. 문장본 "고본 춘향전"에는 다음과 같은 재미있는 것이 보인다.

> 한편으로 봉고(封庫)하고 우지끈 두다리며 급히 조처 드러오며,
> "암행어사 출도하오."
> 이 소리 한 마디에 태산에 범이 울고 청천에 벽력이라. 기와골이 터지는 듯, 노름이 고름이요, 풍악이 벼락이라. 노래가 고래요, 배반(杯盤)이 현반(懸盤)이라. 좌간 겁낸 거동 언어수작 뒤섞는다.

"암행어사 출도"를 웨치고 난 뒤 변 사또의 생일잔치가 아수라장이 됨은 춘향전의 이본마다 달리, 흥미롭게 그려져 있다. 앞의 예문은 이런 각양각색의 진풍경을 묘사하기 이전의 종합적인 상황이다. "노름이 고름이요, 풍악이 벼락이라. 노래가 고래요, 배반이

현반이라.”는 잔칫상을 중심으로 한 난장판을 곁말로 나타낸 것이다. 이는 “노름 : 고름(濃汁), 풍악(風樂) : 벼락(落雷), 노래(歌曲) : 고래(鯨), 배반(杯盤) : 현반(懸盤)”과 같이 각각 “-름, -악, -래, -반”과 같이 같은 소리의 어말음을 활용해 곁말을 한 것이다. 이들 짝지어진 것들은 반드시 관련이 있는 것이 아니나, 여기서는 표현상 관련을 짓고 있다. “노름이 고름”이란 곁말은 변 사또의 생일날 문전축출을 당할 때도 이 도령이 되뇐 말이다.

“이 노름이 고름이 되리로다.”란 곁말은 이 생일 잔치가 터져야할 화근임을 말하고, “풍악이 벼락이라”는 즐거운 풍악이 날벼락이 될 것임을 예언한 것이다. “노래가 고래”는 노래가 고래 같은 큰 호령으로 바뀔 것이며, “배반이 현반이라”란 술상이 벽에 매달아 놓은 선반(<현반(懸盤))이 될 것이란 말이니, 암행어사 출도로 잔치가 곧 걷어치워질 것임을 나타낸 것이라 하겠다. 이렇게 이들 곁말에는 깊은, 숨은 뜻이 담겨 있다. 그러니 이들 곁말은 단순한 언어유희가 아니고, 웃는 말 속에 출도 후의 살벌한 상황이 다 표현된 것이라 하겠다. 말은 겉으로만 들어서는 그 속뜻을 알 수 없다.

같은 춘향전에 방자가 그네 뛰는 춘향을 부르러 갔다가, 그녀의 “종지리새 열씨 까듯 가초가초 경신년 글 강 외듯 다 일러 바치라드냐?”라는 핀잔을 들은 뒤 그가 하는 말에도 이 어말음에 의한 재미있는 곁말이 보인다.

아나, 요년의 아해 년, 말 듯거라. 어떤 시럽의 아들놈이 남의 친환(親患)에 단지(斷指)하기로 그런 말 하겠느니? 도련님이 원악 아는 법이 모진 바람벽 뚫고 나온 중방 밑 귀뚜라미오, 또 네가 잘못인 것이 그년지 고년지, 추천(鞦韆)인지 투천(投川)인지 뛰려면 네 집 동산도 좋고, 정 조용히 뛰려 하면 네 집 대청 들보도 좋고, 정 은근히 뛰려 하면 안방 아랫목 홰대에 매고 뛰지, 요 똑비여진 언덕에서 점잖은 아해 년이 아조 들락날락 별별 발겨갈 짓이 무수하니 미장가전(未丈家前) 아해 놈이 눈꼴이 아니 상하겠느냐? (이하 생략)

여기서 "그년지 고년지, 추천인지 투천인지"가 어말음에 의한 곁말이다. "그네"에에 대한 "고네"는 "이, 그, 저"의 근칭(近稱)에 의한 말놀음이고, "추천"에 대한 "투천(投川)"은 물에 뛰어드는 것으로, 그 다음의 "뛰려면"에 잘 이어진다. "그네를 뛰든지, 아니면 물속으로 뛰어들든지" 하라는 의미가 된다. 이렇게 되면 표현상의 의미는 평면적인 내용에서 백팔십도 다른 상황으로 전개된다. 그래서 독자에게 색다른 느낌을 자아내게 한다.

아저씨는 코가 커서 언니는 좋겠네

인생에서 성은 중요한 의미를 지닌다. 그래서 민요에서는 이 성이 비유와 상징에 의해 많이 노래 불린다. 도라지타령은 그 대표적인 것으로 일러진다. "도라지"는 남성의 상징이며, "대바구니"는 여성의 상징이라는 것이다. 흔히는 "코"가 남성을, 입이 여성을 나타내는 것으로 본다. 그래서 우리가 잘 아는 민요에는 "언니는 좋겠네, 언니는 좋겠네. 형부 코가 커서 언니는 좋겠네."라고 "형부코"를 부러워하는 처제도 있다. 그러나 사실은 코와 입이 성과 일치하는 것은 아니라 한다. 그 형태에서 공감현상이 일어난 것뿐이다. 그래서 전라도 여천(麗川) 지방 민요에는 다음과 같은 것도 보인다.

언니는 좋겠네. 언니는 좋겠네.
아저씨 코가 커서 언니는 좋겠네.
동생아, 동생아, 그 말을 말어라.
아저씨는 코만 크제 속셈이 없단다.

이는 일종의 치정요(癡情謠)다. 동생이 형부 코가 커서 부러워 하니, 언니는 그 실속 없음을 노래한 것이다. 입에 대한 것으로는 이명선본 춘향전에 보인다. 변 사또가 기생 점고를 마치고 직접 기생을 사열(?)하는 장면으로 여성에 대한 전통적 관념을 잘 보여 준다.

저년은 코가 어찌 저리 크냐? 못 쓰겠다, 내몰아라. 저년은 눈이 실눈이라 겁은 반푼어치 없겠다. 내몰아라. 저년은 이마가 됫박 이마로고나. 보기 싫다, 내몰아라. 저년은 얼굴이 푸르니 색탐 많아 서방 잡겠다, 내몰아라. 저년은 키가 저리 크니 입 맞추자면 한참 올라가야 되겠고나. 내보내라. 저년은 저만이 이마가 숙 붙어서 미련하여 못 쓰겠다. 저년은 입이 저리 클 제야 거기는 대단하겠다 내몰아라.

각설이타령 가운데 "망두산(望頭石) 연장"은 남성의 커다란 심벌을 의미한다. 요사이는 애들 보기 민망하게 남성 확대 수술 광고도 적잖이 보인다. 그런데 꼭 연장이 커야 좋은 것만은 아닌 모양이다. 사설시조에는 다음과 같은 상징적 표현도 보인다.

얽고 검고 키 큰 구렛나룻 그것조차 길고 넙다.
작지 아닌 놈 밤마다 배에 올라 조그만 구멍에 큰 연장 넣어 두고 흔근할적 할 제는 애정(愛情)은 커니와 태산(泰山)이 덮누르는 듯, 잔방기(放氣) 소리에 젖 먹던 힘이 다 쓰이노매라.
아무나 이놈을 다려다가 백년동주(百年同住)하고 영영(永永) 아니 온들 어느 개딸년이 시앗 새움 하리오?

13. 다 죽고 나 혼자 사는 남원(南原)

작은집을 하나 얻었네

곁말은 말놀이, 어희다. 그러기에 희극성이 강하다. 그러나 반드시 그런 것도 아니다. 웃음 속에 슬픔을 드러내는 경우도 있다. 이번에는 다소 속내를 감춘 곁말부터 보기로 한다.

인형극 꼭두각시놀음에서는 "작은 집"이란 말을 두고, 박 첨지와 꼭두각시가 재미있는 말장난을 벌인다.

박첨지 : 야, 이년아 말 들어봐. 사내자식이란 건 수염새가 수굿하게 나야 오복(五福)이 두릿두릿하다.
꼭두각시 : 오복, 육복이 어떻다 그려.
박첨지 : 육복, 칠복이 어떻다 그래라. 팔복이 어떻다 그래. 야, 이년이 복타령 하러 나왔나, 이년. 여보게 할멈. 자네가 나간 후로 수십 년을 혼자 살다가 늙은 사람이 할 수 없이 작은집 하나 얻었네.
꼭두각시 : 옳지 내 알았어. 영감님이 내가 나간 뒤에 그 알뜰히,

알뜰히 해 가지고 작은 집을 한 칸 샀다니까 고맙습니다.

　박첨지 : 왜 기와집은 안 사고? 이 늑대가 파 갈 년아.

　꼭두각시 : 그러면 무어란 말이요?

　박첨지 : 그런 게 아니라, 작은 마누라 하나 얻었단 말이다.

　꼭두각시 : 옳지, 내 알았소 내가 갔다 들어오면 김장 하라고 마늘을 한 접 샀단 말이죠?

　박첨지 : 왜, 후추 생강은 안 샀다더냐? 이 우라질 년아.

　꼭두각시 : 그러면 무엇 말이오?

　박첨지 : 작은 마누라를 하나 얻었단다.

　꼭두각시 : 옳지, 옳지. 내 알았소 내가 나가 안 들어 올 줄 알고, 작은 마누라 하나 얻었단 말이요

　박첨지 : 옳지, 이제 삼일(三日) 강아지 눈 뜨듯 했느냐?

　꼭두각시 : 그러면 여보, 작은 마누라를 얻었으면 내가 적어도 큰 집이 아니요? 그러니 생면(相面)을 시켜 주어야 될 게 아니요?

　이 대화에서는 작은 집 곧 소실을 얻었다는 것이 여러 가지로 동음 내지 유음에 의해 달리 해석되고 있다. 곧 "작은 집을 하나 얻었다"는 것이 "작은 집을 한 칸 샀다", "작은 마누라를 하나 얻었다"는 것이 "마늘을 한 접 샀다"로 받아들여진 것이 그것이다. 이렇게 동음 내지 유음에 의한 표현을 함으로 이는 희극적 성격을 띠게 되었다.

　그러나 이것은 사실은 웃음 속에 눈물이 감추어진 풍자(諷刺)라 할 것이다. 꼭두각시가 동음이나 유음에 의해 말놀음을 한 것은 잘못 들어 딴소리를 한 것만은 아니다. 고본 춘향전에서 이 도령

은 춘향에게 "술 붓다가 없다는 첩과, 첩 한다고 새오는 안해 다 못 쓰나니라."라 하고 있지만, 여인에겐 무엇보다 못 볼 것이 시앗일 것이다. 그러기에 꼭두각시는 이미 다 알고 있으면서 애써 딴소리를 한 것이다. 딴전을 편 것이다.

다 죽고 나 혼자 사는 남원

꼭두각시놀음에서 동음어에 의한 곁말을 보았거니와 춘향전에도 기지에 넘친, 재미있는 곁말이 보인다. 이는 지명을 두고 곁말을 한 것으로, 김세종 판 판소리 춘향전에는 다음과 같은 사설이 보인다.

어사또가 이 말을 듣고, 저 애가 남원의 성춘향 편지를 가지고 한양 가는 놈이로구나.
"애야, 이리 좀 오너라. 너 어디 사느냐?"
" 예-. 나는 다 죽고 나 혼자 사는 되요"
"음, 너 남원 산다는 말이로구나."
"그 당신 알아맞히기는 바루 오뉴월 쉬파리 속일세그려."
어사또 허허 웃고, "네 이놈, 죽일 놈이로고 이애, 그럼 너 어듸 가느냐?"
"이왕에 말이 났으니 말이요만, 나 남원 성춘향 편지 가지고 한양 묵은 댁 찾아가요"
"허허, 놈 어긋지기는 저(箸)쪽 이상이로구나. 너 구관댁에 간단 말이지?"
"허허 그 당신 알아맞히기는 바로 칠팔월 귀뚜라밀세그려."

"네 이놈 고연 놈이로고"

위의 대화 가운데 "남원"을 "나 혼자 사는 듸"라 한 것이 그것이다. "남원"을 "나 혼자 사는 듸"라고 한 것은 "남원"의 발음이 "나만"과 비슷해 "나만 사는 듸"라 한 것이다. 이는 곧 모두가 다 죽고 살아남은 것은 나 혼자이어 "나 혼자 사는 듸"가 된 것이다. 이러한 해석은 이명선본 춘향전의 다음과 같은 대화가 방증이 된다.

"아나, 너 어듸 사노?"
"내 말슴이요? 다 죽고 남원 사오."

"남원 > 나만"의 표현은 학정(虐政)으로 말미암아 도탄에 빠진 백성들의 민생고를 넌지시 고발하고 있는 것이라 하여도 좋을 것이다. 실로 남원은 변 사또의 도임 이래 "사망"이 물밀듯 한 곳이다. 문장 소재 "고본 춘향전"에서는 어사또가 변 사또의 생일날 술잔이나 얻어먹으려다가 문 밖으로 내뜨려진다. 이때 도령은 뒷문 한 모퉁이에서 노인에게 사또의 선정 여부를 묻는다. 노인은 남원의 사정을 한 마디로 "사망이 물미듯" 한다고 결말을 한다.

이 사또요? 원님은 노망이오, 좌수는 주망이오, 아전은 도망이오, 사망이 물미듯 하고, 공사는 잘 하는지, 못하는지 모르오나 참나무 마디 휘는 듯하오.

여기에는 "사망" 가운데 "삼망"만이 제시되고 있다. 그런데 장자백 창본인 "춘향가"에서는 암행하러 내려오는 이 도령에게 농부가 "사망이 물 밀 듯하지요"라며 다음가 같이 네 가지를 들고 있다.

> 원님은 주망(酒妄)이요, 좌수는 노망이요, 아전은 도망이요, 백성은 원망, 그리하여 사망이요

그리고 이창배(1961)의 "춘향가"에는 농부의 "사망"에 대한 말을 듣고, 이 도령이 민정(民政)이 말이 아니라는 말까지 하는 것을 보여 준다.

> "우리 고을은 사망이 물미듯 하오."
> "어찌하여 그 말이요?"
> "우리 골 원님은 노망, 책방은 주망, 아전은 골망, 백성은 원망, 그 아니 사망이요?"
> "허허, 민정이 말이 아니오 그려."

남원 고을의 형편이 이러하고 보니 남원이 "다 죽고 나 혼자 사는듸"라는 말이 나온 것이다. 그리고 이들 대화에서 "사망"은 "노망", 주망, 도망, 원망과 같이 그 의미가 다른 어말음 "망"을 활용함으로 운율적 효과와 함께 강조의 효과도 노리고 있다.

구관댁을 "묵은 댁"이라 한 것도 "예전 원님 댁"이라 할 것을

돌려서 표현한 것이다. 이는 "구댁(舊宅)" 쯤을 염두에 둔 것이겠으나, 구관(舊官) 내지 이 도령에 대한 원망이 이런 어깃장 놓는 표현을 하게 한 것이라 하겠다.

완판본 열녀춘향수절가를 보면 어사또와의 대화에서 농부는 이렇게 이 도령을 욕하고 있다.

> (전략) 올나간 이도령이지 삼도령인지 그 놈의 자식은 일거후(一去後) 무소식하니 인사(人事) 그러코는 벼슬은 커니와 니 좃도 못 하제.

이렇게 악담을 들어야 하는 이 도령이고 보면 "구관댁" 아닌, "묵은 댁" 쯤은 쉽게 나올 수 있는 표현이라 하겠다. "나만", "묵은 댁"과 같이 돌려서 표현하는, 이러한 우언법(迂言法)의 곁말은 직설적인 표현보다 완곡한 함축미가 있어 더욱 표현적 가치를 드러낸다.

대객초인사(對客初人事)

손님을 맞아 처음 하게 되는 인사는 무엇일까? 요사이는 우선 악수부터 하고, "안녕하시냐?"고 묻는다. 전통적으로는 손을 맞아 방으로 안내한 다음 예를 갖추었다. 이와는 달리 손을 맞아 담배를 권하기도 한다. "담배 드시죠" 한다. 이렇게 손을 맞아 담배부터 권하는 것을 "대객초인사"라 한다. 담배를 권하는 것이 한때 우리의 인사의례였기에 이는 속담으로 굳었다. 경판본 춘향전에 이 "대객초인사"란 말이 보인다.

　　춘향(春香)의 거동 보소 계하(階下)에 바삐 내려 옥수를 덥석 잡고 방으로 들어가 좌정 후 대객초인사(對客初人事)는 강수복(康壽福) 헌수복(獻壽福)의 부산죽(釜山竹), 서천죽(舒川竹), 소상반죽(瀟湘斑竹), 양칠간죽(洋漆竿竹), 각죽(刻竹), 칠죽(漆竹), 서산용죽(瑞山龍竹), 백간죽(白簡竹)이 수수하다. 이름 좋은 금산초(錦山草)며, 장광(長廣) 좋은 직산초(稷山草)며, 수수하다 영월(寧月)치며, 향기롭다 성천초(成川草)요, 불 잘 타는 남의초, 빛이 좋은 상관초(上關草), 서초(西草), 양초(洋草), 장절초(長切草)며, 숭숭 썬은 풋담배를 너울지게 붙였구나.

고대본(高大本) 춘향전에는 이 장면이 좀 더 사실적으로 묘사되어 있다.

　　도련님이 기생의 집이 처음이라, 사당(祠堂)에 간 듯이 꿇어앉으니, 무론(毋論) 아무 집이라도 손님이 오시면 담배부터 대접하겠다. 이때 춘향(春香)이 온갖 담배 다 드릴 제 전라도 홍천초, 충청도 수성초, 경상도 안동초, 경기도 금광초, 강원도 횡성초, 함경도 갑산초, 평안도 삼등초, 팔도 담배 다 드린다 하되 그게 다 거짓말이었다. 전라도 사람이니 그 도(道) 담배지. 여인 거동 보소 진안초(鎭安草) 넓은 잎새 그 중에 골라내어 마디 빼어서 접첩접첩 발밑에 넣었다가 잠이 꼭 잔 후에, 산유자(山柚子) 목침 내어놓고 벽에 걸린 오동철병(梧桐鐵柄) 반 은장도 옥수로 덥썩 빼어 한 허리를 선듯 잘라 탈락

(터럭)같이 썰어 은수복(銀壽福) 백통대에 장가락으로 눌러 담아 청동화로 백탄(白炭)불 이글이글 불붙는데 춘향(春香)의 키는 작고 담뱃대는 길기로 두 무릎 꿇어앉아 옥수로 덤뻑 잡고 빠끔빠끔 빠는 대로 입술 새로 파란 연기 뭉기뭉기, 항라치마에 아드득 씻어 "도련님 담배 잡수시오" 도련님이 두 손으로 받더라.

담뱃잎을 잘 펴서 접어 잠을 재운 뒤 이를 잘게 썰어 백통대에 눌러 넣고 불을 붙여 담배를 권하는 모습이 생생하다. 특히 물부리를 치마에 닦아 씻는 것은 우리 아낙네의 전형적 모습이다.

대객초인사란 속담이 쓰인 재미있는 장면은 "토끼전"에 보인다. 토끼를 잡으러 수궁에서 나온 자라가 산중호걸 만났다고 토끼를 청하니 토끼가 자라 곁으로 다가온다. 이때의 광경이 아이러닉하게 묘사되어 있다.

두 귀를 쫑그리고 사족(四足)을 자로 놀려 가만히 와서 보니, 둥글 넓적 검웃 편편하거늘 고이히 여겨 주저할 적에 자라 연하여 가까이 오라 부르거늘 아모커나 그러하라 하고 곁에 가서 서로 절하고 잘 앉은 후에 대객초인사(對客初人事)로 당수복(唐壽福) 백통대와 양초(兩草) 일초(日草) 금강초(金剛草)와 지권연(紙卷煙), 여송연(呂宋煙)과 금패 밀화 금강석 물부리는 다 던져두고 도토리 통 싸리 순이 제격이라.

이렇게 자라와 토끼의 대객초인사는 정말 담배를 피우는 것이 아니라, 담배 피우는 격식을 갖춘 것이다.

희한한 담배 맛과 인생살이

　지난날 우리 조상들은 꽤나 담배를 즐긴 것 같다. "대객초인사"
란 속담은 이를 암묵적으로 드러내 주는 말이다. 나이 겨우 열여
섯밖에 안 된 춘향과 도령이 담배를 권하고 받아 피우는가 하면,
"변강쇠가"에는 담배에 대한 욕심이 그려져 있다. 곧 움 생원이
담배 욕심이 잔뜩 나서 송장 짐에 손을 넣었다가 손이 송장에 딱
붙는가 하면, 사당패들은 이 담배에 욕심을 부렸다.

　　　움 생원이 불러 "이애, 사당들아, 너의 장기대로 한 마디씩 잘만
　　하면 맛 좋은 상관(上關) 담배 두 구붓씩(두룹씩) 줄 것이니 쉬어가
　　어떠하냐?" 이것들이 담배라면 밥보다 더 좋거든. "그리 하옵시다."

　지난날에는 담배가 오늘날처럼 흔하지도 않았고, 외래 산품이라
손에 넣기도 힘들었던 모양이다. 담배를 이수광의 『지봉유설』에서
는 "담바고"라 하고 있는데, 이는 포르트갈 말 타바코(tabaccow)가
변한 것이다. 담배는 "남초"라고도 한다. 이는 담배가 남쪽 나라에
서 왔음을 알려 주는 말이다. 담배는 이러한 외래 기호품이기 때
문에 귀했고, 또 신기하며, 그 맛이 좋아 즐겨 피웠다. 순천 지방
의 민요 "담배타령"은 바로 이런 담배의 희한한 맛을 상징적으로
노래하고 있다. 이 노래는 전수과정에 오(誤)·탈락(脫落)이 있어 아
쉬운 대로 다음과 같이 되어 있다.

한 모금 뱉어내니 정신이 아득하여
부모(父母) 상(喪)에 이러함은 효자충신 뉘 못하리.
또 한 모금 뱉어내니 일가(一家) 상(喪)에 이러함은
닷툼 말고 웨 못 살이?
또 한 모금 뱉어내니 살림하는 여인네가
살맛이 이러함은 장차 추심 뉘 못하리.
또 한 모금 뱉어내니 일하는 농부들이
일맛이 이러함은 장원급제 웨 못하리.
또 한 모금 뱉어내니 활 쏘는 한량들이
활의 맛이 이러함은 호반(虎班) 급제 왜 못하리.

　　담배의 신통한 맛을 노래한 것이다. 담배가 진정 이런 기능을
지니고 있을진대 오늘날의 부패한 사회와 고단한 인생이 어이 있
으랴? 담배는 역시 타령의 내용과는 달리 사람을 홀리는 하나의
환각제인 것 같다.

14. 대부인이 낙태를 하였다고...

"지어미 손 큰 것"

봉건시대의 여인들은 삼종지도를 지켜야 했고, 칠거지악의 속박까지 받아야 했다. 엄처시하에 살아야 하는 오늘날은 집에서 감히 "칠거지악(七去之惡)"을 운운하는 사람도 없으려니와, 그런 소리를 하다가는 쪽박도 못 차고 집에서 쫓겨나기 십성일 것이다. 칠거(七去)란 아내를 내치는 일곱 가지 조건이기 때문이다.

그러나 "칠거(七去)"란 원래 중국의 고제로, 여인들이 반드시 철천지원수처럼 여겨야 할 것만은 아니다. 이는 본래 남편의 전권적·일방적 이혼을 제한하기 위한 체제, 혹은 법이었다. 그래서 이 칠거에 해당하는 흠결이 없는데도 아내를 내치면 오히려 그 사내를 벌주고 부인을 시집으로 돌려보내게 하였다. 칠거는 부모에 순종하지 않거나, 자식을 낳지 못하거나, 음란하거나, 투기가 심하거나, 못된 병이 있거나, 말이 많거나, 도적질하면 내친다는 것이다 (不順父母去, 無子去, 淫去, 妒去, 有惡疾去, 多言去, 竊盜去).

우리 속담에 "지어미 손 큰 것"이란 속담이 있다. 이는 칠거까지는 가지 않지만 꽤 걱정거리가 되는 여인의 덕목이었다. 성현(成俔)의 용재총화(慵齋叢話) 권8에는 다음과 같은 구절이 보인다.

속언에 하루의 근심은 묘시(卯時)에 술을 마시는 것이요, 한 해의 근심은 볼 좁은 신이요, 일생의 걱정은 성질이 악한 아내이다. 또한 배부른 돌담, 말 많은 아이, 손 큰 계집은 쓸모가 없음을 뜻한다. 이는 속된 말이나 역시 격언이다.

이는 하루의 근심걱정은 아침술을 마시는 것이요, 일 년의 근심걱정은 신의 볼이 좁은 것이며, 일생의 근심걱정은 성질이 고약한 아내를 맞은 것이란 말이다. 그래서 그런지 이혼하는 사람은 대부분 성격이 맞지 않아 헤어진다고 한다. 그리고 돌담 배부른 것, 어린애 입 잰 것, 지어미 손 큰 것은 아무 소용이 없고, 오히려 해롭다는 말이다. "지어미 손 큰 것"이란 물론 정말로 손이 크다는 것이 아니고, 용재총화의 표현처럼 "비수실부(費手室婦)"를 가리킨다. 이는 부인이 활수(滑手)한 것, 씀씀이가 헤픈 것을 말한다. "밑 빠진 독"이란 말이 있거니와 밖에서 사내가 아무리 잘 벌어들인다 하여도 "밑 빠진 독에 물 퍼 붓기"로 헤프게 마구 써 대면 당해낼 재주가 없을 것이다. 집안 망치는 것은 시간문제다.

"산호(山呼)!" 하자 "예" 하고 대답

곁말에는 음이 같거나 비슷한 음을 활용한 동음어에 의한 곁말이 많다. 이러한 곁말에는 낱말의 전음(全音)이 같은 동음어에 의한 곁말이 있는가 하면, 어두음, 곧 두음이나, 어말음과 같이 부분적으로 음이 같은 부분 동음어를 활용한 재미있는 곁말도 많다. 이번에는 전음 동음어에 의한 곁말을 하나 보기로 한다. 그러나 이는 의도적인 것이 아니고 결과적으로 곁말이 된 것이다. 서거정의 『태평한화골계전』에 보이는 이야기다.

대궐을 지키는 위사(衛士)에 용순우(龍順雨)라는 어리석은 사람이 있었다. 그가 일찍이 밤길을 걷다가 순라군을 만났다. 그래서 얼른 다리 밑으로 숨었다. 순관은 그날의 경호, 곧 암호가 마침 "용호"라 "용가!"라고 외쳤다. 용순우는 자기를 부르는 줄 알고 순관 앞으로 나아갔다. 그는 누구냐니까 자기가 용가라고 했다. 이로부터 어리석은 사람을 "용가"라 하게 되었다.

그런데 이 용순우가 설날 하례(賀禮)에 문무백관이 서 있는 자리에 서 있게 되었다. 그 때 통례(通禮)가 "산호(山呼)"라고 홀기(笏記)를 불렀다. 사회자가 "만세!"를 부르라고 "만세!", 이렇게 구령을 한 것이다. 그러자 용순우는 "예!" 하고 대답했다. 그의 아명이 "산호"였기 때문에 자기를 부르는 것으로 안 것이다. 통례가 다시 "산호!" 하니 또 "예" 하고, "재산호(再山呼)!" 하니 "예, 예"라고 거듭 대답했다. 그러자 반열의 백관은 모두 크게 웃었다. 그러니 엄숙해야 할 하례 식장이 어떻게 되었겠는가?

이렇게 용순우는 어리석음으로 인해서, 하나는 우연의 일치로 동음어에 의한 곁말의 주인공이 되어 우리에게 뜻밖의 웃음을 선사하고 있다.

다음에는 이와는 달리 조금 고급의 유식한 동음어에 의한 곁말을 보기로 한다. 같은 『태평한화골계전』에 나오는 것으로 중추(中樞) 하우명(河友明)의 이야기다. 그는 해학을 잘 하는 인물이었다.

하우명이 그의 아버지를 모시고 그물로 물고기를 잡고 있었다. 그 때 어떤 경박한 양반 자제가 깊은 못으로 뛰어 들었다. 마침 물속에 날카로운 말뚝이 있어 그는 그만 항문(肛門)을 찔리고 말았다.

하우명이 그를 보고 말했다.

"저 사람이 책을 즐겨 읽지 않더니, 아직도 대학(大學)을 깨우치지 못해 저 지경이 됐군."

그러자 그의 아버지가 물었다.

"그게 무슨 말이냐?"

하우명은 "대학 경문(經文) 제일장에 '물유본말(物有本末)'이라 하였습니다. 그것을 보았다면 알 수 있었지 않겠나이까?" 하였다.

이것이 이야기의 전문이고, 이어서 편자의 주해라 할 것으로, "물(物)과 수(水), 본(本)과 저(底), 말(末)과 익(朳)은 우리말로는 서로 비슷하다."라는 말이 나온다. 이는 앞에서 "고급의 유식한 동음어에 의한 곁말"이라 하였거니와, 역주서(譯註書)도 내용을 잘 몰라 주석을 엉뚱하게 달고 있을 정도다. 하우명은 "물유본말(物有本末)"

을 "물건에는 근본과 끝이 있다"는 말이 아니라, "물 밑에는 말뚝이 있다"고 곁말로 풀이한 것이다. "물(物)"은 "물(水)"과 동음이며, "본(本)"과 저(底)는 훈이 같은 "밑(本)"이고, "말(末)"은 "말뚝 익(杙)"의 "말('말뚝'의 원말은 '말'임)"과 동음어이기 때문이다. 이렇게 하우명은 "물유본말"을 한자의 발음과 새김(訓)으로 재해석하여, 수저유익(水底有杙) 곧 "물밑에 말뚝이 있다."는 곁말을 만들어 낸 것이다. 박식한 기지의 곁말이다.

대부인이 낙태를 하였다고

다음엔 익살스럽고 흥미로운 부분 동음어의 곁말을 보기로 한다. 먼저 어두음을 활용한 곁말이다. 이해조의 "옥중화"에는 다음과 같은 구절이 보인다.

> (道令) 뎌 건너 오락가락 얿듯 ᄒᆞᄂᆞᆫ 뎌게 무엇이냐?
> 방자(房子) 엿ᄌᆞ오되,
> (房) 소인(小人)의 눈에는 아무것도 안이 뵈여요
> (道) 늬 붓치(부채) 바로 보아라.
> (房) 부쳐 말고 미륵(彌勒)님 바로 보아도 안이 보여요

이 대목은 말할 것도 없이, 도령이 광한루에 구경 나왔다가, 추천(鞦韆)하는 춘향의 거동을 보고 방자와 주고받는 대화의 한 장면

이다. 이때 도령이 "부채"로 그네 뛰는 춘향을 가리키며 "내 붓쳐 바로 보아라."하니, 방자는 말의 소리가 비슷한 "부쳐(佛)"로 말을 받아 딴전을 부린 것이다. 이는 "부치"와 "부쳐"의 발음이 비슷한 데서 곁말을 한 것이다. 여기에는 이러한 동음어에 의한 곁말만이 쓰인 것이 아니다. "부처"에 대란 "미륵(彌勒)님"은 유의어에 의한 곁말을 한 것이다.

같은 옥중화에는 다음과 같은 곁말도 쓰이고 있다.

> 방조 할일업셔 츈향 부르러 간다. 광풍(狂風)에 나뷔(나비) 날듯, 츙츙 거러 건너가며 언덕 아래 숩풀 시의로(사이로) 보이지 안케 감 안감안 웃둑 썩 드러셔 소리(소리)를 크게 질너 "츈향아" 부르니 츈 향이 샴싹 놀라 그네 아리 내려셔며,
>
> 이고 고녀셕 조금 ㅎ더면 락샹(落傷)홀 쎈ㅎ엿지.
>
> 방조 썰썰 우스며,
>
> (房) 세샹(世上)이 엇지 되야 열더여섯 살 먹은 계집 ㅇ희가 락틱 (落胎)란 말이 웬 말이냐?
>
> (春) 밋친 여셕이로구나. 너 언제 락틱라 ㅎ더냐. 락샹홀 쎈ㅎ얏다 ㅎ엿지.
>
> (房) 그난 우슴의 말이로디 슈신(修身)ㅎ는 계집ㅇ희가 삼남(三南) 디로변(大路邊)에 츄쳔이 당ㅎ며, 오는 사람 가는 사람 너만 보고 정 신업시 가지 안코, 안져 보니 네 힝실이 온젼ㅎ냐. (下略)

여기서는 "락샹(落傷)"을 "락틱(落胎)"로 두음에 의한 곁말을 해 글의 내용을 한층 흥미롭게 하고 있다. "락샹(落傷)"에 대한 "락틱

(落胎)"란 곁말은 옥중화의 또 다른 장면에도 쓰이고 있다.

> 운봉(雲峰)이 벌벌 쓸며(떨며),
> "본관(本官)은 잘 노르시오. 나는 유고(有故)ᄒ야 먼져 가오."
> 임실(任實)이 갓치 쎨며 니러 가니,
> (本官) "임실 웨 니러나시오?"
> (任) "나도 큰 일 낫소"
> (本) "웨 그리오?"
> (任) "대부인이 락틔를 ᄒ엿다고 곳 긔별이 왓소"
> (本) "딕부인이 츈츄가 얼마신디 락틔를 ᄒ셔요?"
> (任) "금년에 여든 아홉이오"
> (本) "여든 아홉에 아기를 비여 락틔혼단 말이오?"
> (任) "아니오, 락틔가 아니라, 락상을 ᄒ엿다는 것을 겁결에 잘못
> 혼 말이오."

임실 고을 원(員)의 실언은 겁결에 한 말이라고 하나, 방자의 곁
말과는 또 다른 웃음을 자아내게 한다. 춘향이나 임실 원의 대부
인은 낙상이요, 다 같이 낙태할 수 없는 입장이다. 그러나 춘향의
경우와는 달리 대부인의 경우는 춘추가 여든 아홉이라는데 한층
해학미를 느끼게 한다.

어말음에 의한 곁말은 도처에 쓰이고 있는데, 여기서는 고려대
학에 소장되어 있는 고대본 춘향전에서 재미있는 예를 하나 보기
로 한다.

이 도령이 암행어사가 되어 남원에 내려 와 춘향 모와 함께 옥으로 춘향을 찾아갔을 때의 장면이다. 춘향 모는 어사가 된 도령을 그런 줄도 모르고, 걸인 행색에 실망이 대단하였다. 그리하여 춘향에게 도령이 왔다는 것을 알리는 대목이 가관이다.

"춘향아"
또 부르니,
"애고, 어머니요?"
"오냐."
"어찌 왔소"
"서방인지, 남방인지 왔단다. 바라고 바라더니 훨쩍 잘 되어 왔다. 정승 하라 빌었더니 장승(長承) 되어 내려왔다. 판서(判書) 하라 빌었더니 소경 되어 내려왔다. 참판 하라 빌었더니 목판(木板) 되어 내려왔다. 승지(承旨) 하라 빌었더니 거지 되어 내려왔다. 수령(守令) 하라 빌었더니 동냥아치 되어 왔다. 어서 바삐 내다보아라."

이 대목이 열녀춘향수절가에는 다음과 같이 되어 있다.

"날랑은 염려 말고 정신을 차리어라. 왔다."
"오다니 뉘가 와요?"
"그저 왔다."
.... (中略)
"네의 서방인지 남방인지 걸인 하나이 내려왔다."
"어허, 이게 웬 말인가, 서방님이 오시다니. 몽중(夢中)에 보던 님을 생시에 보단 말까?"

이와 같이 "수절가"에서는 담담하게 표현한 것을 고대본 춘향전에서는 여러 가지로 곁말을 써 표현하였다. 춘향이가 이 도령을 바라고 기다리던 것을 비꼬고, 자신이 도령이 잘 되라고 빈 것이다 허사가 되었음을 자탄한 것이다.

"서방"과 "남방", "정승"과 "장승", "참판"과 "목판", "승지"와 "거지"는 어말음이 같은 데서 곁말을 한 것이고, "수령"과 "동냥아치"는 "수령"의 "령"과 "동냥"의 "냥"이 비슷한 소리라서 곁말을 한 것이다. 이에 대해 "판서"는 "소경"을 "판수"라고 하므로 이들은 두음에 의한 곁말을 한 것이다.

도령이 입신출세하여 남원에 내려와 옥중의 자기 딸을 구해 주기만 바라던 춘향 모에게 도령이 거지가 되어 나타난 것은 그야말로 청천벽력이었을 것이다. 그래서 춘향 모 월매의 심정은 이미 "장승"이나 "목판"같이 굳어지고, "소경"이나 "거지"와 같이 답답하였을 것이다. 그래서 춘향 모는 굳어지고 답답한 그의 심정을 곁말을 함으로 다소나마 해소하려 한 것이다.

동음어에 의한 곁말은 이렇게 활용 여하에 따라서는 가벼운 유머가 될 수 있고, 경우에 따라서는 유식한 고급 어희가 될 수 있다. 그러니 머리에 얼마나 들었느냐가 문제가 된다 하겠다.

15. 대재(竹嶺)의 산적을 사로잡은 '다자구야'

엄철(嚴哲)아와 엄(嚴)을 쳐라

우리말에는 동음어가 많아 엉뚱한 상황이 빚어지는 경우가 적잖다. "청주(淸州) 안주(安州) 대구(大邱), 상주(尙州) 장단(長湍) 곡성(谷城), 청주(淸酒) 안주는 대구(大口)요, 상주(喪主)의 장단은 곡성(哭聲)이라." 는 지명요(地名謠)가 보여 주는 엉뚱한 의미의 타령이다. 이러한 동음어의 문제는 인명에서도 나타난다. 고당 조만식(曺晚植) 선생이 호가 없을 때의 이야기다. 선생께서 호가 없으니 주변에서 호를 하나지어 드리겠다고 했다. 선생은 뜻이 비단결 같으시니 '뜻 지(志)'자, '비단 나(羅)'자, '지라(志羅)'라 하면 좋겠다고 하였다. 선생도 몇 번입으로 뇌어 보더니 좋겠다고 하였다. 그러자 주변에서 폭소가 터졌다. 선생은 조금 생각해 보더니 "에끼, 이 사람들..." 하셨다. 성과 호를 붙여 부르게 되면 '조지라'가 되어 욕이 된다.

서거정의 『태평한화골계전』에 전하는 위사(衛士), 용순우의 이야기를 앞에서 살펴보았다. 그런데 용순우에게는 또 하나 그의 종과 관련된 재미있는 이야기도 있다.

　　성격이 우직한 위사(衛士) 용순우의 집에는 엄철(嚴哲)이란 이름의 종이 있었다. 어느 날 상감의 행차가 궁을 나려 할 때, 엄고(嚴鼓)를 대기시켰다. 순우(順雨)가 갑옷을 입고 궁궐을 나와, "엄철아!" 하고 사납게 외쳤다. 엄고를 맡은 자가 엄고 치기를 재촉하는 줄 알고, 곧 엄고를 쳤다. 병조(兵曹)가 그를 잡아서 신문하였더니 이렇게 대답한다.
　　"위사가 북을 치라 하였습니다."
　　병조는 용순우에게 물었다. 순우는 이렇게 답했다.
　　"저는 엄철(嚴哲)이를 부른 것이지 엄고를 치라고 재촉한 것은 아니었습니다."
　　이는 '철(哲)아'의 음이 '쳐라(打)!'와 비슷하기 때문에 일어난 잘못이었다.

　『태평한화골계전』의 해설에도 보이듯, 이는 '엄철(嚴哲)아!'와 같이 사람을 부르는 것과, 임금이 거동할 때 치는 북인 '엄고(嚴鼓)'를 치라는 명령인 '엄(嚴) 쳐라!'가 동음인 데서 혼란이 빚어진 것이다.
　이는 비슷한 음을 사용함으로 희극적인 장면이 벌어져 곁말과 같은 결과가 빚어진 것이다. '엄철아!'와 '엄 쳐라!'를 동일시해야 할 장면은 흔히 있을 수 있는 상황은 아니다. 그러기에 사실은 골계전에까지 수록된 것이다.

그러나 인명과 일상용어가 일치하는 사회적 장면이 그렇게 없으란 법도 없다. 딸을 그만 낳았으면 하는 바람에서 이름을 '고만'이라 지어 '청소 고만', '운동 고만'이라고 놀림을 받던 여학생이 70년대에 실제로 자살을 한 경우도 있었다. 이런 극한 상황까지는 가지 않았지만, '종철(鍾哲)아!'가 '종(鐘)을 쳐라!'로 수용된 경우는 70년대 후반 소학교 아동들 사이에 화제가 되던 이야기다. '종철이'와 '막철이' 형제와 '고만철' 세 사람에 대한 이야기다. '학교종이 땡땡 친다'는 말도 있듯, 선생님이 '종철아!'하고 불렀더니, 종을 쳤고, '막철아!'하고 '막철이'를 불렀더니 많은 학생이 종을 마구 쳤다는 것이다. 그리고 '고만철아!'하고 학생을 불렀더니 종 치는 것을 멈췄다는 것이다. 이는 만든 이야기이긴 하겠으나, 있을 수 있는 이야기라 하겠다. 성과 이름을 결합하는 과정에서 좋은 뜻을 가진 이름이 엉뚱하게 연합이 되는 경우도 적잖다. '고민중, 공상만, 김치국, 박정한, 이방인, 임신중, 조치안, 주길련' 같은 것이 이런 것이다.

산신령 할머니의 '다자구야'

인명에 관한 곁말을 보던 김이니, 다음에는 대재[竹嶺]에 얽힌 인명과 관련된 전설 하나를 보기로 한다. 이는 경상북도 영주에 전해지는 것으로, 대재의 산적을 물리친 산신령 할머니의 이야기다.

지금부터 약 200여 년 전 소백산맥 중턱 고개인 대재에는 산적의 소굴이 있어 일쑤 행인이 목숨과 재물을 잃었다. 그러나 관가의 손은 미치지 않았고, 억울한 백성의 호소가 끊이지 않았다.

그래서 대재의 산신령은 도둑의 소행을 괘씸하게 여겨 이들을 다 잡아 관가에 넘기고, 영산 소백산의 위엄을 보여야겠다고 생각하였다. 산신령은 협수룩한 노파로 변장, 단양(丹陽) 관아를 찾았다. 원(員)은 또 해를 입은 노파가 찾아왔나 보다고 생각하였다. 그러나 뜻밖에 이 노파는 원의 귀에 대고 무어라고 한참 속삭이었다. 원은 노파의 말을 듣자 얼굴에 웃음이 떠올랐다.

그 뒤 산신령 할머니는 대재에 올라가 산을 향해 소리를 치기 시작했다.

"다자구야, 들자구야."

"다자구야, 들자구야!"

이 소리는 깊숙한 산속에 메아리쳤다. 도둑들이 몰려와 노파를 붙잡아갔다. 두목이 무슨 소리를 그렇게 지르느냐고 물었다. 할머니는 '다자구'는 큰 아들이고, '들자구'는 작은 아들인데, 5년 전에 나간 두 아들이 대재에 있다는 소문을 듣고, 부르는 것이라 했다. 두목은 그런 사람은 없으니, 여기서 밥이나 짓고 빨래 시중이나 들라고 하였다. 할머니는 도둑들의 시중을 들며 때를 기다리기로 하였다.

마침내 기다리던 때가 왔다. 두목의 생일을 맞아 도둑들은 술과 고기를 실컷 먹고 지화자를 부르며 흥청거렸다. 이때 노파는 도둑들이 원하는 대로 술을 안겨 주었다. 그리고 슬며시 빠져나와 산마루에 올라 대재 고개를 향해 소리쳤다.

"들자구야, 들자구야!"

도둑들은 아직 정신이 있어 노파의 소리를 듣고 몰려 나왔다. 그들은 왜 또 소리를 지르느냐고 했다. 노파는 좋은 음식을 보니 아들 생각이 나서 아들을 부르는 것이라 하였다. 이때 두목은 그러면 왜 큰 아들 이름은 안 부르느냐고 채근하였다. 할머니는 좀 있다 부르겠다고 하였다. 두목은 이 말에 흉측한 계교가 있는 모양이라며 주연이 파하면 여흥으로 네년의 목을 치겠다고 했다. 그러나 술이 너무 취한 두목은 나동그라졌고, 도둑들도 하나 둘씩 다 잠에 빠지고 말았다. 할머니는 다시 도둑의 소굴에서 나와 고개 아래까지 들리게 크게 소리를 질렀다.

"다자구야, 다자구야!"

노파가 고을엘 다녀간 며칠 뒤 원은 날쌘 군사들을 대재 고갯마루 큰 바위 뒤에 숨겨 두었었다. 이 군사들은 노파의 "다자구야!" 소리를 신호로 일제히 도적의 소굴로 달려들었다. 술에 진탕 취한 도둑들은 칼 한번 제대로 쓰지 못하고 모두 포박되었다.

이렇게 하여 그 뒤 사람들은 마음 놓고 대재를 넘게 되었고, 산신령은 소백산맥을 베개 삼아 편안히 잠을 잘 수 있게 되었다.

'대재'의 산적을 일망타진하게 된 열쇠는 '다자구야'와 '들자구야'란 신호에 있다. 이는 물론 산신령의 말과 같이 외형상 두 아들의 이름이다. 그러나 실제로는 '들자구야!'는 '공격준비'의, '다자구야!'는 '공격개시'의 신호다. 이러한 아들의 이름이 공격 준비와 공격 개시의 신호가 된 것은, 독자 여러분도 눈치 채었겠지만, '들자구야'는 아직 도적들이 잠이 덜 들었다는 '덜 자구'란 의미이고,

'다자구야'는 도적들이 다 잠이 들었다는 '다 자구'를 나타내는 말이기 때문이다. 이는 작전을 위해 아들의 이름을 이렇게 지어 부른 것으로, 동음어에 의한 암호라 하겠다. 이런 것을 보면 곁말의 용법은 참으로 다양하다.

만사는 내 마음대로 되지 않는 것이니...

대재(竹嶺)에 대한 이야기를 하였으니 다음에는 '대(竹)'를 활용한 풍자적인 시를 하나 보기로 한다. 이는 심삿갓, 김립의 '죽시(竹詩)'란 제목의 시이다.

차죽피죽화거죽 (此竹彼竹化去竹)
풍타지죽랑타죽 (風打之竹浪打竹)
반반죽죽생차죽 (飯飯粥粥生此竹)
시시비비부피죽 (是是非非付彼竹)
빈객접대가세죽 (賓客接待家勢竹)
시정매매세월죽 (市井賣買歲月竹)
만사불여오심죽 (萬事不如吾心竹)
연연연세과연죽 (然然然世過然竹)

이 시는 칠언율시의 형식을 취하고 있으나, 순수한 한시가 아니다. 이는 글자 그대 읽혀지는 것이 아니라, 때로는 새김(訓)으로 읽어야 하는 파격적 시다. 따라서 이 시는 "이 대 저 대가 가는 대가 되고, 바람이 대를 치고, 물결이 대를 치고"와 같이 해석되는 것이 아니다. 이 시가 읊고자 하는 것은 다음과 같다.

> 이런 대로 저런 대로 되어가는 대로
> 바람 치는 대로, 물결치는 대로
> 밥이면 밥, 죽이면 죽, 이대로 살아가고
> 옳고 그른 것은 저대로 붙여 두세
> 손님 접대는 집안 형세대로
> 거리(市井)의 흥정은 세월대로
> 만사는 내 마음대로 되지 않으니
> 그렇고, 그렇고, 그런 세상, 그런대로 지내세.

위의 풀이에서 알 수 있는 바와 같이 이 시 가운데 쓰인 '대 죽(竹)'자는 대나무를 뜻하는 것이 아니다. 오히려 새김 '대'를 활용하여 '대로'로 읽기 위하여 쓴 것이다. 불행한 운명을 안고 태어난 김삿갓은 권위와 의식과 격식을 싫어하였다. 그러기에 그는 이러한 파격적인 시를 짓고, 이 세상을 야유하며 떠돈 것이다. 위의 '죽시'의 내용 또한 풍자적인 것이다. 폐족이 된 집안, 방랑을 일삼는 김삿갓에게 무엇 하나 뜻과 같이 이루어졌을 리 없다. 그러기에 그는 모든 것을 체념하고, 고집을 부리지 않고 세상 돌아가는 대로 살아가고자 하였다. 그러나 이는 김삿갓 하나만의 심정은 아니었을 것이다. '그렇고, 그렇고, 그런 세상 그런대로 지내세(然然然世過然竹)'는 세인들의 보편적인 심정이었다. 이는 한 번도 제 뜻

(吾心)을 펴보지 못한 서민의 심정을 대변한 것이었을 것이다. 그러기에 김삿갓의 시는 공감을 불러 일으켜 오늘도 애송된다 하겠다.

닐리리 비쭉 해금(奚琴)통

다음에는 동음어에 의한 어희요(語戱謠)를 하나 보기로 한다.

통골 집 통 도령이
통감(通鑑)을 끼고
통 생원 댁으로
통학(通學) 중이었다.
개울통(筒)을 내어
불통((筒)을 하므로
담배 통(桶)으로
대갈통을 얻어맞고
울통불통하여
골이 통통 났다.
절구통(桶) 뒤에 가 있다가
물통(桶)을 뒤어쓰고
숨통이 막히어
복통증(腹痛症)이 생겼다지.

'통 타령'은 많이 있다. 이는 '통'자를 활용한 서울 지방의 성희요(聲戱謠)다. 이 노래에는 서로 다른 의미의 여러 가지 '통'이란 말을 늘어놓고 있다. 그리하여 해학미를 드러내고 운율적 아름다움까지 드러낸다.

'통골'이란 마을이 실제로 있느냐는 둘째로 하고, 존재할 가능성은 충분하다. 그러나 성이 '통'가인 사람은 없다. 따라서 이는 문자 그대로 '성희요(聲戲謠)'다. '통감'은 '자치통감'을 이르는 것으로, 이때의 '통'자는 '통할 통(通)'이다. 통학(通學)의 '통'과 같은 어두음이다. 이에 대해 여기에는 '개울통'과 '불통'과 같은 속이 빈 '통(筒)'과, '담배통, 절구통, 물통'과 같은 무엇을 그 속에 담는 그릇으로서의 '통(桶)', '울통불통, 통통'과 같은 의성어로서의 '통' 등 동음이의어로서의 어말음 '통'이 쓰이고 있다. '복통증(腹痛症)'과 같은 경우는 어중(語中)에 '아플 통(痛)'을 쓴 것이다. 따라서 '통 타령'은 동음어 '통'에 의한 어희요(語戲謠)다. 그것도 어두음에서 어말음으로 자연스럽게 넘어가는 곁말이다. 다음의 충청북도 영동(永同) 지방의 '통타령'도 이와 비슷한 것이다.

> 통한 사는 통 도령이
> 통골 사는 통 생원 댁에
> 통학(通學)을 하니
> 첫 통에 불통(不通)이라 골통을 치니
> 울통불통 하더라.

강원도 회양(淮陽) 지방에도 '통 타령'이 전한다. 이 '통 타령'도 앞의 '통 타령'과 발상을 같이 한다.

> 늴리리 비쭉 해금(奚琴) 통
> 아람드리 나무 통
> 영감님 담배 통(桶)
> 총각놈 고불통
> 갈보년 ××통
>
> 대통으로 골통을 때리니 아플 통(痛)
> 덤베 북통
> 죽을 통 살 통

이 민요에 쓰인 '해금 통, 나무통, ××통, 골통('골통이'의 준말), 북통'의 '통'은 '몸'을 의미하는 '통'이라 할 수 있다. 따라서 이들은 '해금, 나무, ××' 등 그 자체를 나타낸다. 이에 대해 '담배통, 대통, 고불통'은 그 속에 무엇을 담는 그릇으로서의 '통(桶)'이다. '고불통'은 흙을 고아서 만든 담배통을 말한다. '아플 통(痛)'은 물론 한자의 음이고, '죽을 통 살 통'은 '죽을 동 살 동'의 방언으로, '-ㄹ 동'은 '-ㄹ 지'와 같은 의미를 나타내는 말이다. 따라서 이 회양 지방의 '통 타령'도 다양한 의미의 동음어를 활용한 '통'에 대한 재미있는 곁말의 노래다.

16. 떡국이 농간한다.

비유에 의한 곁말, "떡국이 농간한다"

민속은 민족마다 다르다. 설날 우리 민족은 떡국을 먹는다. 그리고 떡국을 먹으면 나이를 먹는다고 한다. 여기서 생긴 말이 "떡국이 농간한다."는 말이다. 이는 본래 나이가 재주를 부린다는 말로, 재질(才質)은 부족하나 오랜 경험이 일을 잘 감당하고 능숙하게 처리하게 한다는 비유적 표현이다. 이는 일정한 형식의 비유적인 표현, 속담이란 의미의 곁말이기도 하다. 이러한 곁말의 의미는 고려장(高麗葬)과 관련된 다음 설화가 그 실상을 잘 설명해 준다.

"한 아들이 돌아가실 때가 다 된 늙은 아버지를 고려장하기 위해 지게에다 지고 산으로 올라갔다. 아들은 자꾸만 자꾸만 깊숙한 산 속으로 들어갔다. 집을 찾아 내려오시지 못하게 깊은 산속으로 들어가는 것이다. 그러자 지게에 실린 아버지는 그 길에 나뭇가지를 꺾어 자꾸만 던진다. 아들은 이상하게 생각하여 그 연유를 물었다. 아버지는 네가 내려가는 길을 못 찾을까봐 그런다고 했다. 이 말을 들은 아들은 아버지의 고려장을 단념하고, 아버지를 지게에 진 채 그냥 산을 내려왔다. 노인을 산에 버릴 것이 아니라, 노인의 풍부한 지혜를 사야 한다고 생각한 것이다. 이로 인해 노인을 고려장하는 풍습은 없어지게 되었다."

"떡국을 먹는다"는 말은 떡국을 먹는 동작만을 의미하지 않는다. 이는 설을 쇠어서 나이를 한 살 더 먹는 것을 뜻하는 관용어이기도 하다. 이는 우리의 설 문화를 반영하는 비유적인 표현이다. 세상 어디에도 "떡국을 먹는다"는 말이 "나이를 한 살 더 먹다"를 의미하는 말은 없을 것이다. "떡국을 먹는다"는 말은 "나이를 먹는다"는 직설적 표현과는 달리 완곡한 표현으로 운치가 있다. 이러한 표현에는 또 "국수를 먹는다"가 있다. 이의 기본적인 의미는 물론 면을 먹는다는 말이다. 그러나 이 말은 우리의 혼례문화(婚禮文化)를 반영하는 말로, "결혼식을 올린다"는 뜻을 나타내는 관용적 곁말이기도 하다. 전통적으로 혼인 잔치에서 하객들에게 국수를 대접하였기 때문에 "국수를 먹다"가 "결혼식을 올리다, 결혼하다"를 비유적으로 나타내게 된 것이다. 전통 문화가 언어에 화석화(化石化)한 비유적 표현이다.

새끼에 맨 돌

세상을 살아가노라면 별별 사람을 다 대하게 된다. "주는 것 없이 미운 사람"도 있고, "불면 날까 쥐면 꺼질까(吹之恐飛 執之恐陷)" 애지중지 하는 사람도 있다. 견원지간(犬猿之間)으로 원수처럼 지내는 사람이 있는가 하면, "개밥에 도토리"처럼 어울리지 못하는 사람이 있다. 그런가 하면 "새끼에 맨 돌"과 같은 사이도 있다. "새끼에 맨 돌"이란 서로 떨어지지 아니하고 언제나 같이 움직이는 것을 빗대어 하는 말이다. 새끼에 매인 돌이니 새끼가 가는 곳에 돌은 딸아 가게 마련이다. 염상섭의 『신혼기(新婚記)』에는 다음과 같은 구절이 보인다.

> "글세 오늘 떠나는 건 좋겠지만 대관절 어데로 간담? 몇 시 차루?"
> "그건 내게 맽기시지 않았에요?"
> "허허, 아무리 맽겼기루 갈 데를 정하는 것만 맽겼지, 누가 새끼에 맨 돌맹이처럼 끌고 다니라구 내 몸뚱아리까지 맽겼나뵈!"

신혼부부의 애정 어린 대화다. "새끼에 맨 돌"처럼 끌려가지 않겠다고 버티지만 사내는 내심 사랑스런 아내에게 끌려가는 것을 바랄지도 모른다. "새끼에 맨 돌"과 같은 뜻의 말로 흔히 쓰이는 것은 "바늘 가는 데 실 간다"는 속담이다. 이는 떨어져서는 소용이 없으므로 늘 붙어 다닌다는 것을 뜻한다. 고본 춘향전에는 이 도령이 상경하게 되어 춘향과 이별하게 되었다고 말할 때, 춘향이는 다음과 같은 사설을 늘어놓는다.

> "아니 두 말 말고 나도 가옵시다. 꺽꺽 푸드득 장끼 갈 제 아로롱 까토리 따라가듯, 녹수 갈 제 원앙 가고, 청두리 갈 제 씨암탉 따라가고, 범 가는 데 바람 가고, 용 가는 데 구름 가고, 구름 갈 제 비가 가고, 바늘 갈 제 실이 가고, 봉 가는 데 황이 가고, 송별 낭군 도련님 갈 제 청춘 소첩 나도 가옵시다."

"바늘 가는 데 실 간다"는 뜻의 말이 "바늘 갈 제 실 가고" 외에 일곱 가지가 열거 되어 표현을 다채롭고, 운치 있게 하고 있는가 하면, 춘향이가 도령을 따라 상경하겠다는 마음을 강조하고 있다. 이렇게 사랑하는 사람은 헤어지지 아니하고 같이 있어야 하며, 또 그것을 소원하는 것이 바로 사랑이라 할 것이다. P. Shelly가 "Goodnight!"이라고 작별의 말을 하지 않아야 "good night"이라고 노래한, 위트 있는 시상도 바로 이런 것이라 하겠다.

이 도령과 춘향은 처음 인연을 맺을 때도 이렇게 부르고 따름이 있었다. 경판본(京板本) 춘향전에는 이 장면을 완곡하게 표현해 더욱 운치 있게 하고 있다. 도령의 부름을 받은 춘향은 바로 그에 응하는 것이 아니라, "안수해(雁隨海) 접수화(蝶隨花) 해수혈(蟹隨穴)"이라고 방자를 통해 전갈함으로 오히려 도령이 그를 찾아오게 한다. 곧 "기러기는 바다를 따르고, 나비는 꽃을 따르고, 게는 구멍을 따른다"고 표현함으로, 꽃인 자기가 어찌 가겠는가? 오히려 도령으로 하여금 찾아오라고 넌지시 전갈한 것이다. 사랑을 하여도 직설적으로 하지 아니하고, 완곡하게 표현함으로 정감을 더한 것이다. 이에 도령은 그날 저녁 춘향을 찾아간다.

동음어의 곁말, "별 볼 일 없지"

앞에서 비유적 표현을 살펴보았다. 다음에는 동음어에 의한 곁말을 보기로 한다.

지난날 한때 개그로, 이런 희한한 수수께끼가 유행한 적이 있다.

"만일 이 세상에 별이 모두 없어진다면 어떻게 될까?"
"별 볼일 없지."

"이 세상에 해가 없으면?"
"못 말려."

이들 수수께끼의 해답은 외형상 "별을 볼 수 없다"거나, "옷을 말리지 못 한다"는 의미로 해석될 말이다. 그러나 이러한 논리적 해석의 의미가 정답이라면 개그가 될 수 없을 뿐 아니라, 이러한 수수께끼가 유행이 되지도 않을 것이다. 정답은 다른 데 있다. 동음어에 의한 말놀이(word play)를 즐기는 것이다. 동음어인 당시의 유행어와 연계함으로 흥미를 촉발하고 사람들을 웃긴 것이다. 곧 "별 볼 일 없다"는 "쓸데없다"는 뜻의 "별 볼일 없다"에, "못 말려"는 그만 두게 할 수 없다는 뜻의 "못 말려"와 연합시킴으로 웃음을 자아내게 한 것이다. 이들은 새로 만들어진 신조어처럼, 새로 만들어진 곁말로, 중의성을 지녀 흥미 있는 개그가 되게 한 것이다.

수련의(修鍊醫)들이 인턴(intern)을 "인탄(忍嘆)"이라 한다는 것도 이런 곁말이다. 수련의의 생활이 너무 괴롭고 고달파 참고 견디며 탄식해야 한다는 의미에서 수련의 "인턴"을 유음어 "인탄(忍嘆)"이라고 한 것이다. 교사 수련생인 교생(敎生)들이 그들의 "교생실습"을 "고생실습(苦生實習)"이라 하는 것도 같은 맥락의 곁말이다. 자유분방한 학생생활을 하다가 코피가 날 정도로 혹독한 훈련 과정을 거치자니 고생이 말이 아니다. 그래서 교생실습을 유음어로 "고생실습"이라 한 것이다. 수련의를 "일하는 데 병신, 눈치 보는 데 귀신, 먹는데 걸신"이라고 "삼신"이라 한다는 것도 동음어에 의한 곁말이다. 병신의 "신"은 "몸 신(身)"자를 쓰고, 귀신이나 걸신의 "신"은 "귀신 신(神)"자를 써 동음이의(同音異義)의 딴 말이기 때문이다. 여기서 "병신"을 귀신이나, 걸신과 같이 다 같은 신(神)으로 승격시켜 "삼신(三神)"이라 함으로, 병신은 좀 더 병신 같아지고, 인턴은 "삼신(三神)"으로 승격된다. 여인(女人)에게 "삼씨"가 있어야 한다는 "삼씨"도 같은 유형의 곁말이다. 삼씨란 "솜씨, 마음씨, 맵시"다. 이들은 표기에 드러나는 바와 같이 2씨, 1시다. 따라서 이들

셋은 본래 동음어가 아니다. 그럼에도 "맵시"의 "시"가 "씨"로 발음되니 "씨"로 보아 "삼씨"라 한 것이다. 그래서 이들을 "삼씨"라 함으로 여인들은 솜씨 좋고, 마음씨 곱고, 맵시가 있어야 한다는 것이 강조되고, 더욱 실감나게 한다.

식은 밥이요 먹은 묵이라

동음어 내지 유음어에 의한 곁말은 우리의 시가와 산문에도 많이 보인다. 이는 곁말에 대한 해설을 하며 언급한 바와 같이 서양에서도 Pun 또는 Paronomasia라 하여 희랍의 극작가들이 즐겨 썼고, 영국의 엘리자베스 왕조 때에는 수사적이고, 장식적인 기교로서 중시되기도 하였다.

다음에는 이러한 용례를 민요에서 하나 보기로 한다. 이는 경기도 고양 지방에 전하는 자음요(字音謠)이다.

　　식은 밥이요,
　　먹은 묵이라.
　　묵은 풋나물이요,
　　쓰던 숯섬이라.

이는 외형상 "찬 밥"과 "먹은 (메밀/도토리)묵", "풋나물", 그리고 "숯섬(炭包)"을 노래한 민요다. 그러나 이 민요가 이러한 대상을 노래한 것이라면, 이는 단순히 이들 대상을 열거한, 무미건조한 노래에 불과할 뿐이다. 이 노래는 그런 것이 아니다. 이는 그 이상의 무엇이 있다. 우선 표현에 있어 기지가 번뜩이고, 내용면에서 동음어에 의한 중의(重義)와 역설을 드러낸다. 따라서 이는 해학(諧謔)과 풍자(諷刺)의 노래다.

이 민요는 앞에서 자음요(字音謠)라고 하였듯, 글자의 음(音)을 소재로 하고 있다. "식은"은 더운 기가 없어진다는 뜻의 말 "식다"의 관형어가 아니요, 주제어로서의 "식은"이다. 이는 "밥 식(食)"자의 "食은"이다. 따라서 첫 구는 "食이란 것은 밥이요"란 판단문(判斷文)이다. "먹은"도 먹다(喫)의 관형어가 아니라, "먹(墨)은"이란 주제를 드러내는 말이다. 따라서 "묵이라"는 메밀묵이나 도토리묵이 될 수 없다. 이 구절은 "먹은 묵(墨)이다"라 풀이한 말이다. 달리 말해 "먹은 한자어 묵(墨)이다"라 단정한 말이다. 셋째 구절은 역설적 표현이다. "풋나물"은 "봄철에 새로 나는 연한 싹으로 만든 나물"이다. "풋"은 접두사로, 새로운 것이나 덜 익은 것을 나타내는 말이다. 따라서 "묵은 풋나물"은 현실적으로 말린 것이 있을 수는 있으나, 의미상 역설적 표현이다. "쓰던 숫섬"도 마찬가지다. 여기서는 "숯섬"을 "숫섬"으로 보아 역설적인 표현이 되게 한 것이다. "숫"은 목탄(木炭)이 아니라, "더럽혀지지 않아 깨끗한"을 뜻하는 접두사다. "숫백성, 숫보기, 숫색시, 숫음식, 숫처녀, 숫총각" 등의 "숫"이다. 따라서 "숫섬"은 사람이 손을 대지 아니한 섬(石)이다.

그런데 "쓰던 숫섬"이라면 사람이 손을 댄 것이 되니 역설적인 표현이 된다. 사기(詐欺)다. 이는 "보리뿌리 맥근맥근(麥根麥根)"의 시조(상, p.247)의 "묵은 풋나무, 쓰던 숫섬이오, 적은 대조(大棗) 젊은 노송(老松)이라/ 구월산중(九月山中) 춘초록(春草綠)이요, 오경루하(五更樓下)에 석양홍(夕陽紅)인가 하노라"와 발상을 같이 하는 역설적 표현이다. 이러한 표현들은 표면적 의미와 함축적 의미가 다른 기발한 표현으로 독자로 하여금 골계미와 해학미를 느끼게 한다. 이 노래는 소박한 시골 정서를 노래한 것이 아니라, 광의의 어희요(語戲謠)다.

비유의 곁말, 유유 정정 화화

우리의 전통적 연희에 가면극이라는 것이 있다. 이는 물론 가면을 쓰고 연출하는 연극으로, 대체로 17세기 중엽에 오늘날 전하는 것과 같은 산대도감극(山臺都監劇)의 희곡이 정립되었다. 탈놀이는 마을 굿 계통의 것과, 굿과는 독립된 산대도감 계통의 것, 두 가지가 있다. 전자에 속하는 것에 하회별신굿탈놀이와 강릉단오굿의 관노탈놀이가 있고, 후자에 속하는 것에 중부지방의 양주별산대놀이, 송파산대놀이, 서북지방의 봉산탈춤, 강령탈춤, 은율탈춤, 영남지방의 통영오광대, 고성오광대, 가산오광대, 수영야류, 동래야류 등이 있다. 산대도감극이란 이름은 조선 전기에 궁중의 나례(儺禮)를 관장하기 위해 설치한 나례도감이나, 산대도감의 관장 아래 산대(山臺)라 불리는 무대에서 연극이 상연된 데서 유래한다.

서북지방의 탈춤인 봉산(鳳山)탈춤의 4과장 노장무(老長舞)에는 재미있는 다음과 같은 대사가 보인다.

일곱째 목중: 이거 참 야단났구나.
여덟째 목중: 무슨 일이 있기에 야단이 났다는 말이냐?
일곱째 목중: 스님이 유유 정정 화화했더라.
여덟째 목중: 아아, 그 놈이 벽센 말 한 마디 하는구나. 유유 정정
    화화? 그거 유유 정정 화화? 그거 유유 정정 화화라니? 아,
    알았다. 버들버들 우물우물 꼿꼿이 죽었단 말이로구나!

팔목승(八目僧)이 노장 스님을 모시고 나오는데 노장 스님이 쓰러져 죽는 장면이다. 그런데 여기 "유유 정정 화화"라고 에둘러 표현한 비유의 결말이 쓰이고 있다. 이는 여덟째 중의 대사에도 나오듯 "버들버들, 우물우물, 꼿꼿"이 죽은 것을 의미한다. 그러면 이렇게 읽히는 까닭은 무엇인가? 한자를 훈(訓)으로 새겨 읽는 것이다. 이는 "유유(柳柳) 정정(井井) 화화(花花)"로, 유(柳)는 버들, 정(井)은 우물, 화(花)는 "꼿(꽃)"이 그 훈이니, 겹쳐 쓰였으므로 "버들버들 우물우물 꼿꼿"이 된다. 그리고 이는 바로 사람이 죽어가는 과정으로 버들버들하다가 우물우물하고, 마침내 꼿꼿하게 경직됨을 나타낸 것이다. 곧 죽음을 비유한 것이다. 운명(殞命)을 달리하는 인생의 마지막 순간을 네 개의 의태어(擬態語)로 표현한 것이다. 따

라서 이는 비극적인 운명의 순간을 "버들버들 우물우물 꼿꼿"이라고, 그것도 "유유정정화화"라고 비유적 표현을 함으로 희극적인 장면으로 바꾸어 웃게 만든 것이다. 언어의 마력이요, 곁말의 묘미다.

17. 매야, 너 매 맞을래?

최승호(崔勝鎬) 시인의 "말놀이 동시집" 다섯 권 가운데 제1·2·3권의 곁말은 앞에서 살펴보았다. 제1·2·3권은 낱말보다는 글자를 익히게 하기 위한 자음(字音)에 초점이 맞추어져 있다. 따라서 시상(詩想)을 제대로 드러내기에는 부족했다. 이에 비해 제4·5권에서는 글자를 다 익혔다고 보아 자음(字音) 아닌, 어휘에 초점이 맞추어져 말놀이 동시가 제대로 노래 불리고 있다. 따라서 동음어에 의한 곁말의 쓰임이 자연스럽다. 이에 이번에는 제4·5권에 쓰인 곁말을 살펴보기로 한다. 먼저 동음어(同音語) 가운데 전체 음이 같은, 전음(全音) 동음어(同音語)를 활용한 곁말부터 보기로 한다.

전체 음이 같은 동음어의 곁말

전음 동음어를 활용한 곁말은 "말(馬)-말(言語), 매(鷹)-매(鞭), 벌

(蜂)-벌(罰), 사자(獅子)-사자(買受), 깨(荏子)-깨(睡醒), 등대(燈臺)- 등대(接背)” 등이 보인다.

먼저 동음어 “말(馬·言語)”이 쓰인 시부터 보기로 한다.

꿈 얘긴데 **말이야**/ 글쎄 잠자리들이/ **말똥**덩어리 같은 알들을/ 연
못에 낳더라니까//
말아, 말 되니?/ **말**아, 말이 돼? <말(言語)>

이는 “말(言語)”을 노래하며 동음어 “말(馬)”을 끌어와 표현효과를
높이고자 한 시다. “말이야, 말, 말이”는 언어를 가리키고, “말똥,
말아, 말아”는 말(馬)을 뜻한다. 이 시는 이렇게 “말”이란 동음어를
활용한 말(言)과 말(馬)을 노래함으로써 표현 효과를 노렸다. “말똥
덩어리같은”은 큰 알을 낳았다는 비유의 표현이다. “말(馬)”은 “크
다”는 의미를 나타낸다.

뚜벅뚜벅/ **말**이 혼자 걸어가네/ 꾸벅꾸벅 졸면서 걸어가네//
말아, 어디로 가니?//
말은 **말없이**/ 고개를 푹 숙이고/ 텅빈 마구간으로 간다 <말 없는 말>

이 시는 제목에서부터 동음어가 쓰였다. “말이, 말아, 말은”은
동물 말(馬)이고, ‘말없이“의 말은 언어를 가리킨다. ’말없이 고개
숙이고” 마구간으로 들어가는 말은 그날 하루의 일이 고단했던 것

| 199 |

일까? "말없이" 마구간으로 들어간다. 다음에 또 하나의 동음어 "말(言語)"에 대한 시를 보기로 한다.

　　가는 말이 고와야/ 오는 말이 곱다//
　　검은 말 한 마리가 달아나더니/ 흰말 두 마리를 데려왔다네//
　　가는 말이 고와야/ 오는 말이 곱다 <말>

　이는 "가는 말이 고와야 오는 말이 곱다"는 속담을 소재로 한 시다. 이 시에서는 "새옹지마(塞翁之馬)"의 고사처럼 달아난 말이 다른 말을 데리고 왔다는 일화를 끌어와 동음어에 의한 곁말을 함으로 대조적인 장면을 표현하고 있다.
　다음에는 동음어 "매(鷹·鞭)"가 활용된 시를 보기로 한다.

　　매야/ 너 매 맞을래/ 왜 자꾸 동생 같은 새를 괴롭히니/ 저것 봐/
　방울새가 울잖아/ 오목눈이도 울잖아/ 뻐꾸기도 울잖아 <매(鷹)>

　이 시는 다른 시에 비해 상대적으로 고의적 말놀이의 냄새가 나지 않는, 동심을 노래한 시라 하겠다. 매(鷹)는 맹금류로 포식자(捕食者)다. 따라서 다른 새들이 매가 나타나면 두려워 떨 것임에 틀림없다. 이런 면에서 천사 같은 순진한 마음에 어린이들은 매에게 "매(鞭)를 때리는" 정도가 아니라, 적대적 감정을 가질는지도 모른다. "벌(峰)-벌(罰)"의 곁말이 활용된 시에도 어린이의 순진한 감정이 드러난다.

> 벌떼가 오면 난/ 벌벌 떨려/ -네가 우리 꿀 훔쳐 먹었지?/ **벌** 눈은
> 무서워/ 주사바늘 같은 벌침은 더 무서워//
> 벌떼가 오면 난/ 벌벌 떨려/ **벌**에게/ **벌**을 받는 것 같아 <벌>

이 시에는 벌들의 침공을 받아 벌벌 떠는 곰의 삽화가 곁들여 있다. 그래서 더 실감이 난다. 이 시에서 "-네가 우리 꿀 훔쳐 먹었지?" 하는 "너"나, 떨고 있는 "난"은 무서운 곰이기 때문이다. 또한 이 시에는 떠는 모양을 나타내는 부사 "벌벌"이 두 번 쓰여 "벌(蜂)"과 관련을 짓고 있고, "주사바늘 같은 벌침은 더 무서워"와 같이 비유도 하고 있다. "사자(獅子)-사자(買受)"는 명사와 동사를 동일시한 동음어의 곁말이다.

> 사자 사자 수사자/ 황금 갈기 수사자/ **사자 사자** 수사자/ 싸게 **사자**
> 수사자//
> 이 사자 엽서 얼마예요? <황금털 사자>

이 시는 사자(獅子)를 "사다(買受)"의 청유형인 "사자!"와 음이 같은 데서 대조적 표현효과를 드러내고 있다. 그리고 이 시에는 "사자 사자 수사자"와 같이 "사자"를 반복하고, 부분 동음어인 "수사자"를 제시해 운율적 표현을 하고 있다. 이러한 수사법은 이들 시

집에서 즐겨 쓰이고 있는 수사법이다. 그리고 이러한 수사법은 우리 민족이 즐겨 쓰는 표현기법이기도 하다. 이들 용례는 뒤에 여러 번 보일 것이다. "깨(荏子)-깨(睡醒)"도 "사자·사자"와 같이 "명사-동사"의 동음어를 대조·제시한 곁말이다.

> 새 지저권다/ 봄 왔다//
> **깨, 깨,** 잠을 **깨**/ 들깨야 참깨야 잠을 **깨**/ 눈업는 깨/ 귀 없는 깨/
> 들깨야 참깨야 잠을 **깨**/ 주근깨 되기 전에 잠을 **깨** <깨>

이 시에는 13개의 "깨"가 쓰이고 있다. 이 가운데 고딕체의 "깨"는 소재가 되고 있는 "참깨, 들깨"의 "깨"가 아니다. "주근깨"를 제외한 나머지는 모두 "깨다(睡醒)"의 명령형으로서의 "깨"이다. "깨(荏子)"와 동음의 곁말로 쓰인 것이다. "주근깨"는 또 다른 의미의 부분 동음어로 쓰인 것이다. 시 등대는 "등대(燈臺)- 등 대(接背)"란 유음어로서 곁말을 한 것이다.

> 등대에 등 대/ 등 대/ 사진 찍어 줄게/ 등 대/ 등대에 등 대라니까
> <등대>

이는 사진을 찍어 줄 테니 "등대에 등을 대라"는 회화체의 시다. 유음어의 곁말을 쓴 것이다. 어린이들은 이런 곁말에 지적(知的) 호기심을 가질 것이다.

부분적으로 음이 같은 곁말

부분 동음어에는 어두음이 같은 것과 어말음이 같은 곁말이 있다. 먼저 같은 어두음을 활용한 곁말을 보기로 한다.

남쪽 바다로 가오리까/ 북쪽 바다로 가오리까//
가오리야/ 네 마음대로 가거라/ 우주선처럼 하늘로 가도 좋고/ 용궁으로 가도 좋다//
알았습니다 용왕님 <가오리>

이 시는 "가오리"란 홍어과의 바닷물고기를 소재로 한 시다. 그런데 그 "가오리"를 어두음이 같은 "가오리까?"에 빗대어 표현하는가 하면, "가거라, 가도, 가도"와 같이 어두음 "가"를 활용하여 표현 효과를 거두고 있다. "우주선처럼 하늘로 가도 좋고"엔 비유법이 쓰이고 있다.

"돌고래"는 "해돈(海豚)"이라고도 하는 고래로, 지능이 높아 흔히 재주를 부리도록 조련(調練)된 것을 볼 수 있다. 그래서 이 시에도 쇼를 하는 고래로서 그려지고 있다.

돌고/ 또 돌고/ 훌라후프처럼 돌고/ 훌라후프와 함께 돈다//
돌고래들아/ 돌고래 쇼 잘했다/ 꽁치 먹어라 <돌고래>

이 시에서는 "돌고래"의 어두음 "돌"이 "돌다(廻)"의 어간 "돌"
과 동일시되어 곁말로 쓰이고 있다. 시 "겨우살이"에서는 어두음
"겨우(<겨울)"가 부사 "겨우 겨우"와 동일시되었고, "겨울비, 견디
는"의 어두음에까지 확장 적용되고 있다.

   겨우 겨우 견디는 겨울/ 겨울비 내리네//
   겨우살이들이 비에 젖네//
   오들오들 떨면서/ 겨우 겨우 견디는 겨울 <겨우살이>

   "오리"라는 시에서는 "오리"의 어두음이 "오기는 오냐"에서와
같이 "오다(來)"의 의문형으로 주로 활용되고 있다. "오냐"는 전라
도 방언에서의 의문형이다. "오기"는 "오다"의 명사형이다.

   오냐/ 오리들이 오냐/오냐 오냐/ 흰뺨검둥오리가 오냐/ 검은뺨흰
   둥오리가 오냐/ 오냐 오냐/ 이렇게 목이 빠지게 기다리는데/ 오기는
   오냐/ 흰뺨검둥오리가 오냐/ 검은뺨흰둥오리가 오냐/ 오냐 오냐
   <오리>

   다음에는 동요 "따옥 따옥 따오기"란 동요로서 잘 알려진 "따오
기"란 시를 보기로 한다. 이 시에서는 "따오기"의 울음 소리가 가사
로 나오는 외에 새 이름 "따오기"가 "따오다(摘來)"란 동사의 명사형
"따오기"로 대를 이루며, 시상(詩想)을 재미있게 전개하고 있다.

따오기야/ 이번엔 달 따오기다/ 알아요 따옥//
따오기야/ 이번엔 별 따오기다/ 압니다 따옥따옥 <따오기>

시 "재규어"는 표범과 비슷한 고양잇과의 동물 재규어(Jaguar)를 노래한 것이다. "재규어"는 어두음이 동사 "재다"의 어두음에 대치되는가 하면, 인칭대명사인 유음어 "재"와 동일시되어 표현 효과를 드러내고 있다.

재 재지/ 재 너무 재/ 재 재규어 맞지/ 가슴 근육 만든 재규어/ 다리 근육 만든 재규어/ 재 너무 재/ 꼬리 근육은 왜 안 만들지/ 꼬리에도 아령 같은 알통을 만들라고 해 <재규어>

이 시에서 "꼬리에도 아령 같은 알통을 만들라고 해"는 비유의 기법을 사용한 것이다. 시 "비빔밥"에서는 "비빔밥"과 어두음이 같은 바다삶 "비버(Beaver)"가 연결되고 있다. 비버들의 주식이 매운 비빔밥이 아니고 보면 이는 다소 억지 시상(詩想)의 연결이라는 인상을 준다. "비빔밥"의 "비빔"이 "비비다"의 "비비고"와도 연합되고 있다. "비빔밥-불"도 같은 어두음을 활용한 곁말이다.

비버들이/ 비빔밥을/ 비비고 있네/ 왜 비버들이 비빔밥을 먹지?/ 비빔밥이 비버밥이었나?//
아이고 매워!/ 비버들이 혀를 내미네/ 아이고 매워!/ 혀에 불이 난

것 같다 <비빔밥>

어말음(語末音)을 활용한 곁말

다음에는 어말음에 의한 곁말을 보기로 한다. 최승호 시인의 시에는 어두음에 못지않게 어말음을 활용한 곁말도 많다. 이에는 어휘의 일부분이 활용된 것도 있고, 문자 그대로 어말음이 사용된 것도 보인다. 시 "아지랑이"의 경우는 어말의 한 음절(音節) "랑"이 동음어인 조사 '랑'의 곁말로 쓰이고 있다.

　　랑이 랑이/ 아지랑이// 강아지랑/ 송아지랑/ 망아지랑/ 아지랑이 속
　으로 가고 있네//
　　랑이 랑이/ 아지랑이 <아지랑이>

이 시에는 "아지랑이"의 어말음 "랑이"의 반복과 함께 "아지랑이"가 쓰여 운율적 효과를 드러내고 있다. 그리고 실사(實辭)에서 변한 접사(接辭) "아지"와 함께 열거를 뜻하는 "랑(아지랑이의 "랑")"이 반복적 효과를 드러내고 있다. "강아지랑, 송아지랑, 망아지랑"이 그것이다. "-아지"는 본래 작은 것을 뜻하는 말이다. 시 "요가"는 "쇠똥구리와 딱따구리, 너구리, 청개구리"가 요가를 배우는 장면을 노래한 것이다. 그런데 여기에는 학습자 모두가 "-구리"란 어말음을 지니고 있어 운율적 효과를 드러낸다. 물론 여기에도

예의 "랑이, 랑이/ 아지랑이"란 부분 동음어가 반복적으로 쓰여 운율적 효과를 드러내고 있다.

  쇠똥구리야 잘해 봐/ 딱따구리야 잘해 봐/ 너구리야 너도 잘해 보
  렴/ 청개구리는 썩 잘하고 있잖니//
  잘해 볼게요/ 요가 선생님 <요가>

시 "짬뽕"은 뽕나무 그늘에서 짬뽕을 먹고 있는 장면을 노래한 것이다. "뽕나무"의 "뽕"은 흔히 방귀 뀌는 소리를 상징한다. 그래서 시에서는 누에가 방귀를 뀌는 것으로 그려져 있다. 그리고 뽕나무 그늘 아래서 다른 음식도 아닌, 어말음으로 "뽕" 소리를 지니고 있는 "짬뽕"을 먹게 함으로 표현효과를 배가(倍加)하고 있다.

  뽕나무 그늘에서/ 짬뽕을 먹는데/ 뽕잎 먹은 누에들이/ 방귀를 뀌
  네// 짬뽕 맵겠다 뽕/ 우린 파란 똥 싸는데/ 너흰 빨간 똥 싸겠다/ 뽕
  뽕뽕 <짬뽕>

"다슬기"란 시는 "다슬기"의 어말음 "슬기"를 "슬기롭다"는 말의 어근(語根)으로 보아 위트 있는 곁말을 한 것이다. 그리고 이 동시의 끝 부분 "왜 사냐 다슬기/ 그냥 산다 다슬기"는 이태백의 "산중문답(山中問答)"의 "소이부답(笑而不答)"의 시정을 연상케 한다.

슬기롭다 다슬기/ 뭐가 슬기롭냐 다슬기/ 안 슬프냐 다슬기/ 뭐가 슬
프냐 다슬기/ 느리구나 다슬기/ 발가락 없다 다슬기/ 어디 사냐 다슬기/
강에 산다 다슬기/ 왜 사냐 다슬기/ 그냥 산다 다슬기 <다슬기>

"다람쥐"란 시는 예의 "람쥐 람쥐 다람쥐"란 운율적(韻律的) 표현
외에 "람"이란 어말음을 활용한 "도대체 이 꼴이 뭐람/ 뭐람 뭐람/
뭐람"이란 곁말의 표현도 하고 있다.

람쥐 람쥐 다람쥐/ 투덜대는 다람쥐//
도대체 이 꼴이 뭐람/ 뭐람 뭐람/ 뭐람//
람쥐 람쥐 다람쥐/ 여우비에 세수하는 다람쥐 <다람쥐>

시 "번데기"에서는 예의 운율적 표현을 사용한 외에 "번데기"의
어말음 "-데기"가 붙은 무가(巫歌)에 나오는 공주 "바리데기"를 등
장시킴으로 시세계를 일전(一轉)시키고 있다. "뻔 뻔 번데기"는 번
데기 장수의 외침 소리를 반영한 것이다.

뻔 뻔 번데기/ 데기 데기 번데기/ 나비가 될 거야 번데기/ 뻔 뻔
번데기/ 데기 데기 번데기//
그런데 말이에요/ 바리데기 공주님/ 번데기 먹어 보셨나요 <번데기>

시 "비의 가족"은 "담비, 이슬비, 도깨비, 허깨비"와 같이 어말음
"비"를 가진 대상물을, 그것도 꼬리따기요(謠) 형식으로 시상을 전

개하고 있다.

> 난 담비야/ 산토끼 잡아먹는 담비// 난 이슬비야/ 담비 털 적시는 이슬비// 난 도깨비야/ 이슬비로 머리 감는 도깨비// 난 허깨비야/ 아마 도깨비 눈에도 안 보일걸 <비의 가족>

이 밖에 최승호 시인의 제4·5권의 시집에는 많은 비유, 특히 직유가 많이 쓰이고 있다. 이에 대해서는 앞에서 구체적으로 시를 살펴보는 가운데 언급한 바 있다. 재론하지 않기로 한다. 이들 시집에는 또 반복, 열거의 표현도 많이 쓰이고 있다.

18. 발을 뻗으면 착고(着錮) 찬 놈도 같고...

정(釘)이 남음이 있네

정도전(鄭道傳)은 문무를 겸한 정치가요, 대학자이며, 조선조의 개국공신이다. 그는 신흥 조선(朝鮮)의 문물제도를 다지는가 하면, "경자유전(耕者有田)"의 토지개혁 등 민본(民本)과 애민(愛民)을 바탕으로 한 정치 개혁을 단행하였다. 그러나 그는 태조 이성계(李成桂)의 뜻에 따라 세자 책봉의 과정에서, 속된 표현으로 줄을 잘못 서 비명에 저 세상으로 가고 말았다. 이때 민간에는 세자 책봉(冊封)과 관련하여 정도전, 남은(南誾)에 대한 참요(讖謠)가 떠돌았다.

태조 이성계는 전·후취에게서 여덟 왕자를 얻었다. 왕비 한씨에게서 6명, 계비 강씨(康氏)에게서 2명이 태어났다. 세자 책봉의 문제가 제기되자 태조는 전취소생 가운데서 세자를 책봉하지 아니하고, 계비인 신덕왕후(神德王后) 강씨의 말에 따라 일곱째 아들인

방번(芳蕃)을 세자로 삼으려 하였다. 그러나 방번은 임금의 자리에 오를 만한 인물이 못 된다는 공신들의 말에 따라 여덟째 아들 방석(芳碩)을 세자로 삼게 되었다. 신하들은 모두 태조의 뜻에 따라 세자 쪽으로 쏠리었는데, 정도전과 남은은 그 대표적 인물이었다. 이로 인해 전취소생인 방원(芳遠) 형제는 불만을 품게 되었고, 그 가운데도 건국의 공이 큰 방원은 마침내 태조 7년에 제1차왕자의 난을 일으켰다. 그는 정도전 일파를 죽이고, 방석을 폐세자하고, 귀양 보내는 도중 살해하였다.

이때 왕위계승 문제로 골육상쟁을 하여 정도전과 남은 두 사람이 죽을 것이라는 참요(讖謠)가 돌았으니, 그것이 아래와 같은 "남산요"다.

피남산왕벌석(彼南山往伐石) 정무여(釘無餘)
[저 남산(南山)에 가서 돌을 깨니 정(釘)이 남음이 없네.]

이 노래 가운데 "남산"은 남은, "정"은 정도전을 가리킨다. 또한 "무여"는 "남음이 없다"는 말로, "남음"은 "남은"과 발음이 비슷해 "남은(南誾)"을 가리키는 것으로 보기도 한다. 이는 결국 "남산의 돌이 깨지고, 돌을 깨느라 정이 남지 않는다"는 뜻의 노래로, 정도전과 남은이 죽게 된다는 것을, 비유적으로 표현한 참요다.

동요는 김안로(金安老)의 말과 같이 아무 뜻 없이 무정(無情)에서 나오므로, 조금도 거짓이 없고 순수해 전정(前定)을 능히 감통(感通)

하는 것인지 모른다.

이 노래는 혹 태조 초년에 서울에 새로 궁궐과 관청을 짓게 되므로 남산의 돌을 떠다가 집을 짓게 된 데서 생겨난 동요로도 보인다. 하도 돌을 많이 떠 가 정(釘)이 남지 않는다는 말은 백성의 노고가 불평이 되어 읊어진 것으로 볼 수 있다. 이것이 정도전, 남은의 살해사건과 우연히 일치된 것일 수도 있다.

모과나무 심사

참요가 아닌, 순수한 비유에 의한 곁말을 하나 보기로 한다. 전에는 사람들이 흔히 흥부라면 착한 사람, 놀부라면 못된 사람이란 고정관념을 가지고 있었다. 근자에는 젊은 세대에 의해 이 고정관념이 다소 깨어지는 것 같다. 놀부는 주체성이 있고, 생활력이 강한 데 반해, 흥부는 의타적이고 무능력하다는 것이다.

그런데 흥부전의 서두를 보면 놀부의 심사를 "모과나무같이 뒤틀리고, 동풍 안개 속에 수수닢같이 꼬인 놈이 무거불칙하되"라 묘사하고 있다. 놀부가 심술궂고, 성격이 뒤틀렸다는 것이다. 이러한 "모과나무 심사", "동풍 안개 속 수수잎 같다"는 놀부의 심사는 흥부전에 구체적으로 다음과 같이 열거·제시되고 있다.

이놈의 심술을 볼진대 다른 사람은 오장육부(五臟六腑)로되, 놀부는 오장칠부(五臟七腑)였다. 어찌하여 그런고 하니 심술부 하나이 더 하여 곁간 옆에 가 붙어서 심술부가 한번만 뒤집히면 심사를 피우는데, 썩 야단스럽게 피웠다. 술 잘 먹고, 욕 잘 하고, 에테하고, 싸흠 잘 하고, 초상난 데 춤추기, 불붙는 데 부채질하기, 해산한 데 개잡기, 장에 가면 억매흥정, 우는 아이 똥 먹이기, 무죄한 놈 뺨치기와, 빗 값에 계집 빼앗기, 늙은 영감 덜미치기, 아이 밴 계집 배 차기며, 움물 밑에 똥 누어 놓기, 오려논에 물 터 노키, 자친 밥에 흙 퍼붓기, 패는 곡식 이삭 빼기, 논뚜랑에 구멍 뚤키, 애호박에 말뚝 박기, 꼽사등이 어퍼노코 발바주기, 똥 누는 놈 주저안치기, 안질방이 턱살치기, 옹기장사 작대 치기. 면례 하는 데 뼈 감추기, 남의 양주 잠자는 데 소래 지르기, 수절과부 겁탈하기, 통혼하는 데 간혼 놀기, 만경창파에 배 밑 뚫기, 목욕하는 데 흙 뿌리기, 담 붙은 놈 코침 주기, 눈 알는 놈 고초가루 넣기, 이 알는 놈 뺨치기, 어린아이 꼬집기와 다 된 흥정 파의하기, 중놈 보면 대테메기, 남의 제사에 닭 울리기, 행길에 허공 파기, 비오는 날 장독 열기라.

이렇듯이 못된 짓을 골라가며 행하는 것이 "모과나무 심사"며, 이것이 곧 놀부의 심사다. 그러나 이러한 못된 짓들은 일부러 하라고 해도 힘들어 다 하지 못할 것이다. 몸이 견뎌내지 못할 것이기 때문이다. 이들 "못된 짓"은 지시·지적하는 통달적(通達的) 의미를 나타낸다기보다, 놀부의 불량무거한 심사와 행동거지를 환기(喚起)하는 정서적 기능을 드러내기 위한 표현이라 하겠다. 우리는 이들 표현을 통해 놀부가 참으로 못된 놈이라는 사실이 아니라, 참으로 못된 놈이라는 느낌을 받는 것이다.

발을 뻗으면 착고 찬놈도 같고...

같은 흥부전에는 흥부가 형 놀부에 의해 집에서 쫓겨나 비슷한 언덕에 집을 짓는 장면이 보인다. 그런데 흥부가 지었다는 집은 사실은 있을 수 없는 집이다. 이는 비유에 의해, 집이 말만한 조그만 집, 두옥(斗屋)을 지었다는 것을 감화적(感化的)으로 표현했을 뿐이다. 그리고 이는 흥부가 소견이 좁고, 주변머리가 없다는 것을 환기해 주는 것이기도 하다.

> 흥부 아무 대답 아니 하고 안해와 어린 것들을 다리고 지향없이 문을 나니 갈 바이 망연코나. 건는 산 언덕 밑에 가서 움을 파고 모여 앉아 밤을 새우고 아무리 생각하여도 갈 곳은 없고, 좌지불천(坐之不遷) 이곳에 수간(數間) 모옥(茅屋)이라도 짓고 사는 수밖에 다른 변통은 없으니 집을 지려 할 새, 만첩청산 드러가서 크나큰 대부동을 와르렁 퉁탕 지끈동 베여 내여 안방 대청 중채 사랑 네모 번듯 입 구(口)자로 짓고, 선자추녀 굽도리 바리바침 내외분합 물퇴에 살미살창 가로다지 분벽주란 고대광실(高臺廣室) 짓는 것이 아니라, 낫한 자락 들게 가라 지게에 꼬자 지고, 묵은 밭이라면 쫓아다니며 수수깡 뺑때 모조리 베여 짊어지고 돌아와서 집을 짓는데, 비슷한 언덕에다 집터를 광이로 깍가 노코 집 한 채를 짓는다. 안방 대청 행랑 몸채를 말집(斗屋)으로 한 나절에 지어 필역하고, 도라보니 수수때 반 짐이 그저 남았구나. 안방을 볼작시면 어찌 너르든지, 누어 발을 뻐드면 발목이 벽 밖으로 나가니 착고(着錮) 찬 놈도 같고, 방에서 멋 모르고 이르서면 모가지가 지붕 밖으로 나가니 휘주잡기에 잡

| 214 |

히어 칼 쓴 놈도 같고, 잠결에 기지개를 키량이면 발은 마당으로 나가고, 두 주먹은 두 벽으로 나가고 엉덩이는 울타리 밖으로 나가 동리 사람들이 출입 시에 거친다고 이 궁둥이 불러드리라는 소리에 깜짝 놀라 이러앉어 대성곡하는 말이...

집을 짓는다면 아무리 작은 집을 짓는다 하더라도 그 속에서 사람이 기거하고 운신할 수는 있어야 한다. 운신도 못할 집을 지을 수는 없는 일이다. 그런데 흥부는 "수숫대" 한 짐을 베어다 안방 대청 행랑 몸채를 짓고도 수숫대 반 짐이 남는 "게딱지만한 집"을 지었다. 그래서 누우면 발이 집 밖으로 나가 "착고찬 놈" 같고, 일어서면 모가지가 지붕 위로 나가 "칼 쓴 놈" 같다는 것이다. 이는 상식적으로 생각할 수 없는 일이다. 따라서 이는 실제의 집에 대한 사실적 묘사라기보다 작은 집을 지었다는 느낌을 환기하기 위해 과장 표현을 한 것이라 할 수 있다. 이러한 사실이 아닌, 감정이나 태도를 환기하는 표현은 고소설 장화홍련전에도 재미있는 것이 보인다.

이때 좌수 비록 망처(亡妻)의 유언을 생각하나 후사(後嗣)를 아니 도라볼 수 없는지라, 이에 혼처를 두루 구하되 원하는 자 없음에 부득이하여 허씨(許氏)를 장가드니, 그 용모를 의논할진대 두 볼은 한 자히 넘고, 눈은 퉁방울 같고, 코는 질병 같고, 입은 미여기(메기) 같고, 머리털은 도야지 털 같고, 키는 장승만하고, 소리는 일히(이리) 소리 같고, 허리는 두 아람이나 되는 것이 게다가 곰배팔이오, 수중

다리에, 쌍언청이를 겸하였고, 그 주둥이를 썰어내면 열 사발은 되겠고, 얽기는 콩멍석 같으니, 그 형용은 차마 보기 어려운 중에 그 심사(心思)가 더욱 부량하여, 남의 못할 노릇은 골라가며 행하니 집에 두기 일시가 난감하되, 그래도 그것이 계집이라고 그 달부터 태기(胎氣) 있어 연하여 아들 삼형제를 낳으매...

장화·홍련의 계모 허씨가 용모가 흉측할 뿐 아니라, 심사가 불량함을 비유와 사실을 열거하여 묘사한 것이다. 그러나 이러한 여인이 실제로 존재했으리라고는 생각되지 않는다. 이들 표현도 앞의 홍부전의 묘사와 같이 지시(指示)가 아닌, 감정의 환기를 목적으로 과장 표현을 한 것이다. 비유는 시각적 표현이나, 이렇게 사실적 표현이 아닌, 정서 환기에도 즐겨 쓰인다. 과장된 표현이기는 하나, 이와 같은 표현을 통해 우리는 계모 허씨의 용모가 흉측하다는 사실을 사실로서가 아니라, 느낌으로 수용하게 된다.

손시렵기에 양지머리 잡았구먼

다음에는 동음어에 의한 결말을 보기로 한다. 고려대 도서관에 소장된 고대본 춘향전에는 어사가 된 도령이 남원 근처에 와 농부와 수작하는 장면이 보인다. 이 장면에서 도령과 농부는 동음어에 의한 결말을 한다.

어사또 접붓 서며 "경전야수 매춘색(耕田野叟埋春色)에 밭가는 저 농부야, 서출양관 무고인(西出陽關無故人)하니 심심한데 말 좀 묻세."

"신야촌(莘野村) 아니어든 이윤(伊尹)이라 말 묻습나? 저녁에는 글을 읽고 패왕(霸王) 돌아간 연후에 밭가는 농부더러 말 묻는이 그 뉘시오?"

어사 놀라 이른 말이 "시골도 맹랑하다."

저 농부 이른 말이,

"무야인(無野人) 아니면 제 입에 막양군자(莫養君子)여든, 들에 사람 없으면 제 입에 밥이 들어갈 듯하오? 농부를 홀대합나?"

"아니, 그런 게 아니라, 검은 소에게 쟁기를 메워 가는 모양을 보니 앞이 장히 어두워 뵈눈."

"어둡기에 볏 달았지."

"그럼 매우 뜨거울걸."

"뜨겁기에 성에 얹었구면."

"그러면 손이 매우 시려울걸."

"손 시렵기에 양지머리 잡았구면."

도령이 "검은 소"로 밭을 가는 농부를 보고, 검은 소라 앞이 새카매 어둡겠다고 농담을 함으로 곁말의 수작이 시작됐다. 그러자 농부는 이에 응수하여 "어둡기에 볏 달았지."라 한다. "쟁기나 극정이의 보습 위에 비스듬히 대어 흙이 한쪽으로 떨어지게 하는 쇠"를 "볏"이라 하는데, 이를 "햇볕"을 뜻하는 "볏(光)"과 동일시하여 곁말을 한 것이다. 그러자 도령이 "그럼 매우 뜨거울걸" 한다.

"볏"을 "빛"이 아닌, 문자 그대로의 "볕(陽)"으로 보아 뜨겁겠다고 한 것이다. 농부는 다시 "뜨겁기에 성에 얹었구면."이라 응수한다. "쟁기 술의 윗머리에서 뒤끝을 맞추고 앞으로 길게 뻗어나간 나무"인 "성에"와 "추운 겨울에 유리나 굴뚝 같은 데에 수증기가 허옇게 얼어붙은 것"을 뜻하는 "성에"를 동일시하여 뜨겁지 않다고 해명한 것이다. 이에 도령은 "성에를 얹었으면" 뜨거운 것이 아니라 오히려 차서, "손이 매우 시려울 걸"이라 응수한다. 그러자 농부는 "손이 시렵기에 양지머리 잡았구면"이라 했다. "양지머리"는 "쟁기 술의 둥글고 삐죽한 우두머리 끝"을 뜻하나, 이를 해가 비추는 땅인 "양지(陽地)"의 의미로 재해석하여 손이 시리지 않다는 것을 나타낸 것이다.

이러한 대화의 장면은 최남선의 고본 춘향전에도 보인다. 이는 고대본 춘향전의 한문투의 표현과는 달리 처음부터 고유어에 의한 자연스러운 곁말의 응수를 한다. 구체적인 곁말은 고대본과 차이도 보인다.

> 이런 소리(선소리) 다 드른 후에 무슨 핑계로 말 물을 제,
> "저 농군, 여봅시. 검은 소로 밭을 가니 컴컴하지 아니 하니?"
> 농부 대답하되,
> "그러기에 발그라고 볕 다랏지요"
> "볕 다랏스면 응당 더우려니"
> "덥기에 성애짱 부첫지오"

"성애짱 부첫스니 응당 차지?"
　　"차기에 쇠게 양지머리 잇지오."

　우선 두 이본의 대화에서 고대본에서는 둘이 다 반말을 하는데, 최남선본에서는 도령만이 반말을 하는 차이를 보인다. 그러기에 최남선본에서는 이들이 수작을 끝낼 때 한 농부가 내달으며, "우스운 자식 다 보겠다. 어더먹는 비렁방이 년석이 반말지거리가 웬말인가? 저런 녀석은 근중을 알게 혀를 순배째 빠일가 보다."라고 분개하기까지 한다.

　곁말은 최남선본에서 "성에"가 "성애짱"이 되고, "손이 시렵기에 양지머리 잡았구면"이 "차기에 쇠게 양지머리 있지오"로 바뀌어 차이를 보인다. "성애짱"은 "성엣장"으로 "물 위에 떠서 흘러가는 얼음덩이" 유빙(流氷)을 의미한다. 따라서 "성엣장"은 "성에"와 마찬가지로 찬 것을 의미하며, 동시에 쟁기의 부분 명칭 "성에"에 연결된다.

　"손이 시렵기에 양지머리 잡앗구면"에 대한 "차기에 쇠게 양지머리 잇지오."는 발음은 같은 양지머리이나, 이들이 지시하는 대상은 사뭇 다르다. 하나는 농기구의 부품 이름인데 대해, 하나는 "소의 가슴에 붙은 뼈와 살", 양지두(陽支頭)를 가리키는 말이기 때문이다. "양지머리(陽支頭)"는 국거리로 많이 쓰이는 쇠고기다. 따라서 이들은 "양지머리"의 "양지"를 다 같이 "양지(陽地)"로 보아 따뜻하다는 의미를 나타내는 것으로 해석하였다. 그러나 그 대상은 쟁기요, 쇠고기와 같이 사뭇 다른 것이다. 따라서 고대본 춘향전은 쟁기의 부품 명칭으로 계속 곁말을 한 데 대해, 최남선의 고본 춘향전은 이에서 벗어난 표현을 한 것이 된다.

도령과 농부의 곁말의 응수는 도령이 판정패 한 것이라 할 수 있다. 고대본에서는 도령이 "그 농부와 수작할 수 없어"라고 하며 화제를 돌리고 있고, 곁말도 농기구 이외의 영역으로 벗어났기 때문이다. 이러한 결과는 당연한 것이라 하겠다. 곁말에 쓰인 단어가 대부분 농기구의 부품 이름이고 보니 도령이 농부를 당할 수 없었을 것이다. 곁말의 표현은 곁말로 쓰인 단어의 겉으로 드러나는 뜻과 돌려서 표현하는 뜻의 두 가지를 알아야 한다. 그래야 비로소 곁말의 익살스럽고, 재미있고, 우스꽝스러움을 즐길 수 있다. 의미를 제대로 알지 못할 때는 개 머루 먹듯 표현의 참맛, 표현의 묘미를 맛볼 수 없다. 언어는 소통만이 아닌 즐김도 같이 수반돼야 한다.

19. 백사(白沙) 이항복은 "ㅈ 사위(腎壻)"

숫돌에 칼을 가는 까닭은?

이번에는 이야기가 있는 곁말을 보기로 한다.

조선 후기의 대부분의 패설집(稗說集)은 저자의 이름이 밝혀져 있지 않다. 그런 가운데 드물게 저자를 알 수 있는 패설집이 장한종(張漢宗)의 『어수신화(禦睡新話)』다. 장한종은 어해도, 곧 물고기와 게를 잘 그린 화공이었다. 그의 "어수신화"에는 135편의 이야기가 실려 있다. 이들은 부조리가 빚어내는 차가운 웃음보다는 오히려 일상생활에서 벌어지는 해학적 웃음을 짓게 한다. 성(性)에 관한 이야기도 많이 보이나, 이들은 대체로 한바탕 웃고 끝내자는 우스개다. 다음의 소화이야기도 이런 것 가운데 하나다.

한 나그네가 주막에 묵고 있었다. 이때 주막집 부부가 희롱하며 장난하는 소리가 들려 왔다.

"하루 종일 일을 하고 고단한데, 내가 좋아서가 아니라 당신을 위해 거사를 하는 거요"

"숫돌에 칼을 가는 사람이 칼이 아니라, 숫돌을 위해 칼을 간다는 격이 군요"

"그럼 귀이개로 귀지를 파는 것이 귀를 위하는 것이오, 아니면 귀이개를 위한 것이오?"

두 사람의 대화는 적절한 대구라 하겠다.

남편의 공치사에 아내가 즉각 숫돌에 칼 가는 것을 들어 반론한 것은 시골 아낙의 기발한 기지가 작동한 것이다. 그리고 이에 대한 남편의 대답, 귀이개 역할론도 기지에 넘친다. 이 소화는 외설적 이야기를 하면서 이렇게 기지에 의해 외설의 냄새가 나지 않게 하는가 하면, 해학적 웃음을 자아내게 한다. 야한 가운데 기지가 있어 야한 냄새가 나지 않는 육담이다.

다음의 저자와 연대를 알 수 없는 "파수추(破睡椎)"라는 패설집에 수록되어 있는 "인구(人狗)", 곧 개 같은 인간이라는 설화도 촌철살인의 위트가 있는 작품이다.

한 부인이 길을 가는데 치마끈이 느슨하게 풀어졌다. 그리하여 치마 뒤가 벌어지고 속바지가 겉으로 드러나 남이 보기에 부끄러운 꼴이 되었다. 이에 뒤 따라오던 나그네가 이를 보고 희롱하였다.

"앞집 뒤 울타리가 터져 뒷문이 열렸으니 도적맞을까 염려되는구나."

부인은 그 말을 듣자 희롱의 뜻을 이해하고, 놀라 옷을 단속했다. 그리고 이렇게 말했다.

"개새끼가 짖지 않았으면 하마터면 도적맞을 뻔했네."

앞에 걸어가는 여인의 치마끈이 느슨하게 풀려 치마의 뒤가 벌어지고 속바지가 드러났다. 뒤 따라오던 나그네가 짓궂게 그 여인이 욕을 볼까 염려된다고 희롱하였다. 이에 여인은 옷을 추스르고 즉시 나그네에게 망신을 준 것이다. 곧 뒤에서 힐난을 한 나그네를 "개새끼"라 매도하고, 개가 짖지 않았으면 정말 실수할 뻔했다고 한 것이다. 뒤 따라오던 나그네는 못 볼 것을 보고 한 마디 했다가 졸지에 "개새끼"로 매도됐다. 그러나 그 여인의 기지는 놀랍고도 빛난다. 그 사내가 희롱을 하지 않았더라면 그런 줄도 모르고 여인은 부끄러운 차림으로 계속 길을 갔을 텐데, 사내의 희롱으로 옷을 단속하고, 희롱한 나그네에게 시원하게 욕을 하였기 때문이다. "개새끼가 짖지 않았으면 하마터면 도적맞을 뻔했네."라는 말은 이 경우 더할 수 없이 적절한 기지의 표현이라 하겠다.

백사(白沙) 이 항복은 "ㅈ 사위(腎壻)"

역사적인 인물과 관련된 두어 곁말의 장면을 보기로 한다. 먼저 백사 이항복(李恒福)과 만취당 권율(權慄) 장군과 관련된 이야기다. 백사는 조선 중기의 유명한 문신으로, 한음 이덕형(李德馨)과 더불어 많은 기담과 일화를 남기고 있는 분이다. 만취당은 임란 때 행주산성의 대첩을 이끈 명장이다. 그는 바로 백사 이항복의 장인이기도 하다. 이들 장인과 사위, 곧 옹서(翁婿)는 서로 뜻이 맞아 항상 장난을 잘 쳤다 한다. 조선조의 『이야기책』이라는 패설집에는 이들에 대한 다음과 같은 해학적인 이야기가 실려 전한다.

> 권율이 오줌을 눌 때면 이항복이 몰래 뒤에서 장인의 연장을 훔쳐보았다. 장인은 몹시 신경이 쓰였다. 하루는 오줌을 누다가 훔쳐보는 사위에게 이렇게 말했다.
> "이 물건은 자네 장인일세. 어찌하여 자네는 장인을 업신여기고 희롱하는가?"
> 그 뒤 며칠 지나 장인이 오줌을 다 누자, 사위가 갑자기 장인의 뺨을 후려갈겼다.
> "이 무슨 거조(擧措)냐? 무슨 행동이난 말이다."
> 이에 사위가 천천히 말하였다.
> "어르신께서 오줌을 누고 제 장인어른의 목을 잡고 좌우로 흔드시더군요 사위로서 그를 가만히 두고 볼 수 없었습니다. 그래서 제 장인의 목을 잡고 있는 놈의 뺨을 때려 장인의 목을 내려놓도록 한 것입니다."
> 이에 장인은 웃으며 말했다.
> "너는 'ㅈ 사위(腎婿)'라 해도 성을 내지 않겠구나."
> 이 말은 들은 사람들은 모두 포복절도(抱腹絶倒)하였다.

사위는 백년지객이라고 어려운 존재다. 그런데 만취당과 백사의 관계는 특이하다. 장인이 소피를 보는데 사위가 그 장면을 훔쳐보기까지 한다. 그리고 사위를 "신서(腎婿)"라 명명한 바람에 사위에게 뺨을 맞는 수모를 당했다. 장인 만취당은 불경스러운 행동을 하지 않도록 사위에게 당신의 ㅈ(腎)을 사위의 "장인"이라 하였다. 그런데 이로 말미암아 해학적 사건이 벌어졌다. 사위는 만취당이 소피를 본 다음 뒤처리 하는 과정에서 그의 "장인"이라 한 신(腎)을 잡고 흔들어대니 사위의 입장에서 두고 볼 수 없어 "신(腎)"을 내려 놓으라고 만취당의 뺨을 때렸다는 것이다. 논리적으로 따져 백사는 장인 만취당을 친 것이 아니다. 그의 장인인 "신(腎)"을 잡고 흔든 제3자를 친 것이다. 그러나 결과적으로 사위인 백사가 그의 장인인 만취당을 친 것이니 익살스런, 해괴한 사건이 아닐 수 없다. 옹서의 나이 차이는 한 살 모자란 30세이다.

이 이야기는 정말 한편의 소화(笑話)다. 어쩌면 패륜이라 하여도 좋을 사건이다. 현장에서 이 말을 들은 사람은 백사가 "ㅈ사위(腎婿)"가 됐다는 것이 포복절도할 일이요, 이 이야기를 전해 듣는 사람들은 옹서 사이에 있을 수 없는 해괴한 사건이어 웃음을 참을 수 없게 한다 할 것이다. 이는 유머라는 곁말이다.

좌장지(坐藏之)와 보장지(步臟之)

20세기 전후에 찬집된, 편찬자를 알 수 없는 패설집에 『각수록

(覺睡錄)』이라는 것이 있다. 여기에는 25편의 이야기가 실려 있는데, 모두가 성(性)과 관련된 내용이다.

이 『각수록』에는 어떤 선비가 조선조 명종 때의 거유 퇴계 이황(李滉)과 남명 조식(曺植) 선생의 덕을 시험하는 이야기가 전한다. 시험의 방법은 남녀의 성기에 대해 질문하는 것이다. 그 내용은 이러하다.

　　한 선비가 찢어진 옷을 입고, 짚신을 신고, 복건(幅巾)을 쓰고 남명 선생을 찾았다. 그는 읍을 하고 절은 하지 않고, 다리를 쭉 뻗고 앉았다. 그리고는 선생께 여쭈었다.
　　"청컨대 보지가 무엇인지 가르쳐 주시기 바랍니다."
　　남명은 얼굴을 찡그리며 대답하지 않았다. 선비는 다시 질문하였다.
　　"그럼 자지는 무엇입니까?"
　　남명은 화를 내며 선비를 내쫓게 하였다.
　　"이 자는 미친 사람이로다. 가히 가까이 할 수 없는 사람이로다."
　　선비는 문을 나서 퇴계 선생을 찾아갔다. 그는 퇴계 선생을 만나 절도 하지 않고 다리를 쭉 뻗고 앉아 물었다.
　　"보지가 무엇입니까?"
　　"걸어 다닐 때 감추어지는 것(步藏之者)으로, 귀한 것이나(寶), 숨어 겉으로 드러나지 않는 것이오."
　　"그럼, 자지는 무엇입니까?"
　　"앉아 있을 때 감추어지는 것(坐藏之者)으로, 찌를 수는 있으나(刺), 병기로는 쓰지 않는 것이오."
　　선비는 이로써 퇴계 선생의 덕이 남명 선생의 덕보다 나음을 알았다.

이는 풍자라는 기법을 쓴 곁말이라 하겠다. 선비는 우선 "가르침을 받는다"면서 예의를 제대로 갖추지 않고 불손하게 행동하였다. 그리고 유가에서 금기로 아는 성(性)에 관한 질문을 하였다. 그리하여 남명 선생은 "미친 사람으로 가까이 할 수 없는 사람(此狂人也, 不可近也)"이라 생각하여 상대하지 않고 선비를 내쫓았다. 이에 대해 퇴계 선생은 행동이 불손하고, 달갑지 않은 질문이나, 이에 차분히 답을 해 주었다. 그리하여 선비는 퇴계 선생의 덕을 낫게(優) 평가했다는 이야기다.

"덕(德)"이란 "도덕적 윤리적 이상을 실현해 나가는 인격적 능력"을 의미하거나, "공정하고 남을 넓게 이해하고 받아드리는 마음이나 행동"을 의미한다. 선비는 보다 후자의 의미로 두 선생을 평가한 것이라 하겠다. 사람은 갖추어야 할 "오덕(五德)"이 여러 가지 있는데, 우선 유학에서는 온화·양순·공손·겸손·겸양을 든다. 이에 대해 병가(兵家)에서는 지인용신엄(智仁勇信嚴)을 든다. 인생에 교훈을 삼을 일이다.

그리고 여기서 덕(德)이 아닌 지(知)의 문제를 잠시 언급하기로 한다. 그것은 퇴계의 논의에서 언급된 "보장지(步臟之)"와 "좌장지(坐藏之)"는 성기의 이름이 여기서 나온 것이라는 어원설이 되기도 하기 때문이다. 그러나 이는 속설일 뿐 바른 어원론이 아니다. 이들 명칭은 각각 중국어 "조자(鳥子·diaozi)"와 "파자(巴子·pazi), 혹은 팔자(八子·puatzi)"와 같은 말이 변한 것으로 보인다. 전자는 우리의

한적에 "鳥"자로 많이 나타난다.

침통(鍼筒)도 함께 주시오

다음에는 동음어, 곧 동음이의어를 활용한 결말을 보기로 한다. 여기서도 설화에서 그 용례를 보자. 먼저 『파수추』에 실린 "두려운 침(畏侵兒)"이란 제목의 글에 보이는 예이다.

　　한 사람이 길을 가다가 갈림길에서 망설이다가 밭두둑에 앉아 있는 소년에게 물었다.
　　"얘야, 내가 이 길로 가도 되겠느냐?"
　　"가도 되고 가지 않아도 되지요."
　　행인은 어린 애의 대답이 하도 해괴하여 또 물었다.
　　"너는 몇 살이냐?"
　　"열에서 셋을 빼세요. 다섯에 둘을 더하든지. 남두성(南斗星)과 짝이 되고, 북두성(北斗星)과 친구가 되지요."
　　"너는 어디 사느냐?"
　　"조선에 살지요."
　　"그렇다면 어느 마을에 사느냐?"
　　"콩떨기(太叢) 아래 살아요."
　　그러자 행인은 화를 내는 척하며 말하였다.
　　"네게 침을 주어야 하겠다."
　　"만약 침을 주시려거든 침통도 같이 주셔요."
　　"침통은 뭐에 쓰게?"

"침만 주시면 잃어버릴까 걱정이 돼서요"

행인은 눈을 부릅뜨고 말했다.

"네 놈의 고추를 떼어 먹어야겠다."

그러자 아이는 한참 어른을 쳐다보더니, 말했다.

"다만 아이들 고추만이 아니라 평소에 어른 고추도 많이 떼어 먹었다는 것을 알겠네요"

"그걸 어떻게 아느냐?"

"아저씨 입 주변에 불거웃(陰毛)이 많이 붙어 있는 걸 보아 알 수 있지요"

행인이 발랑 까진 맹랑한 어린 녀석을 만나 욕을 당하는 이야기다. 이 글에서 행인은 "침을 놓는다"는 것을 "침을 준다(賜針)"고 하였다. 그러자 맹랑한 이 아이는 침을 주시려면 "침통도 함께 달라(並賜針筒)"고 곁말을 한 것이다. "침을 준다"는 말은 "침을 놓는다"는 말로 물건을 "수수(授受)"한다는 뜻의 "주다"란 뜻의 말이 아니다. 그런데 소년은 "수수(授受)"의 "주다"란 의미로 받아 곁말을 함으로 행인을 당황하게 한 것이다. 그리고 소년의 불량한 언행은 "수염"을 "불거웃"이라 명명함으로 절정에 이른다.

이러한 동음어의 예는 앞에서 인용한 "이야기책"에도 보인다. 이는 고유명사인 이름을 감탄사로 써 곁말의 효과를 드러내고 있는 것이다. "나의 힘은 심히 크다(我力甚大哉)"란 패설이 그것이다.

이여로라는 사람이 여러 차례 상처한 뒤 이 진사의 누이와 결혼하게 되었다. 혼인 날이 가까워졌을 때 심대재란 사람이 이 진사에게 이여로는 이러저러한 병이 있어 여러 번 상처(喪妻)를 했는데, 그것도 모르고 혼약을 하셨느냐고 하였다. 이에 이 진사는 서둘러 파혼하였다.

그 뒤 친구들의 모임에서 이여로의 친구가 여로에게 어찌하여 이 진사 누이와 혼인을 하지 않았느냐고 물었다. 그 자리에는 심대재도 와 있었다. 여로는 이렇게 대답하였다.

"한 고약한 놈이 이 진사네 가서 이간질하기를 '나의 그 힘이 심히 크다(我力甚大哉)'고 한 까닭에 저 집에서 혼사를 파하였다네."

이는 심(甚)과 심(沈)의 발음이 비슷한 까닭에 이렇게 말한 것이다. 좌중은 모두 포복절도하였다.

이여로가 재혼하게 되었는데 심대재가 여로를 시샘하여 그에게 병이 있어 아내가 여럿 죽었다는 식으로 모함하여 파혼이 되었다. 그래서 모임에서 친구가 혼인하지 않는 이유를 묻자, 이여로는 "심대재(沈大哉)"의 이간질 때문이라고 심대재도 들으라고 동음어의 곁말을 써 밝혔다. 이름 "심대재"를 그것도 "정력이 매우 세다"는 "심대재(甚大哉)"란 말로 심대재를 희롱한 것이다. 그래서 좌중은 모두 포복절도하였다. 만좌가 포복절도할 때 심대재의 심정은 어떠했을까?

말은 이렇게 어떻게 하느냐에 따라 표현 효과가 크게 달라진다. 그래서 말은 마력(魔力)을 지녔다고 한다.

20. 벼슬까지 서면 다리 부러져.

삼청(三廳) 냉돌(冷堗)

겨울이다. 겨울! 하면 우선 눈과 추위가 떠오른다. 눈은 사람을 흥분시키는 낭만적 대상이다. 그런데 추위는 아무래도 그리 반가운 존재가 못 된다.

추위를 나타내는 대표적인 속담에 "삼청냉돌"이란 말이 있다. 이는 매우 춥고 찬 방을 말한다. "삼청"이란 좀 낯선 단어로, 금군(禁軍) 안의 "삼청(三廳)"을 가리킨다. 금군은 고려·조선 시대에 궁중을 지키고 임금을 호위하고 경비하던 친위병으로, 내금위(內禁衛), 겸사복(兼司僕), 우림위(羽林衛)의 세 군영으로 되어 있었다. 이 세 군영이 삼청이다. 삼청에서는 불을 때지 않았다. 그러니 방은 냉돌일 수밖에 없다. 이에 "삼청 냉돌"이란 말이 생겨난 것이다. 오늘날은 난방을 잘 한다. 따라서 정부 기관으로 "삼청 냉돌"은 찾기 힘들

것이다.

"삼청 냉돌"과 같은 뜻을 나타내는 말에 "강원도 안 가도 삼척", "강원도 삼척이다.", "사명당 사첫방", "춥기는 사명당 사첫방", "사명당이 월참(越站) 하겠다." 따위가 있다. 이 가운데 드러나는 지명 강원도 삼척(三陟)은 "삼청"과 발음이 비슷해 와전된 것으로, 삼척이 추운 곳이 되어야 할 근거가 없다. 따라서 "삼척 냉돌"이란 잘못된 말이다.

"사명당 사첫방"류의 속담은 사명당의 사처(下處), 곧 머물던 방이 추웠던 데 연유하는 비유적 표현이다. "사명당"은 조선조 선조 때 유명한 도사 유정(維政)을 가리킨다. 그는 임진왜란 때 승려의 몸으로 나라를 구하기 위해 의승을 이끌고 왜군과 싸워 전공을 세웠으며, 전후에는 대일강화(對日講和)의 공을 세운 분이다.

사명당의 사처가 추웠다고 하는 것은 그가 1604년(선조 37년) 국서를 가지고 일본에 가 도쿠카와(德川)를 만나 강화를 할 때 머물던 방이 추웠던 데 연유한다.

임진왜란을 소재로 한 소설에 작자 미상의 "임진록"이 있다. 이에 의하면 사명당이 서산대사의 추천에 의해 일본에 사신으로 가게 된다. 일본에 득달하여 "조선 사명당 생불(生佛)이 들어온다."고 왜왕에게 괘문(卦文)을 보냈다. 왜왕은 생불 여부를 시험하기 위해 몇 가지 방법을 강구했다. 그 하나가 길가에 두른 삼백 육십 간 병풍의 일만 일천 구의 글을 외게 하는 것이고, 둘째는 일백 오십

자 구리[銅] 방석을 물에 띄우고 앉으라는 것이었다. 셋째는 구리
로 한 간 집을 지어 사명당을 들어가게 하고 숯불로 구리를 달구
어 녹이며, 그가 살아있는지 여부를 시험하는 것이었다. 왜왕은 이
런 시험에 다 실패하자 마지막에는 달구어 놓은 철마를 타고 다니
라고 하였다. 이때 사명당은 팔만대장경을 외워 난데없는 소나기
를 몰아와 성중(城中)을 여강여해(如江如海)로 만들어 왜왕의 항복을
받았다.

"사명당의 사첫방"이란 이러한 시험 가운데, 셋째 단계 구리 집
에 들게 하고, 이를 달구어 녹이며, 그의 생사여부를 시험한 것과
관련된다. 사면으로 숯을 쌓고 풀무를 부니 불꽃이 일어나며, 겉으
로 구리가 녹아 흘렀다. 그러자 사명당은 견디기 어려워 부적을 써
붙이고, 대장경을 외웠다. 그랬더니 구리 방안은 빙고(氷庫)와 같이
되었다. 한 임진록에는 이 장면을 다음과 같이 묘사하고 있다.

사명당이 그 간계를 알고, 사면 벽상으로 서리 상(霜)자를 써 붙이
고, 방석 밑에는 얼음 빙(氷)자를 써 놓고 팔만대장경을 외우니, 방안
이 빙고 같은지라.
왜왕 왈 "조선 생불의 혼백이라도 남지 못하여시리라." 사관을 명
하여 문을 열고 보니 생불이 앉아시되 눈썹에는 서리가 찌고(끼고)
수염에는 고두래미(고드름)가 달렸는지라.
사명당이 사관을 보고 꾸짖어 왈, "왜국이 남방이라 덥다 하더니
어찌 이러하게 차냐?" 한대, 사관이 혼이 나서 그 사연을 왕께 고하니,
왜왕이 대경하여 왈, "분명한 생불을 죽이지 못하고, 쓸데없는 재

물만 허비하였도다."

"사명당 사첫방"이란 이렇게 본래 방이 찬 것이 아니라, 왜왕이 사명당을 구리 방에 가두고 달구어 죽이려 하자, 그가 도술을 부려 그 방을 "빙고(氷庫)"와 같이 차게 만든 데 연유한다.

불현자 수유차 불락(不賢者 雖有此 不樂)

유몽인의 『어우야담』에는 동음어를 활용한 재미있는 곁말이 보인다. 강정대왕(성종) 때 문명을 떨치던 어득강(魚得江)이란 사람이 있었는데 그는 골계를 잘 했다고 한다.

옛날 왜의 사신 등안길(藤安吉)이 왔을 때 강정대왕께서 어득강에게 말씀하셨다.
"등은 안지 못하니 어찌 등안길이 있겠는가?"
어득강이 이에 응해 대답하였다.
"배로 업지 않아도 백어피(白魚皮)가 있습니다."
방언에 배(背)는 등(藤)이라 하고, 포(抱)는 안길(安吉)이라 하며, 복(腹)은 배(裵)라 하고, 부(負)는 어피(魚皮)라 하니 위 두 사람의 말은 진실로 하늘이 만들어 낸 대구이다.
어득강이 일찍이 밤에 밖에 나가자 임금은 사람을 시켜 횃불을 들고 가 그를 발로 차게 하였다. 득강이 거의 넘어질 뻔하다가 도로 일어나며 말하였다.
"불현자 수유차 불락(不賢者 雖有此 不樂)"

방언에 불 밝히는 것[明火]을 불현[不賢]이라 하고, 차는 것[蹴]을 차다[此]라 하며, "락(樂)"과 "락(落)"은 동음어다. 그가 골계에 민속한 것이 이와 같았다.

일본인 후지 야스키치(藤安吉)의 이름을 우리의 한자음으로 읽을 때 "등안길"이 된다. 그래서 대왕은 배와 가슴이 안지, "등[背]"은 "안지[抱]"를 못하니, 어찌 "등안길"이란 말이 있을 수 있겠느냐고 기지의 골계를 한 것이다. 어득강은 이에 배[腹]로 업지 못해도 "백어피"가 있다고 유음어로 응수하였다. 이에 대왕은 속이 상했던지 밤에 밖으로 나가는 어득강을 횃불을 들고 나가 차게 하였다. 그랬더니 그는 "불현자 수유차 불락(不賢者 雖有此 不樂)"이라고 문자를 썼다. 이는 문자 그대로 "어질지 못한 사람은 이런 일이 있어도 즐거워하지 않는다."라 한 것이 아니다. "불 켠 자가 비록 이렇게 차도 넘어지지 않는다."고 한 것이다. "불현자(不賢者)"는 발음 그대로 "불현(>켠) 자", "차(此)"는 "차(蹴)", "불락(不樂)"은 넘어지지 않는다는 "불락(不落)"을 나타낸 것이다. "불 켠 자가 차도 넘어지지 않는다."고 동음어에 의한 기발한 발상의 골계의 곁말을 한 것이다.

자하젓오이지와 감동젓오이지

"어우야담"에는 또 동음어에 의한 곁말로 "감동젓"에 관한 설화가 실려 있는데 여기에도 어득강의 이야기가 보인다. 이를 보면 다음과 같다.

곤쟁이젓오이지[자하해침과저(紫蝦醢沈瓜菹)]를 시속에서 감동(感動)이라 한다. 젓갈은 동방에서 별난 것이 아니다. 옛날 중국 사신이 해주를 지나다가 곤쟁이젓오이지를 먹게 되었는데, 우느라고 먹지를 못했다. 원접사(遠接使)가 괴이히 여겨 그 까닭을 물으니 중국 사신이 대답하였다.

"나의 노모가 만 리 밖에 계시는데, 이 음식이 하도 진기하여 오열을 금치 못하였소"

원접사 탁주관(卓州官)이 이를 진상하자 사신은 "감동을 이기지 못하겠다."고 하였다. 이로 말미암아 이 김치를 "감동저(感動菹)"라 하게 되었다.

어득강이라는 자가 있었는데, 성종 때의 명신으로, 골계를 잘 하여 비방이 자자하였다. 그의 벗이 자하젓오이지를 보내니 득강이 답신을 보냈다.

"어찌 감동(感動)하지 않으리오"

벗이 다시 편지를 써, "그대는 골계 때문에 남에게 비방을 당하면서도 여전히 경계할 줄 모르다니, 앞으로는 권정(權停)하는 것이 좋겠네."라고 하였다. 자하(紫蝦)는 방언으로 권정(權停 : 곤쟁이)이라 하기 때문이다.

곤쟁이젓(紫蝦醢)은 새우의 일종인 곤쟁이로 담근 것으로, 이는 감동젓이라고도 한다. 특히 푹 삭힌 곤쟁이젓을 "감동젓", 또는 "감동해(甘冬醢)"라 한다. 이 설화에서 "감동젓"의 어원을 중국 사신이 "감동(感動)을 이기지 못하겠다"고 한 말에서 유래한다고 한 것은 어원을 잘못 풀이한 것이다. 어득강이 친구가 보내 준 곤쟁이 젓오이지를 받고 "어찌 감동하지 않으리오"라 한 "감동"은 감동(感動)이란 표면적 의미와 함께 "곤쟁이젓"의 별칭인 "감동젓"을 나타낸 것이다. 그리하여 친구는 골계 때문에 비방을 받고 있으면서도 경계하지 않는다고 나무라며, 앞으로 골계를 하지 말라고 한 것이다. 그런데 사실은 친구의 "멈추다"는 뜻의 "권정(權停)"이란 말도 중의성을 지닌 곁말이다. "권정"은 "잠시 멈춤, 임시 멈춤"이란 의미 외에, "곤쟁이"를 나타내는 한자 표기이기 때문이다. 이렇게 곁말은 묘미를 지니는 표현이다.

벼슬까지 서면 다리 부러져

소설 "장길산"은 역사소설이기 때문에 그렇기도 하겠으나 다른 현대소설에 비해 표현에 고소설의 영향을 많이 받은 것으로 추정된다. 특히 경판(京板) "남원고사(南原古詞)" 계통의 최남선본 고본 춘향전의 영향을 많이 받은 것으로 보인다. 비유와 속담을 많이 활용하고 있는 수사적 문체가 특히 그러하다.

그뿐 아니라 제1부 광대는 우리의 가면극 대본의 영향도 또한 무시할 수 없다. 구체적으로 광대의 연희가 그려지고 있는가 하면 재담(才談)이 나오고, 소리가 읊어지기도 한다. 그러기에 "장길산"에는 많은 곁말이 쓰이고 있다. 다음에 재담을 하나 보기로 한다.

"이래서 한양 과거를 본답시고 올라가는데, 거리마다 국밥도 많고 막걸리가 흔천이요, 갖은 떡에 갖은 실과에 이것저것 먹다보니 엽전 두돈 오푼이 거덜이 나는구나. 문전걸식으로 과거 날을 기다리니 꿈을 잘 꾸고 줄을 잘 잡아 고관 대작네 행랑에 기별이 갔구나. 행랑 살이 십 년만에 네 소원이 무엇인고 물으시니, 이 내 몸이 객지 와서 갖은 괄세 갖은 봉욕을 다 치르고 벼슬을 한들 무엇할까. 소원은 다른 게 아니고 밥 잘 먹고 똥 잘 뀌는 게 소원이 올시다. 그런 소원 말고 선달(先達)이 어떠하냐. 선달, 선달이 좋다지만 선달 벼슬 못할 내력이 있소이다. 내가 안 그래도 주야장천 서서 잘 다니는 놈이 벼슬까지 서게 되면 다리 부러질까 못 하오. 그러면 급제(及第) 벼슬이 어떠한고 급제, 급제 하지만 급제 벼슬 못할 내력이 있습니다. 내 성미가 급한 놈이 급제까지 해 놓으면 내 칼에 내가 죽을까 못 하오. 그러면 초시 벼슬이 어떠하냐. 내가 초시 못할 내력이 있소 우리 뒷집 자조쇠 이사 간 날이 하필 윤동짓달 십이 초하룻날이라 내가 약은 꽹이 밤눈 어두운 격으로 무거운 것 덜 하라고 촛병 하나 얹은 지게 모과나무 아래 떠억 받쳐 놓고 쉴 제, 깜박 잠이 들어 작대기를 찼더니, 온몸에 촛물이 들어 삭신이 사그러진 몸이라 초시까지 않히면 무골육신(無骨肉身)이 되겠오 그러면 이 사람아 더도 말고 이방(吏房)이 어떠한고 그 내력 한번 들어 보소 안 그래도 내 치근(齒根)이 나빠 음식 옳게 못 먹는 판에 이방을 해 놓으면 이가 몽땅 빠져 못 하겠오."

이 사설은 문화 광대가 송도의 보름놀이를 하고 돌아가는 길에

벽탄 나루에서 판을 벌리고 놀 때 환쟁이 출신 광대가 거리굿 재담을 한 것이다. "마누라가 서방님 모르는 새 하룻밤 밑엣 것 품을 놔" 받은 화대 엽전 두 돈 오 푼을 노자 하여 한 유자(儒者)가 한양에 과거보러 와 벼슬을 하게 되었던 사건을 풍자적으로 표현한 재담이다.

이는 같은 어두음에 의해 곁말을 함으로 시세(時勢)를 꼬집은 소학지희(笑謔之戲)다. 여기 쓰인 곁말은 문무과에 급제를 하고 아직 벼슬을 하지 않은 "선달"을 "서게[立]되는 것"으로, 과거에 합격한 사람 "급제"를 "급한(性急) 것"으로, 과거의 맨 처음 시험에 합격한 사람 "초시"를 "초(醋)"로, 승정원의 육방의 하나인 이방을 "이방[齒槽]"으로 받아 곁말을 한 것이다. 줄만 잘 잡으면 무능한 사람도 무슨 벼슬이나 할 수 있었던 부패한 사회상을 엿보게 한다. 이런 사회이고 보면 도적이 들끓고, 민심이 흉흉해질 것임은 불문가지다.

무척도 이르고나

동음어는 발음은 같으나 어원을 달리하는 말이다. 이에 대해 어원을 같이 하면서 그 의미가 여러 가지로 달리 쓰이는 말을 다의어라 한다. 예를 들면 "손(手)"이란 말이 손 수(手)자의 의미 외에 "인원(人員), 기술, 교분(交分), 수완(手腕), 손버릇, 주선·대책, 물건에 대한 아량, 기회 또는 시기" 등의 여러 가지 뜻으로 쓰이는 것이 그것이다. 곁말에는 이런 다의어에 의한 것도 있다. 다음에는 이러한 다의어에 의한 재미있는 곁말의 예를 하나 보기로 한다.

조선조 영조 때 재상 김욱(金煜)의 집에 천흥길(千興吉)이란 청지기가 있었다. 그는 얼굴이 잘 생겼을 뿐 아니라, 놀이를 좋아하는 협객이었다. 그가 나이 15세에 초립을 쓰고 기생집에 가니 기생이 희롱의 말을 걸었다.
"무척도 이르고나."
이 말을 들은 흥길은 대답했다.
"이미 날이 기울었는데 이르기는 무엇이 이르다는 게냐?"

위의 대화 가운데 "이르다(早)"가 다의어인 곁말로 쓰인 것이다. 기생은 나이가 어리다는 뜻으로 쓴 것인데, 천흥길은 하루해가 이르다는 뜻으로 응수함으로 재미있는 곁말이 된 것이다. 이렇게 앞말과 다른 뜻으로 말을 받을 때, 대화는 파천황의 국면이 전개된다. 다음에는 이 청지기 천흥길의 호방한 일화를 하나 보기로 한다.

그는 평생을 화류계에서 놀았다. 그러나 놀기를 좋아할 뿐 기생에 손을 대는 일이 없었다. 그리고 원한이 있는 사람은 원한을 갚아서 옛날 유협의 품격이 있으므로 아무도 그를 만만히 보지 못하였다.
그는 비록 구차하나 결백한 사람이었다. 어느 날 밤 그는 기생 가패(佳貝)의 집을 찾았다.
그녀는 세도가인 홍국영이 사랑하는 기생이었다. 이 여인은 홍길이 어떤 사람임을 잘 알아 함부로 청을 거절하면 목숨이 위태로울 것이니, 잘 달래서 보내되 후환을 두려워하여 술을 대접하고 잠자리를 같이 하려 하였다. 그러자 홍길은 화를 내며 말하였다.

"네 비록 천기일망정 한 사람의 사랑을 받으면 의리를 지켜야 하겠거늘 어찌 대장부를 대함이 이 같으냐? 하도 오래 못 보아 지나는 길에 찾았을 뿐 다른 뜻은 없는 줄로 알라."

이렇게 말하고 그는 껄껄 웃으며 대문을 나섰다.

열다섯에 재상집 청지기로 기생집을 출입한 천홍길, 그는 비록 천한 신분의 사람이었지만, 의협의 사나이로 호탕하게 인생을 살다 간 사람이라 하겠다. 이런 사람이 많으면 이 세상도 살맛이 날 것이다.

21. 보리 뿌리 맥근맥근 오동 열매 동실동실

"아당 아, 번개 번"자

이름은 부르기 위해 있는 것이다. 부르기 좋고, 듣기 좋아야 한다. 그런데 경우에 따라서는 부르거나 듣기에 고약한 이름도 있다. 이런 고약한 이름에 의한 곁말을 살펴보자. 양주별산대(楊州別山臺) 놀이에서 샌님이 쇠뚝이에게 이름을 물으니 자기의 이름은 샌님이 부르기에 적당한 "아당 아"자에, "번개 번"자라 한다. 샌님이 이 이름을 가만히 살펴보니 아무래도 좀 이상하다. "아번"하고 부르면 그것은 "아범", 곧 "아버지"라고 부르는 것 같기 때문이다. 그래서 머뭇거리니, 쇠뚝이가 불러 보라고 재촉을 한다.

> 샌님 : 거 여봐라, 저놈. 네가 이름이 뭐란 말이냐?
> 쇠뚝이 : 샌님이 부르기가 적당하오 "아당 아"자에 "번개 번"자요
> 샌님 : 아당 아자, 번개 번? 아당 아자, 번개 번?

쇠뚝이 : 아니오, 그렇게 하는 게 아니요, 샌님도 양반이깐두루 하늘 천, 따 지, 감을 현, 누르 황 배우구는 천지현황을 붙여 부르지 않우? 이것도 붙여 불러요.

샌님 : 번아.

쇠뚝이 : 왜 이건 바로 붙이지, 가꾸루 붙이우?

샌님 : 애, 그 제밀할 놈의 이름, 대단히 팽패롭다. 아아아.

쇠뚝이 : 이건 지랄을 허오? 붙여요, 어서. 십년 석 달을 불러도 소용없소.

샌님 : (하다 못해) 아번(아버지).

쇠뚝이 : 왜-.

가면극이 본래 상놈이 양반을 조롱하는 것이 하나의 주제거니와 여기서도 쇠뚝이가 샌님을 조롱하고 모욕을 주기 위해, 일부러 자기 이름을 "아버지"라고 들리게 "아번"이라고 한 것이다. 그리하여 샌님은 이 쇠뚝이의 함정에 빠져 마침내 망신을 당하고 말았다.

쇠뚝이의 이름 "아당 아", "번개 번"자의 "아당 아"는 그렇다 치더라도, "번개 번"자는 엉뚱한 풀이에, 엉뚱한 음을 갖다 붙인 것이다. 이는 최근에 "놀래다"를 "놀랄 노자"라 하는 것과 같은 발상의 말이다. 어쩌면 "놀랠 노자"라는 말은 이 가면극의 발상에서 연유하는 것인지 모른다.

"놀랠 노자"식의 엉뚱한 풀이의 한자가 근자에 많이 만들어졌다. 젊은이들의 슬기와 익살, 풍자가 담겨 있어 재미있는 것이 많다. 수풀 사이에 남녀가 들어가 있으면 거기서 일어날 일은 뻔하다 하여 두 나무 목(木) 사이에 사내 남(男)자, 계집 녀(女)자를 넣어 그 글자를 "뻔할 뻔"자라 한다. 우물에 돌을 던지면 "퐁당" 소리가 난다 하여 우물 정(井)자 한 가운데에 점을 하나 찍어 "퐁당 퐁"자라 하는 따위가 그것이다. 이런 예는 이밖에도 여러 가지가 있다. 돌 석(石) 밑에 사람 인(人)자를 붙여 "꽉할 꽉", 대신할 대(代) 아래 눈 목(目)을 붙여 "안경 안", 심방 변(忄)에 검을 흑(黑)자를 나란히 써 "음큼할 음", 말씀 언(言) 두 자를 나란히 써 "재잘거릴 재", 입 구(口)자와 큰 대(大)자를 나란히 쓰고 그 아래 눈 목(目)자와 적을 소(小)자를 또 나란히 써 "하품 하"자라 하는 것이 이런 것들이다.

고약한 이름 "아버지"

양주별산대 놀이의 쇠뚝이의 이름 "아번"을 보았거니와 이번에는 이를 한층 강화한 고약한 이름을 보기로 한다. 그것은 이명선 본 춘향전에 보이는 것으로, 도령이 춘향이네 집을 처음 찾아가던 날 밤의 일이다. 방자 녀석은 몇 번이나 부중(府中)을 돌아 도령을 골탕을 먹인 다음에 이렇게 말을 한다.

방자놈 돌아서며 "도련님 말삼 들으시오 기생의 집 가는 길에 우리 둘이 평발인즉 방자라고 말으시고 이름이나 불러 주오"

"그리하마. 네 이름이 무엇이냐?"

'이름이 몹시 그북하지요 소인의 성은 알으시오?"

"성이 무엇이냐?"

"벽성이지요 "

"무엇이냐?"

"아가요"

"성도 고약하다. 이름은 무엇이니?"

"버지요"

"그놈 성명도 고약하도다. 양반이야 부르겠느냐? 상놈일다."

"여보 도련님 말삼 들으시오. 구성명(俱姓名)하여 불러 주시면 모시고 가려니와 방자라고 부를 터이면 도련님 혼자 가시오 소인은 다른 데로 갈 터인즉 가려건 가고, 말려건 마시구려."

니 도령 바쁜 마음에 일각이 삼추로다. 가만히 생각하여 성명을 붙여보니 부르기가 난감하고 부르지 마자 하니 갈길을 못 가겠네.

"이애 방자야, 오늘밤만 성명을 고쳐 부르면 어떠하냐?"

"되지 못할 말을 마오 아무리 상놈인들 변명역성(變名易姓)이 될 말이요? 갈 터여든 혼자 가오. 내일 아침에 책방으로 만납시다."

떨치고 도망하니 이 도련님이 황망하여 좇아가며, "이애, 말아. 어서 가자."

방자놈이 등불을 끄고 가만히 숨었으니까 허다한 인가 중에 찾을 길이 전혀 없다. 이 도령 민망하여 이리저리 찾으면서 이놈이 여기 어디 숨었것다. 중얼중얼 하는 모양은 혼자 보기는 아깝다. 도련님이 생각하되 "방자야" 부르면 더군다나 안 되겠구나. 성명을 부르자니 난중하여 못 하겠네. 이런 놈의 성명도 세상에 있나? 밤은 점점 깊어 가고 내 일이 바빠 할 수 없다. 한번만 불러보자. 가만히 시험하것다. "아버지" 크게야 부를 수 있나. 몹쓸 놈의 성명도 있다. 할

일없이 불러보자. "아버지야!" 방자 놈이 썩 나서며 "우애." 도련님 기가 막혀 "천하의 몹쓸 놈아, 이닥지도 몹시 속이느냐? 장난 말고 어서 가자."

방자가 다 같은 총각의 몸으로 도령을 모시고 춘향의 집을 찾 아가자니 심술이 났음이리라. 도령을 골려 주고 싶은 생각에 부르 기에 고약한 이름을 대어 그 이름을 부르게 한 것이다. 방자 놈은 상놈의 주제에 자기는 변명역성(變名易姓)도 안 된다면서, 양반댁 도 령으로 하여금 자기를 다른 말도 아닌, "아버지"라고 부르게 함으 로 망신을 준 것이다. 그러니 "내 일 바빠 한댁 방아"라 하지만 도령의 체면은 말이 아니게 구겨졌다. 이에 대해 방자 녀석은 물 론 환호작약을 하고... 이는 가면극도 아닌, 우리의 대표적 고소설 인 춘향전의 묘사다. 이를 보면 조선조(朝鮮朝)의 양반에 대한 상민 (常民)들의 원망과 질시는 대단했던 모양이다.

보리 뿌리 맥근맥근, 오동 열매 동실동실

"식은 밥이요, 먹은 묵이라, 묵은 풋나물이요, 쓰던 숯섬이라."라 는 것은 표면적인 의미만이 아니요, 숨은 뜻을 지닌, 중의법(重意法) 을 활용한 노래다. 여기서 숨은 뜻이란 "식(食)은 밥이요, 먹은 묵 (墨)이라"는 것이요, "풋나물"은 봄에 새로 난 나물, 청채(青菜)인데 그것이 묵은 나물 진채(陣菜)이며, "숫섬"은 손대지 않은 깨끗한 섬인데, 그것을 이미 사용한 숯섬이라고 한 역설적 표현이 그것이다.

우리 시조에는 이러한 동음어를 활용한 중의법(重義法), 내지 역설법에 의한, 재미있는 곁말의 노래가 있다. "보리 뿌리 맥근맥근"으로 시작되는 작자 미상의 시조가 그것이다.

> 보리 뿌리 麥根麥根(맥근맥근) 오동 열매 桐實桐實(동실동실)
> 묵은 풋나무 쓰던 숫섬이오, 적은 大棗(대조), 젊은 老松(노송)이라.
> 九月山中(구월산중) 春草綠(춘초록)이요, 五更樓下(오경루하) 夕陽紅(석양홍)인가 하노라.

이 시조의 초장 "보리 뿌리"는 한자말로 "맥근(麥根)"이면서 동시에 "매끈매끈" 매끄럽다는 것이요, "오동 열매"는 한자말로 "동실(桐實)"이면서 "동실동실" 둥글다는 의미를 나타낸다. 중장의 "풋나무"는 마르지 않은 생나무를 나타내는 말인데 이것이 오히려 묵은 나무이며, "숫 더미"는 사용하지 않은 것인데 사용을 한 "숯섬"이고, 대추는 본래 작은 것인데 오히려 큰 대자를 쓰는 대조(大棗)라 하고, 노송(老松)은 늙은 소나무인데 젊은 "편백나무" 노송을 가리켜 사물과 이름이 합치되지 않는 역설적 사실을 노래한 것이다. 종장은 황해도 "구월산"에는 봄풀이 파랗고, "오경루"란 누각에는 석양빛이 붉다고 노래한 것이다. 그런데 이는 가을인 9월에 봄풀이 파랗고, 새벽인 오경(五更)에 누대 아래 석양이 붉다고 역설적인 시상이 되고 있다. 따라서 이는 기지에 의한 지적 시인가 하면, 무의미한 말장난을 한 시라 하겠다. 말은 이렇게 뜻을 드러내는가 하면, 단순한 오락적 어희에 머물게도 한다.

이에 대해 황진이(黃眞伊)가 벽계수(碧溪守)를 시험한 것으로 알려지는 유명한 중의법의 시조가 있다. 서유영(徐有英)의 『금계필담』에 의하면 종실 벽계수와 황진이의 일화는 이렇게 되어 있다. 벽계수는 황진이가 미모와 기예가 뛰어나다는 명성을 듣고 그녀를 한번 보고자 하였다. 그러나 풍류명사가 아니고는 그녀를 만날 수 없어 손곡 이달과 의논하였다. 손곡은 이렇게 권했다. 말을 타고 소동(小童)에게 거문고를 지워 뒤따르게 한 뒤 진이네 집 앞을 지나 누대로 올라가라. 누대에 올라서는 거문고 한 곡을 타라. 그러면 진이가 나타날 것이다. 그녀가 나타나도 거들떠보지 말고 취적루로 올라가라. 만약 취적루(吹笛樓)에 올라갈 때까지 뒤를 돌아보지 않으면 성공할 것이다. 그래서 벽계수는 조언대로 하였다. 과연 진이가 나타났고, 그녀는 예의 "벽계수" 시조를 창으로 읊었다.

青山裏(청산리) 碧溪水(벽계수)야 수이 감을 자랑 마라.
一到滄海(일도창해) 하면 돌아오기 어려오니
明月(명월)이 滿空山(만공산)하니 쉬어 간들 어떠리.

이에 벽계수는 진이의 아름다운 목소리를 듣고 그냥 갈 수 없어 돌아보다가 말에서 떨어졌다. 그러자 진이는 벽계수를 보고 웃으며, "이 사람은 명사가 아니라, 한낱 풍류랑(風流郎)에 불과하다."라며 되돌아갔다.

"청산리 벽계수야" 시조는 이러한 배경을 지닌다. 이 시조의 "벽계수"는 푸른 시냇물 벽계수(碧溪水)와 종실 벽계수를 아울러 가리킨다. "명월"은 밝은 달과 함께 진이 자신을 이른다. 그의 기명이 "명월"이기 때문이다. 그래서 이 시조는 외형상 "벽계수야 부지런히 창해를 향해 가지 말고 밝은 달과 더불어 쉬어 가라"는 노래다. 그러나 그 내면은 "벽계수야, 천하명기 황진이가 여기 있으니 쉬어 가라"고 한 것이다. 미모의 진이가 고운 목소리로 은근한 유혹의 노래를 불렀으니 벽계수가 낙마함은 오히려 당연하다 하겠다. 그리고 벽계수가 낙마하는 것을 보고 명사가 아닌 한낱 풍류랑에 불과하다고 돌아서는 진이는 확실히 천하명기답다. 노래에 취해 낙마할 정도의 풍류객이라면 진이의 상대는 못 된다. 동가식서가숙(東家食西家宿)하는 천기나 상대 할 일이다. 진이는 이만한 인물이기에 박연폭포와 화담(華潭)과 더불어 스스로를 "송도삼절(松都三絶)"이라 하였다 하여 자고로 시비하는 사람이 없다.

송이 같은 것은 무엇인지?

다음에는 비유에 의한 곁말을 보기로 한다. 이는 『진담록』에 전하는 것으로, 자못 위트가 있는 비유의 표현이다.

어떤 자가 청루에서 놀더니 이야기 끝에 노여움을 사 깡패들에게 장차 얻어맞을 지경에 이르렀다. 가히 벗어날 만한 책략이 없어, 곧 탄식하며 냉소하여 말하였다.

"나는 지극히 천한 자이다. 너희가 반드시 나를 치고자 할진대는 차라리 스스로 너희의 신(腎)을 칠지니라."

세인들은 흔히 좋지 않고 천한 것을 "×(腎) 같은 것"이라 한다. 그리고 그러한 사람을 "× 같은 놈"이라 한다. 여기서는 봉변을 당할 처지가 되자 스스로를 "× 같은 놈"으로 비하하여 자기를 치려면 스스로의 신(腎)을 치는 것이 낫다고 한 것이다. 아마도 이 말뜻을 알아듣는 사람이라면 "× 같은 놈"인 상대방을 치지는 않을 것이다. 친다고 하더라도 상대방이 제 신(腎)을 치니 본인에겐 피해가 없을 것이고.. 이는 기발한 비유로 위기를 면한 결말이다.

이와는 달리 비유에 의해 주인이 무안을 당한 우스개도 있다. 이는 부묵자의 『파수록』에 수록된 이야기다.

주인이 손님을 맞아 여종에게 이렇게 일렀다.

"귀한 손님이 오셨으니 안에 들어가 여쭈어 송이 같은 것과 영계 같은 것과 함께 술을 걸러 가져 오너라."

여종이 안에 들어갔다 나오더니 사랑에 이렇게 고하였다.

"아씨께서 영계 같은 것은 꿩이거니와, 송이 같은 것은 무엇이냐고 하십니다.”

　주인이 그 말을 듣고 부끄러움을 이기지 못하였다.

　둔한 사람은 왜 이것이 우스개가 되고, 주인이 부끄러워했는지 모를 수도 있다. 조금 고차원의 유머이기 때문이다.

　이 이야기에서 주인은 “송이 같은 것”과 “영계 같은 것”으로 송이나 영계 따위(等屬)를 말한 것인데, 주인아씨는 곧이곧대로 이를 비유로 받아들여 외설적 응대를 한 것이다. 곧 주인은 딴 생각 없이 “송이 같은 것과 영계 같은 것”으로 “송이나 영계 따위”를 안주로 마련하여 술을 내어오라 한 것이다. 그런데 주인아씨는 “같다”는 비유에 초점을 맞추어 “영계 같은 것”은 “꿩”인데, “송이 같은 것”은 무엇이냐고 자못 음란한 비유적인 말로 여종을 통해 사랑에 물어온 것이다. 흔히 “송이”는 남근의 상징으로 비유한다. 그러니 정숙해야 할 양반댁 아가씨가 손님도 계신 사랑에 “송이 같은 것은 무엇인지?”라고 물어왔으니, 주인이 부끄러움을 이기지 못했을 것임은 가히 짐작하고도 남는다. 이에 파수록의 저자 부묵자는 이렇게 평언을 붙이고 있다. “부묵자 가로되, 슬프도다. 어찌 감히 음란한 말씨로 그 장부를 희롱할까보냐? 이와 같이 해서 능히 그 집을 거느리는 자를 보지 못하였다.” 그러나 과연 부묵자의 말처럼 양반집 아씨가 부군을 희롱하기 위한 말이었는지, 아니면 정말로 몰라 여쭙는 말이었는지는 좀 생각해 볼 문제인 것 같다.

22. '뺑덕어멈 같다'는 것은 어떻게 생긴 걸까?

고약한 뺑덕어멈의 행실

중국 사람은 과장을 잘 한다고 한다. 그러나 우리도 만만치 않다. 대표적인 과장 표현의 인물 묘사로는 '흥부전'의 놀부, '장화홍련전'의 계모 허 씨, 그리고 '심청가'의 뺑덕어멈을 들 수 있을 것이다. 흥부전의 놀부는 심사가 못 되었다는 것이고, 계모 허 씨는 그 생김이 흉물스럽다는 것이다. 이에 대해서는 앞에서 살펴본 바 있다(p.215 참조). 이에 여기서는 심청가에서 과장 표현을 하고 있는 뺑덕어멈의 행실을 보기로 한다.

> 이때 마침 뺑덕어미라 하는 계집이 있어 행실이 괴악(怪惡)한데, 심봉사의 가세(家勢) 넉넉한 줄 알고, 자원하고 첩이 되어 심 봉사와 사는데, 이 계집의 버릇은 아주 인중지말(人中之末)이라. 그렇듯 어둔 중에도 심 봉사를 더욱 고생되게 가세를 절단 내는데 쌀을 주고

엿 사먹기, 벼를 주고 고기 사기, 잡곡을랑 돈을 사서 술집에 술 먹기와, 이웃집에 밥 부치기, 빈 담뱃대 손에 들고 보는 대로 담배 청하기, 이웃집을 욕 잘하고, 동무들과 쌈 잘 하고, 정자 밑에 낮잠 자기, 술 취하면 한밤중 긴 목 놓고 울음 울고, 동리 남자 유인하기, 일 년 삼백육십일을 입 잠시 안 놀리고는 못 견디어, 집안의 살림살이를 홍시(紅柿)감 빨듯, 홀짝 없이 하되,...

뺑덕어멈의 행실이 '고약하다'는 데 초점이 맞추어진 과장 표현이 놀부의 행실과 사뭇 다르다. '뺑덕어멈 같다'는 비유나 속담은 '심청전'의 표현에 의하면 '행실', 또는 '버릇'이 좋지 않다는 것을 비유적으로 나타내는 것이다. 사실 '뺑덕어멈'은 흥부전의 '놀부'와 같이 심사가 고약하거나, 행실이 못 된 것은 아니다. 그녀의 행실은 다만 '심청전'의 표현처럼 '인중지말'이라 하나, 악종은 아니고, 고약할 뿐이다. 그것도 그런 느낌을 나타내고자 과장법을 쓴 감화적 표현에 불과하다.

그런데 한 속담사전은 '뺑덕어멈 같다'란 속담에 대해 '소설 심청전에 나오는 말이니, 수다스럽고 못 생긴 여편네를 뜻함.'이라 풀이하고 있다. 이 풀이는 조금 이상하다. '수다스럽다'는 것은 소설 속의 표현 '일 년 삼백육십일을 입 잠시 안 놀리고는 못 견디어'라 되어 있어 수긍이 가나, '못 생긴 여편네'라는 근거는 보이지 않기 때문이다. 이는 '심청전' 아닌, 신재효의 심청가가 보여준다.

빵덕어미라는 홀어미가 있는데, 생긴 형용, 하는 행실 만고 사기
(史記) 다 보아도 짝이 없는 사람이라. 인물을 볼작시면 백등칠일(白
登七日) 보냈으면 목돌정병(冒頓精兵) 풀 터이요, 육궁분대(六宮粉黛)
가 보았으면 무안색을 하겠구나. 말총 같은 머리털이 하늘을 가리키
고, 됫박이마, 횃 눈썹에 움푹 눈, 주먹코요, 메주 볼, 송곳 턱에 써
레니 드문드문, 입은 큰 궤 문 열어 논 듯하고, 혀는 짚신짝 같고, 어
깨는 키를 거꾸로 세워 논 듯, 손길은 소댕을 엎어 논 듯, 허리는 짚
동 같고, 배는 폐문(閉門) 북통만, 엉덩이는 부잣집 대문짝, 속옷을
입었기로 거기는 못 보아도 입을 보면 짐작하고, 수종다리, 흑각(黑
角) 발톱, 신은 침척(針尺) 자가웃이라야 신는구나.

　　이것이 신재효의 심청가에 보이는 '빵덕어멈'의 모습이다. 용모
와 신체발부가 다 정상이 아니다. 괴기한 추물이다. 이는 비유와
과장을 통해 형상화되고 있다. '빵덕어멈'은 장화홍련전의 허 씨와
쌍벽을 이룰 추녀라 할 만하다. 따라서 심청가의 묘사로 '빵덕어
멈 같다'란 속담의 '빵덕어멈'이 '못 생긴 여편네'라는 것이 증명
된다. 그런데 문제는 심청가에는 '수다스럽다'는 표현이 보이지 않
는다. '빵덕어멈 같다'는 속담이 '수다스럽고 못 생긴 여편네'를
나타내기 위해서는 심청전과 신재효의 심청가가 아울러질 때 비로
소 필요충분(必要充分) 조건이 된다. '빵덕어멈 같다'는 '심청전'과
심청가를 바탕으로 이루어진 속담이라 할 것이다.

요내 배는 나룻밴지

다음에는 소위 육담(肉談)이라 할 다소 외설적인 민요를 보기로 한다. 이는 "한국 구연민요"에 전하는 것으로 논다니의 서글픈 신세가 비유에 의해 여실히 표현되어 있다.

배꽃일세, 배꽃일세.
큰 애기 얼굴이 배꽃일세.
얼씨구나 야라야라 절씨구나도 깽마챙챙
얼싸 절싸 지화자 멋이 들어오누나.
흥기 당기 당기당기 당다라꿍이야.

요내 배는 나룻밴지
이놈도 집어타고 저놈도 집어타누나.
얼씨구나도 야라야라 절씨구나도 야라야라
얼싸 절싸 지화자 멋이 들어오누나.
얼씨구나도 야라야라 절씨구나도 야라야라
얼싸 절싸 지화자 멋이 들어오누나.
흥기 당기 당기당기 당다라꿍이야.

요내 손목은 대동문 걸쇤지
이놈도 잡아보고 저놈도 잡아보누나.
얼씨구나도 야라야라 절씨구나도 야라야라
얼싸 절싸 지화자 멋이 들어오누나.
흥기 당기 당기당기 당다라꿍이야.

요내 입은 술잔이지
이놈도 빨아보고 저놈도 빨아보누나.
얼씨구나도 야라야라 절씨구나도 야라야라
얼싸 절싸 지화자 멋이 들어오누나.
흥기 당기 당기당기 당다라꿍이야.

　　이는 제목이 "배꽃타령"으로 되어있는 잡가와 흡사한 4절의 민요다. 그러나 내용은 앞에서 언급한 바와 같이 논다니의 생활상을 비유의 형식을 빌어 읊은 것이다. 1절은 여인이 배꽃에 비유되어 있고, 2절의 여인의 "배(腹)"는 나룻배(渡船)에, 3절의 손목은 대동문(大同門) 걸쇠에, 4절의 입은 술잔에 비유되어 있다. 그리고 인개가절(人皆可折)의 꽃이어 이놈도 저놈도 주인의 마음과는 상관없이 제 것인양 즐긴다. 행화촌의 여인, 또는 사당패의 여인의 퇴폐적이면서, 서글픈 생활상이 가슴을 아프게 하는 장면이다. 그러나 많은 의성어와 감탄사의 사용은 현실을 수용하며, 그런대로 긍정적인 삶을 구가하는 것으로 되어 있다. 그러기에 사실은 노래를 듣거나, 이를 읽는 사람으로 하여금 더 안쓰럽게 한다.

　　이 "배꽃타령"은 말이 속되어 책에 실을 수 없다(詞俚不載)는 고려속요를 떠올린다. 특히 이 작품은 "쌍화점(雙花店)"을 패러디한 것 같다. "쌍화점"에서는 쌍화점에 가면 회회(回回) 아비가, 삼장사(三藏寺)에 가면 그 절 사주(社主)가, 우물에 가면 우물 용이, 술파는 집에 가면 그 지아비가 손목을 잡는다. 그리고는 잠자리에 간다.

전혀 싫다는 기색도 없다. 다만 자고 난 자리가 울적하다고만 하고 있다. 당시에는 성이 이렇게 문란하였고, 또 이러한 육담(肉談)을 즐겨 했던 것으로 보인다. 참고로 쌍화점의 제2련을 여음(餘音)을 빼고 보면 다음과 같다.

三藏寺(삼장사)애 불혀라(불 켜러) 가고신딘(갔더니)
그 뎔 社主(사주)ㅣ 니 손모글(손목을) 주여이다(쥐더이다).
이 말ᄉ미(말씀이) 이 뎔(절) 밧긔(밖에) 나명들명(나면)
죠고맛간(조그마한) 삿기(새끼) 上佐(상좌)ㅣ 네 마리라(말이라) 호리라.
그(그) 자리에 나도 자라 가리라.
그 잔 티 ᄀ티(같이) 덦거츠니(덤거츤 것이) 업다(없다).

강물이 피가 되어 적벽강이 적수강

엄숙한 죽음을 익살스러운 곁말로 희화한 표현도 있다. 이러한 죽음의 희화화는 신재효의 '적벽가'와 '변강쇠가'에 보인다.

먼저 '적벽가'의 사설부터 보기로 한다. 여기에는 우선 조조(曹操)의 군사들이 죽기 전의 전장 상황이 의성어 및 의태어에 의해 익살스럽게 표현되고 있다.

바람은 불을 쫓고, 불은 바람을 쫓아 화렬풍맹(火烈風猛) 급한 형세 조조(曹操)의 수만 전선(戰船) 연환(連環)이 굳었으니, 저 어디로 도망하리? 좌편에는 … 우편에는 …, 한 가운데 오는 것은 주유(周瑜),

정보(程普), 서성(徐盛), 정봉(丁奉), 사면으로 달려들 제 텅텅 연주포(砲), 뙤뙤 천아성(天鵝聲), 둥둥 뇌고(擂鼓) 소리, 쨍쨍 징소리, 번듯번듯 장창(長槍), 환도(環刀), 휘딱휘딱 쇠도리깨, 핑핑 오는 살 소리, 훨훨 붙는 불 소리, 우주가 바뀌고 벽력이 진동하니 조조의 백만 대병 각색으로 다 죽는다.

이는 백만 대병이 각양각색으로 죽게 되는 적벽대전의 모습을 많은 의성·의태어를 써서 묘사한 것이다. 따라서 피비린내 나는 전장 같지 않다. 오히려 유희장(遊戲場) 같이 흥성스럽게까지 느끼게 한다. 그래서 다음에 이어지는 죽음이 비참한 것이 아니라, 오히려 익살스러운 표현이 되게 하였다. 희화한 죽음은 다음과 같다.

불 속에서 타서 죽고, 물속에 빠져 죽고, 총 맞아 죽고, 살 맞아 죽고, 창에 죽고, 밟혀 죽고, 눌려 죽고, 엎어져 죽고, 자빠져 죽고, 기막혀 죽고, 숨 막혀 죽고, 창(腸) 터져 죽고, 등 터져 죽고, 팔 부러져 죽고, 다리 부러져 죽고, 피 토하여 죽고, 똥 싸고 죽고, 웃다가 죽고, 뛰다 죽고, 소리 지르다 죽고, 달아나다 죽고, 앉아 죽고, 서서 죽고, 가다 죽고, 오다 죽고, 장담하다 죽고, 부기(浮氣) 쓰다 죽고, 이 갈며 죽고, 주먹 쥐고 죽고, 죽어 보느라 죽고, 재담(才談)으로 죽고, 하 서러워 죽고, 동무 따라 죽고, 수 없이 죽은 것이 강물이 피가 되어 적벽강이 적수강(赤水江) 군장복색(軍裝服色) 다 타진다.

여기 반복·열거된 죽음은 눈물을 자아내게 한다기보다 다양한 죽음을 익살스럽게 수용하게 한다. 사실 '웃다가 죽고, 죽어 보느라 죽고, 재담으로 죽고'와 같은 것들은 죽음을 희화화한 것이다. 이렇게 반복적 열거는 운율을 자아내고, 비참한 현실까지 희극적 장면으로 바꾸어 놓는다. 이러한 희화화는 유비의 한실(漢室) 위주의 삼국지에서 조조 군사의 죽음이고 보니 희화화한 면도 있다 할 것이다.

다음은 '병강쇠가'의 죽음에 대한 묘사다. '변강쇠가'는 천하잡놈 변강쇠와 천하의 음녀(淫女) 옹녀(雍女)의 애정사를 그린 것이다. 옹녀는 음녀로 악명이 높지만 사실은 중국 춘추시대의 월 나라 미녀 서시(西施)와 주 나라의 미녀 포사(襃似)라도 따를 수 없는 미인으로 형상화된 여인이다. 이 여인은 청상살이 겹쳐 상부(喪夫)를 '징글징글하고도 지긋지긋하게' 하였다. 그래서 그녀는 스스로도 괴로웠겠지만, 30리 안팎에 상투 올린 사나이는 고사하고, 열다섯 넘은 총각도 없어, 이러다간 여인국이 되겠다고 황해 평안 양도에서는 공론하여 그녀를 타 지경으로 축출하였다. 죽음의 묘사란 이때의 상부 장면 묘사다. 이것이 여기서는 반복·열거가 아니라, 유의어에 의해 다양하게 표현되고 있다.

열다섯에 얻은 서방 첫날밤 잠자리에 급상한(急傷寒)에 죽고, 열여섯에 얻은 서방 당창병(唐瘡病)에 튀고, 열일곱에 얻은 서방 용천병에 펴고, 열여덟에 얻은 서방 벼락 맞아 식고, 열아홉에 얻은 서방 천하의 대적(大賊)으로 포청(捕廳)에 떨어지고, 스무 살에 얻은 서방 비상 먹고 돌아가니 서방에 퇴가 나고, 송장 치기 신물 난다.

이렇게 상부(喪夫)한 것을 '죽고, 튀고, 펴고, 식고, 떨어지고, 돌아가니'와 같이 다양한 유의어를 열거함으로 희화한 것이다. 따라서 여기서도 죽음이 슬픔이나, 상부한 데 대한 동정심을 자아내게 하는 것이 아니라, 그 장면을 웃고 즐기게 하고 있다.

영락이 아니면 송낙

이번에는 동음어, 그것도 어말음이 같은 부분 동음어에 의한 곁말을 보기로 한다. '조금도 틀리지 않고 맞는다'는 뜻의 '영락업다'의 '영락'은 곧잘 곁말로 쓰인다. 흥부전에는 다음과 같은 장면이 보인다.

> "저기 저분은 어대 사시오?"
> 그놈이 대답하는 말이,
> "나 왕골 사오."
> " 아니, 왕골 사다가 자리를 매려 하오?"
> "아니요, 내 집이 왕골이란 말이오."
> 군평이 내달아 새김질 하는 말이,
> "예, 옳소 이제야 알아듣겠소 왕골 산다하니 임금 왕(王)자, 고을 곡(谷)자이니, 동관 대궐 앞에 사나 보오."
> "예, 옳소 영낙이 아니면 송낙이오."

놀부가 아홉째 박을 탄 뒤에 밀거니, 뛰거니 하고 나온 왈짜들이 거주를 묻고, 답하는 대목이다. 여기에 '틀림이 없다'는 '영락없다'가 '영낙이 아니면 송낙이오'라 곁말로 표현되었다. '영락(零落)'은 본래 잎이 시들어 떨어지는 것을 뜻하는 말이나, 여기에 '없다'가 붙어 '틀림없다', '조금도 틀리지 않고 꼭 들어맞다'를 뜻하는 형용사를 이룬다. 그런데 여기서는 '영락'에 '없다' 아닌, '송낙'이란 말을 활용하여 '틀림없다'는 뜻을 나타내는 곁말로 쓰고 있다.

'송낙'은 송라립(松蘿笠)으로 소나무겨우살이로 만든 중이 쓰는 모자다. '송낙'이 '영락'에 이어져 쓰인 것은 어말음이 같을 뿐 아니라, 동음어인 구슬을 꿴 장식품 '영락(瓔珞)'을 연상함에 의해서라 할 수 있다. '영낙이 아니면 송낙'이란 말은 '영락없다'란 단조한 표현을 시적 표현으로 바꾸어 놓는다. 따라서 남원고사에도 한량(閑良)의 말로, '영낙이 아니면 송낙이라'라 한 것이 보이고, 고본 춘향전에는 최 패두의 말로, '영락이 아니면 숙락인 줄 아느냐?'라 한 것이 보인다. 이 밖에 '봉산탈춤' 제4과장에 '영락이 아니면 송락이라'도 보인다. 이처럼 이 곁말은 관용어처럼 즐겨 쓰여 익살스러운 표현효과를 드러낸다.

그러면 끝으로 '송낙'의 이야기가 나온 김이니, '송낙'과 관련이 있는 해학적 시조 한 수를 보기로 한다.

중놈도 사람인양 하여 자고 가니 그립더라.
중의 송낙 나 베옵고, 내 족도리 중놈 베고, 중의 長衫(장삼) 나 덥

삽고, 내 치마란 중놈 덥고 자다가 깨달으니 둘의 사랑이 송낙으로
하나, 족도리로 하나
　이튿날 하던 일 생각하니 흥글항글 하여라.

　이는 '청구영언'에 전하는 작자 미상의 사설시조다. 이 시조의
밑바닥에는 중을 능멸하는 작자의 의식이 깔려 있다. 그러나 여인
은 중과 사랑을 나누었다. 그리고 이튿날 사랑을 나누던 일을 생
각하며, 마음을 걷잡지 못한다. 남녀 관계란 이해하기 어렵고 묘한
것이다. 그리고 '육욕(肉慾)의 기탄없는 영발(詠發)'은 사설시조의 특
징이다. 이는 앞에서 본 바와 같이 시대적으로 위로는 고려속요에,
아래로는 광대의 사설에 이어지는 것을 볼 수 있다.

23. 살이 진다 살구나무

집구석이 콩가루 집안이 돼서

가면극에는 오광대(五廣大), 또는 야유(野遊)라는 것이 있다. 이는 산대도감극의 영남형(嶺南型)에 속하는 것이다. 이 오광대 가운데 "가산(駕山)오광대"가 있는데 여기에는 다음과 같은 대사가 보인다.

영감: 집구석이 분잡한 것을 보니 판을 갈아야겠다.(트집을 잡는다.)
할미: 웬 판을 갈르요?
영감: 다 내 시키는 대로 해라.
할미: 가를 게 뭐 있소?
영감: 살림을 갈라야겠다.
할미: 살림을 가르면 우리 마당쇠 주지, 누가 갖노?
영감: 저 주름재 논 서 마지기는 마당쇠 주고
할미: 또?
영감: 저 밑에 개똥 논 서마지기는 우리 서울댁 주고

할미 : (어처구니 없다는 듯) 안 돼. 안 돼, 그 거는.

영감 : 안 되면 우짤끼고?

할미 : 전부 다 우리 마당쇠 줘야 될 끼요

영감 : 안 된다, 안 돼. (화를 버럭 내고) 이 집구석 어른 시키는 대로 안 하는 것 보니 집구석 콩가루 집안이 돼서 안 되겠다. 땅땅 때리 뿌사 버려야겠다. (영감 지팡이로 집안 살림을 부수기 시작한다.)

할미 : (놀라서 말리며) 아이고, 와 이러네, 와 이래? 아이고 영감, 영감.

이 대목은 가면극의 주요한 주제의 하나인 남녀 간의 갈등을 그린 것이다. 영감이 서울 댁을 첩으로 들이니 할미가 시샘을 하게 되고, 그러니 집안이 시끄럽다고 트집을 잡아 살림을 가르자고 하는 것이다.

그런데 여기에 쓰인 "집구석 콩가루 집안이 돼서 안 되겠다." 한 것이 곁말이다. 이것은 잎에 인용한 영감의 맨 처음 대사 "집구석이 분잡한 것을 보니"의 "분잡"을 에둘러 표현한 것이다. 곧 "콩가루"는 "분잡(紛雜)"을 비유한 곁말이다. 이는 "콩"에 의미상 초점이 놓여 있는 것이 아니라, "가루"에 초점이 놓여 있다 하겠다.

"가루"는 한자말로 "가루 분(粉)"자의 "분(粉)"이다. 말이 많고 시끄러운 것을 "분분(紛紛)하다"고 한다. 또 여러 사람의 의논이 일치하지 아니하고 이러니 저러니 하여 부산한 것"을 "분운(紛紜)"이라고 한다.

"분분"이나, "분운"의 "분(紛)"자는 "가루 분(粉)"자가 아니요, "어지러울 분(紛)"자이다. 그러나 여기서는 "어지러울 분(紛)"과 "가루 분(粉)"을 동음임으로 해서 어지러운 것에 빗대어 표현한 것이다. 또한 가루가 펄펄 날리는 것은 말이 많고 시끄러운 분분한 상황과 비슷하기도 하다. 그래서 전용된 것이다.

따라서 "콩가루 집안"이란 "분분(紛紛)한 집안", 또는 "분운(紛紜)한 집안"임을 나타내는 비유적 곁말이다. 이렇게 곁말은 노골적으로 드러내지 아니하고, 은근히 돌려서 표현하는 묘미도 지닌다.

살이 진다 살구나무

다음에는 동음어에 의한 민요를 보기로 한다. 이는 평안도 운산(雲山) 지방에 전하는 "나무타령"이다.

오다가다 오동나무
가다오다 가둑나무
십리 절반 오리나무
소가 간다 소나무
개가 간다 개살구나무
거짓 없다 참나무
칼로 찔러 피나무
발발 떠는 사시나무
배 아프다 배나무

배고프다 시당나무
젖 먹어러 젓나무
살이진다 살구나무
떡 먹어라 시당나무
캄캄하다 밤나무
방구 뀐다 뽕나무
무서워라 옻 나무

이 "나무터령"은 크게 두 가지 기법을 쓰고 있다 하겠다. 그 하나는 앞의 사설과 같은 음으로 시작되는 나무를 노래하는 것이요, 다른 하나는 앞의 사설과 관련이 있는 나무 이름을 노래하는 것이다. "오다가다 오동(梧桐)나무, 가다오다 가둑나무(樗木), 소가 간다 소나무(松木), 개가 간다 개살구나무(假杏木), 배 아프다 배나무(梨木), 젖 먹어러 젓나무(橵木), 살이진다 살구나무(杏木)"는 사연과 어두음이 같거나 비슷한 나무 이름을 결부시켜 노래한 것이다. 따라서 운율적 효과를 드러낸다. '살이 지다'는 살이 오르다를 뜻하는 '살이 찌다'를 뜻한다. 이에 대해 "십리 절반 오리나무(赤楊), 거짓 없다 참나무(橡木), 칼로 찔러 피나무(椵木), 발발 떠는 사시나무, 배고프다 시당나무(시장나무), 떡 먹어라 시당나무, 캄캄하다 밤나무(栗木), 방구 뀐다 뽕나무(桑木), 무서워라 옻나무(漆木)"는 앞의 사설과 의미상 관련이 있는 나무 이름을 연결시킨 것이다. 이렇게 함으로 기지, 해학, 풍자가 드러난다. 곁말을 사용함으로 나무 이름 하나도 단순한 나무 이름 이상의 표현 효과를 드러내게 된다.

일신이 고단키로

다음에는 어두음에 의한 곁말을 보기로 한다. 이는 신재효의
'변강쇠가'에 보이는 것으로, 수요(數謠)에 해당한 것이다. 그러나
이는 장타령에서 볼 수 있는 것과 같이 숫자를 들고 어두음을 반
복하는 것이 아니라, 곧바로 수를 열거하는 형식을 취하고 있다.
따라서 운율성은 덜하다 하겠으나, 거칠 것이 없어 시원스럽게 넘
어가는 맛이 있다.

> 애고애고 설운지고, 이 내 신세 가긍하다. 일신(一身)이 고단(孤單)
> 키로, 이십(二十)이 바로 넘어 삼남(三南)을 찾아보니 사고무친(四顧
> 無親) 객지로다. 오행(五行) 궁합(宮合) 좋다기에 육례(六禮) 없이 얻
> 은 낭군 칠차(七次) 상부(喪夫) 또 당하니 팔자(八字) 그리 험궂던가.
> 구곡간장(九曲肝腸) 이 원통을 시왕전(十王前)에 아뢰고자. 애고애고
> 설운지고...

공자는 그의 논어의 위정편(爲政篇)에서 그의 일생을 이렇게 표현
하고 있다.

> 오십유오이지우학(吾十有五而志于學)하고, 삼십이립(三十而立)하고,

사십이불혹(四十而不惑)하고, 오십이지천명(五十而知天命)하고, 육십
이이순(六十而耳順)하고, 칠십이종심소욕(七十而從心所欲)하여 불유
구(不踰矩)니라.

그는 나이 열다섯에 학문에 뜻을 두고, 서른에 뜻을 세웠고, 마
흔에 세사에 미혹되지 않았고, 쉰에 천명을 알았으며, 예순에 남의
말이 쉽게 이해되었고, 일흔에 마음 내키는 대로 하여도 법도에
어긋남이 없었다는 것이다. 여기서도 15, 30, 40, 50, 60, 70과 같
이 숫자를 나열하여 일생을 설명하고 있다. '변강쇠가'의 '애고'
사설도 옹녀가 칠차 상부를 당하기까지 그것도 변강쇠와의 인연을
어두움이 1, 2, 3, 4, 5, 6, 7, 8, 9, 10과 같은 숫자로 된 말을 나
열함으로 간략하게 표현한 것이다. 간결성이 있다.

이는 프레임 이미지(frame image)라 하여 추상적 사실을 어떤 외
형적인 형식을 제시함으로 좀 더 구체적으로 기술하는 표현 양식
과 같은 것이라 하겠다. 곧 우리는 우리 국토 한반도를 설명할 때
'한반도는 토끼 모양으로 생겼으며, 그 머리 부분이 함경도요, 앞
발이 평안도, 뒷발이 전라도며, 꼬리 부분이 경상도다.'라 함으로
쉽게 그 지형을 머릿속에 그리고, 이해하게 한다. 이렇듯, 옹녀(雍
女)의 가엾은 신세는 숫자를 늘어놓아 얼거리를 만들어 줌으로 보
다 쉽게 간추려지게 하였다. 따라서 이는 재담(才談)인 동시에 좋은
표현 기법이라 할 수 있다.

내 성은 소 축(丑)자에 꼬리 있고

다음에는 파자에 의한 곁말을 보기로 한다. 파자에 의한 곁말은 여러 가지가 있다. 어희도 있고, 수수께끼도 있고, 파자점(破字占)도 있다. 여기서는 통성명하는 파자의 어희를 보기로 한다. 파자에 의한 통성명은 흥부전과 심청가 등에 보인다. 여기서는 신재효의 심청가에 보이는 통성명의 전반부를 보기로 한다.

심 봉사가 뺑덕 어미와 같이 황성(皇城) 맹인 잔치에 올라가다가 정자 아래에 봉사들이 많이 모여 있다는 뺑덕 어미의 말을 듣고, 심 봉사는 수인사(修人事)하러 정자 아래로 간다. 이때의 통성명이 파자와 곁말로 이루어져 있다.

"내 성은 남주월(南走越) 북주호(北走胡)란 달릴 주(走) 변에 요지 자(堯之子) 불초(不肖), 순지자(舜之子) 불초(不肖)란 같을 초(肖)하고, 이름은 얻을 득(得), 문 문(門)이오"

"예, 당신은 조득문(趙得門)이시오"

"예, 그러하오."

"내 성은 소 축(丑)자에 꼬리 있고, 임금 군(君)에 입이 없고, 이름은 밝을 명(明), 점 복(卜)자요."

"예, 당신은 윤명복(尹明卜)이오."

"예, 그러하오."

"저 분은 뉘라시오?"

"내 성은 갓 쓰고 치마 입은 자요 이름은 읽을 독(讀), 글 경(經)자요"

"예, 당신은 안독경(安讀經)이신가 보"

"예, 그러하오."

옷깃차례로 물어 오니 심 봉사께 당했구나. 이녁 성자(姓字) 생각하니 파자를 할 수 없어 유식발명(有識發明) 어렵거든. 거짓말로 꾸미는데, 가기의기방(可欺宜其方)되는구나.

"근본 내 성은 잠길 침(沈)자. 아래 하(下)자 하(下) 서방과 사돈을 하였더니, 사돈이 하는 말이 제 성은 핫뼐이요, 내 성은 넉 점이라, 점 하나만 달라 하고 밤낮으로 졸라대니 어쩔 수 없이 오른 편 찍힌 점을 떼어 사돈 주었더니, 그 사람은 변(卞)가가 되고 이름 자는 꿇고 앉은 자하고, 간대에 새 매단 자요"

"예, 잠길 침(沈)자에 오른 편 점을 떼었으면 심(沈)씨요, 꿇고 앉으면 학(鶴)자요, 간 대에 새를 달면 아홉 구(九)자니, 당신이 심학구(沈鶴九)요"

"아는 품이 용하시오."

통성명이 이와 같이 파자와 곁말로 되는 것을 작자는 "봉사라는 게 의뭉하여 못 알아듣게" 말하는 때문이라 하였다. 그리하여 유식한 봉사가 하나 옆에 앉아 풀이를 하는 것이다. 그러나 그것은 그렇다 하더라도 이는 역시 청중이나 독자의 흥미를 끌기 위한 표현 기교임에 틀림없다.

심 봉사는 '심(沈)'자를 파자할 수 없어 '가기의기방', 그럴듯한 말로 속일 수 있어 재미있는 곁말이 되었으며, 그 이름을 파자하여 통성명의 걸작을 만들었다. '성 심(沈)', 또는 '잠길 침(沈)'자는 '沈'자의 오른 편에 점을 하나 찍는 이체자(異體字)가 있다. 그래서 심 봉사는 자기의 성, '심(沈)'자의 여벌의 점 하나를 떼어 사돈 '하(下)'씨에게 주었다고 한 것이다. 그래서 사돈은 점 하나를 얻어 '햇빨이(하바리)' '하(下)'씨가 '변(卞)'씨가 되었다고 한 것이다. 그리고 자기 이름 '학구(鶴九)'의 '학 학(鶴)'의 혹(隺)자를 날리는 것을 막는 것, 곧 꿇어앉은 새 모양이라 풀어 '꿇어앉은 자'라 한 것이고, '아홉 구(九)'자는 삐친 획에 '새 을(乙)'자를 쓰는 것이라, 삐친 획을 간대(竿)로 보아 간대에 새(乙)를 매단 자라 풀이한 것이다.

세조(世祖)가 신·구(申·具) 재상에게 술을 권함

"청파극담"에는 세조가 영의정 신숙주(申叔舟)와 우의정 구치관(具致寬)과 더불어 술을 즐기는 이야기가 있다.

하루는 세조가 신숙주와 구치관을 내전으로 불러 들였다. 술을 하사하여 그간의 그들의 노고를 위로하고자 함이었다.

"그대들을 부른 것은 딴 뜻이 있는 것이 아니다. 과인의 묻는 말에 그대들이 제대로 대답하면 그만이려니와, 잘못 대답하면 벌로서 술을 한 잔 내리려고 함이니 그리 알라."
"예"
두 사람은 영문을 몰랐으나, 서로 쳐다보고 쉽게 대답하였다.
"신 정승."
"예"

신숙주가 대답하였다.

"허허, 틀렸도다. 과인은 새로 정승이 된 신(新) 정승을 부른 것이지, 성이 신(申)인 신 정승을 부른 것이 아니로다."

세조는 이렇게 말하였다. 신숙주는 벌로서 술을 한 잔 받았다.

"구 정승."

"예"

이번에는 구치관이 대답하였다.

"또 틀렸도다. 과인은 오래된 구(舊) 정승을 부른 것이지, 성이 구(具)인 구(具) 정승을 부른 것이 아니니라. 벌주를 벋으라."

구치관은 벌주로서 한 잔 술을 받아 마셨다.

세조는 빙긋이 웃고 다시 불렀다.

"신 정승."

"예"

이번에는 구치관이 새로 정승이 되었다는 뜻에서 대답하였다. 그랬더니 세조가 말하였다.

"아아니, 그대의 성이 구(具)가 아니고 신(申)이던가? 벌주를 들라."

구치관이 벌주를 들고 나니 세조는 또 불렀다.

"구 정승."

"예"

신숙주가 대답하였다.

"아니로다. 오래된 정승을 부른 것이 아니라, 성이 구(具)인 구(具) 정승을 불렀도다."

이렇게 해서 신(申) 구(具) 두 재상은 종일 벌주만 마셔 곤드레만드레가 되었다.

<박용구, 한국기담일화선>

이 일화에서 "신"과 "구"는 각각 두 가지 뜻을 지닌다. 따라서 세조는 자기가 원하는 대로 정답을 바꿀 수 있고, 얼마든지 벌주를 내릴 수 있다. 그래서 두 정승은 언제나 벌주를 마셔야 했다. 세조는 어전이라 권해도 사양할 두 신하에게 실컷 술을 마시게 하기 위해 기발한 동음어의 어희를 창안해 낸 것이다. 이 술자리에는 신하를 사랑한 세조의 마음이 물씬 풍겨난다.

24. 삼성 숯 터지고, 전자랜드 속 터지고...

　이번에는 색다른 곁말을 보기로 한다. 신문 표제(表題)의 기능은 "표시성, 함축성, 감동성, 품위, 심미성"을 지닌다고 한다. 그도 그럴 것이 신문은 방송처럼 본인의 의사와 관계 없이 수용되는 것이 아니라, 본인의 뜻에 따라 수용 여부가 결정된다. 그러니 신문 기사는 독자를 유인하는 힘을 지녀야 한다. 표제어(標題語)의 기능 가운데 "감동성"은 무엇보다 독자들에게 기사를 읽게 하는 대표적인 요소다. 여기에 곁말이 많이 쓰인다. 동음어, 그 가운데는 전음이 같은 동음어와 부분적으로 같은 동음어(同音語)가 많이 쓰인다. 그리고 유음어(類音語), 비유 등의 표현도 적잖이 쓰인다.

1. 전체 동음어의 사용

　낱말 전체의 음이 같은 전음(全音) 동음어는 인명이 동음이의어

로서 사용되어 독자를 흡인하는 많은 표제가 되고 있다. 그 가운
데 몇 개를 보면 다음과 같다.

* 베일속 '골 넣는 수비수' 21세 베일의 부활(동아, 10. 11. 12)
* 야거// 야, 거... 대단한 선수네/(조선, 15. 12. 23)
* 어딜... !// 마오, 넘보지 마오 (동아, 14. 1. 7)
* 막판 5초 대역전... 대보름 다음날 김보름 (조선, 17. 2. 13)
* 이종범 入隊... "李 없으면 잇몸으로" (중앙, 95. 4. 1)
* 李호성 "虎聲" 잠실벌 흔든다(중앙, 96. 10. 23)

"베일"은 축구선수로 표제(表題)처럼 베일에 가려져 잘 알려지
지 않은 인물이었다. 그래서 인명과 같은 "베일"이란 말을 써 관
심을 불러일으키는 표제를 만든 것이다. 이 기사는 이렇게 되어
있다.

"여러분은 브라질 출신 명수비수 마이콩(인터 밀란)을 알 것이
다. 하지만 최근 몇 주 사이에 마이콩의 코를 납작하게 해준 웨일
스 출신 카레스 베일(토트넘)에 대해선 잘 모를 것이다. 여러분이
무심코 넘겼을 수 있지만 베일은 지난달 21일 인터밀란의 홈에서
열린 유럽챔피언스리그 A조 경기에서 3꼴을 터뜨렸다... 3일에는
베일이 홈에서 마이콩보다 뛰어난 활약을 펼쳐 팀의 3-1승리를 견
인했다." (동아, 10. 11. 12)

"야거"는 북미의 아이스하키 선수다. 이 표제는 야거 선수 이름을 "야거// 야, 거... 대단한 선수네"라고 감탄하는 말로 바꾸어 놓은 것이다. 그는 NHL(북미아이스하키리그) 플로리다 팬서스 공격수 야로마르 야거(체코), 마흔세살, NHL 현역 최고령선수다. 그는 732골을 기록, 역대 득점 4위에 올라섰다.... 팬들은 그를 "진짜 아이언맨(Real Iron Man)"이라 부른다 한다.(조선, 15. 12. 23)

"아사다 마오"는 일본의 피겨선수. 그녀에게 "어딜... !// 마오, 넘보지 마오"라고, 감히 어떻게 김연아를 넘보느냐고 넘보지 말라한 것이다. 김연아와 아사다 마오는 주니어 시절부터 라이벌이었다. 저들은 "다음달 소치 올림픽에서 10여년간 이어져 온 긴 대결에 마침표를 찍는다."고 한다. (동아, 14. 1. 7)

야구선수 "정우람"은 그의 이름 "우람"으로 말미암아 "더 우람해진 어깨"라고 어깨가 "우람"해졌다. 그는 "2년간 전투체육으로 몸 다지고, 야구가 얼마나 소중한지 깨달았다" 한다. (동아, 14. 12. 3)

스케이트 선수 "김보름"은 이름이 "보름"이라 정월 "대보름"이 표제어에 등장했다. 그리고 그의 환한 전적을 이 대보름의 달빛과 관련시켜 독자의 관심을 끌고 싶었을 것이다. 이 기사에는 "강릉세계선수권 매스스타트서 금메달... 5위 안팎서 달리다 막판에 치고 나가// 자리싸움 치열한 매스스타트// 쇼트트랙 출신 김보름 랭킹 1위"란 부제(副題)도 달려 있다.

"李 없으면 잇몸으로"는 이종범의 성(姓)과 이(齒)를 동음어로 처리, 관용적 표현으로 익살스럽게 표제를 단 것이고, "李호성 '虎聲' 잠실벌 흔들다"는 "虎聲"이라고 스리런을 하고 그의 이름처럼 포효한 것을 표제에 드러내 독자의 관심을 끈 것이다.

다음에는 인명(人名)이 아닌, 전음(全音) 동음에 의한 표제를 보기로 한다.

　　* 亞! 무승// 남아공선 16강 두 팀 진출 아시아/ 이번엔 아직 아무도 승리 못거둬/ 한·일·이란, 3차전 목맨 동병상련 (동아, 14. 6. 24)

　　* 삼성 슛 터지고, 전자랜드 속 터지고// 男농구 6강 PO 1차전 삼성완승/ 전자랜드 3점슛 24개중 20개 실패 (동아. 17. 4. 1)

　　* 夜球가 좋다! // 나도 야구왕/ 낮엔 일하고 밤엔 글러브.. 실내 연습장 동호인 북적 (동아, 2011. 5. 7)

　　* '완전 獨무대' 자신만만/ 응원단, 선수 연호... "메시경계할 필요 없다" (동아, 10. 7. 3)

　　* 월드컵에 빠진 사이... 잘빠진 롯데, 코 빠진 두산
　　* 오늘 말리전... "공격본능 말리지마"//월드컵대표팀 전술훈련 구

슬땀/ "공격리듬 살려 반드시 이길 것" (동아, 13. 10. 15)

* 1차전 늦잠 자 실격하더니... '최종전 투어챔피언십 우승+페덱
스 보너스' 130억원 챙겨// '8자 스윙' 짐푸릭/ 사람 팔자 모를 일(동
아, 10. 9. 28)

* 夜虎는 "야호!"/ 첫 야간경기 해태, LG사냥(중앙, 95. 4. 26)

* 첫4년 연속 50도루... 이대행 '新나는 질주'/ 롯데전 볼넷 출루후
2루 훔쳐... 자신의 3년연속 기록 깨 (동아, 10. 9. 2)

"아(亞)! 무승"의 "아(亞)"는 아세아(亞細亞)와 비탄의 "아!"를 동시
에 나타내고 있다. "삼성 숯 터지고, 전자랜드 속 터지고"는 외형
상 같은 "터지다"가 쓰였으나, 삼성은 득점(得點)을, 전자랜드는 장
파열(腸破裂)의 속상함을 말하고 있는 것이다. "야구(野球)"는 동음어
로 밤 경기 야구(夜球)를 써 밤 경기가 좋다는 것이고, "완전 獨무
대"는 독일 응원단이 축구 강팀 브라질도 안중에 없는, 자기들 혼
자만의 자신만만한 무대라는 의미다. "월드컵에 빠진 사이... 잘빠
진 롯데, 코 빠진 두산"은 한창 월드컵이 치러지는 사이, 약체로
꼽혔던 롯데는 어느덧 4강 자리를 굳혀가고 있고, 반면 한때 상위
권이었던 두산은 하염없이 무너져 내리고 있다는 표제다. "오늘
말리전... 공격본능 말리지마"는 월드컵대표팀이 공격 리듬을 살려
15일 오후 8시 천안 종합운동장에서 열리는 말리와의 평가전에서

승리하겠으니 '말리'지 말라는 표제다.

"8자 스윙' 짐 퓨릭/ 사람팔자 모를 일"은 1차전에 늦잠 자 실격하더니, '최종전 투어챔피언십에서 우승+페덱스 보너스' 130억 원까지 챙겼으니 사람 팔자 시간문제라는 말이다. 그것을 짐 퓨릭의 특기인 "8자 스윙"과 연결시켜 표제를 뽑아 위트 있는 표제가 되었다. "夜虎는 "야호!"라는 탄성일 뿐 아니라 해태 타이거스를 비유, 기발한 표제가 되게 하였다. "이대행 '新나는 질주'"는 4년 연속 50회를 도루를 해 자신의 기록을 깨어 "신나다~新나다"란 동음어의 표제를 단 것이다.

2. 부분 동음어의 사용

부분적으로 음이 같은 말을 이용한 표제에는 어두음이 같은 것과, 어말음이 같은 것의 두 가지가 있다. 스포츠 기사의 표제에는 이 가운데 어두음이 같은 말을 활용한 표제가 많다.

(1) 어두음이 같은 말
   * 호날두, 혼난 날// 세계최고 골잡이 이름값 못하고/ 전반엔 볼 터치 15번 가장 적어/
   * 3차례 역전패 딛고... 장하다, 장하나/ KLPGA 매치플레이서/ 전인지 누르고 시즌 첫 승(조선, 13. 5. 27)

* 까칠한 카리스마, 카펠로// 기자 질문 마음에 안들면 면박줘(동아, 14. 6. 18)

* 11 연패... KIA가 기가 막혀
다 잡은 경기 불펜이 날려/ 조동찬 끝내기포.. 삼성 7연승 (동아, 10. 7. 1)

* 풀었다! 獨한 징크스...
스페인 월드컵 역대전적 2무1패 독일 마침내 격파 (동아, 14. 6. 18)

* 너플너플 너클볼, 한국도 너울너울// 회전 없이 타자앞 자유자재로 움직여/ 국내선 볼 수 없었던 '최후의 마구' (동아, 14. 3. 12)

* 獨차지// 독일, 유럽팀 최초 남미서 우승/ 스타 의존없는 철저한 조직력 축구/ 10명 모두가 골잡이면서 수비수/ 4강전 7골 등 7경기 18골 '무결점' (동아, 14. 7. 15)

* 맨유 박지성 1도움... 모나코 박주영 1골...// 朴 터졌네
* 물병은 '물탱크'가 던졌는데... 퇴장당한 건 감독// 5반칙 퇴장, 분 못사긴 길렌워터/ 벤치에 있다 생수병 코트로 던져/ 심판, 벤치 테크니컬 파울 선언 (조선, 15. 12. 28)

(2) 어말음이 같은 말
* 호호포에/ 넉센 '好好'/ 넉센 강정호·박병호 홈런으로 공동 선두였던 삼성 따돌리고 단독 1위로 (조선, 13. 6. 5)

* '李·朴' 대박 낼까/ 개막 전부터 일 프로야구 달구는 이승엽·

박찬호(2011. 2. 14)

* '28세 늦깎기' 원석이 보석 됐다// 한화 김원석 개막 3연승 7안타/ 방출 > 軍 > 독립구단 > 재입단/ 팀승리 견인하며 신데렐라로 (조선, 17. 4. 3)

어두음의 경우도 이름과 관계된 것이 여럿 보인다. "호날두 혼난 날"이란 "호-호"의 같은 어두음을 쓴 것으로, '혼난 날"이란 굴욕적인 0-4 패배를 막지 못했고, 경기 전 "팬들에게 최고의 쇼를 보여 주겠다"는 말과 달리 골도 넣지 못했다는 것이다. "까칠한 카리스마, 카펠로"는 "카-카"의 같은 어두음을 쓴 것으로, "카리스마"란 기자회견 등에 "날 선 대답으로 면박"을 주면서 "돈피오(독재자)"란 별명에 어울리는 이미지를 보여 주었다는 것이다. "장하다, 장하나"는 같은 "장하-장하"를 쓴 것이 부분 동음어이다. 이밖에 "11 연패... KIA가 기가 막혀"는 7회 말 5-2로 리드하던 경기를 5-10으로 지게 되어 기가 막혀 "KI(A)-기(氣)"의 같은 어두음을 활용해 표제를 만들었고, "풀었다! 獨한 징크스.."에서는 "獨한"이 "毒한"에 대응되는 동음 표현을 한 것이다. "너플너플 너클볼, 한국도 너울너울"은 "너클볼"로 말미암아 "너플너플, 너울너울"이란 어두음 "너"를 써 운율적 표제가 되게 하였다. "獨차지"는 "독일"과 "홀로"의 중의성을 지니게 한 것이다. "맨유 박지성 1도움... 모나코 박주영 1골../ 朴 터졌네"는 유럽 무대에서 활약하고 있는 한국

축구의 간판 스타 박지성과 박주영이 나란히 공격 포인트를 올려 "朴 터졌네"라 한 것이다. "물병은 '물탱크'가 던졌는데... 퇴장당한 건 감독"이란 표제는 LG의 농구 선수 길렌워터(Gillen-water)가 물병을 던졌고, 그의 별명이 '물탱크'이어 표제로 연결된 것이다. 길렌워터는 그의 성에 물을 뜻하는 '워터'가 들어 있고, 탱크처럼 상대를 밀어붙인다고 해서 팬들이 붙여준 별명이다. 감독이 퇴장당한 것은 벤치 테크니컬 파울을 당한 것이다.

어말음은 용례가 많지 않은데, 모두가 인명과 관련된 것이다. "호호포에/ 넥센 '好好'"는 넥센이 강정호·박병호의 홈런으로 공동 선두였던 삼성을 따돌리고 단독 1위로 올라 두 사람의 이름의 끝 자에 "호"자가 있어 "好好"를 따와 좋다는 의미를 나타낸 것이다. "'李·朴' 대박 낼까"는 한국의 대표적 야구선수 "이승엽·박찬호"로 "대박낼까?"라 한 것이다. "'28세 늦깎기' 원석이 보석 됐다"는 한화 "김원석"이 개막 3연승 7안타를 치는가 하면 "방출 > 軍 > 독립구단 > 재입단/ 팀승리 견인"이란 그의 야구인생을 들어 원석(原石)이 보석(寶石) 됐다고 표제를 뽑은 것이다.

3. 유음어의 사용

같은 음이 아니라, 비슷한 음, 곧 유음어를 활용해 표현 효과를 올리고자 한 표제도 있다. 유음어가 사용된 표제도 주류를 이루는 것은 역시 인명이다.

* '手' 아레스// 손으로 슛 막은 슈아레스/ 승리공신 돼 '국민영웅'
(동아, 10. 7. 5)

* 괴체, 교체 수모 딛고 '교체투입 영웅'으로// 연장 후반 독일 4번
째 우승골(동아, 14. 7. 15)

* 오재일... 오, 제일! ... 5:1// 연장 13회초 두산 오재일, 오승환 상
대로 결승 홈런/ 포스트시즌 최장 5시간 32분 혈전... 삼성에 2연승
(동아, 13. 10. 26)

* 500m 이상화, 金 못따면 이상해// 월드컵3차 2차 레이스도 우승
(동아, 13. 12. 2)

* 농구 천재 허재 "비틀"/ "허, 쟤 왜 이러나"/ 대잔치 6게임서 평
균 17.8득점 부진(경향, 95. 1. 14)

* "우승이다"/ 센! 프란시스코// SF, 텍사스에 4승1패... 56년만에
감격의 월드시리즈 정상

"'手' 아레스// 손으로 슛 막은 슈아레스"는 우르과이의 공격수
로, 손으로 슛을 막았다는 표제다. "슈아레스"가 손으로 막았다 하
여 손 수(手)자를 써 "手아레스"라 한 것은 기발한 아이디어의 위
트 있는 표제다. "手알레스"는 경기의 결과를 묘하게 바꾸어 놓았

다. 가나엔 페널티킥이 주어졌고, 볼은 크로스바를 강타하고 튀어 나왔다. 수아레스는 껑충껑충 뛰며 좋아했다. 우루과이는 극적으로 소생했고, 1-1에 이어진 승부차기에서 가나를 4-2로 꺾고 40년만에 월드컵 4강 신화를 썼다. 그래서 슈알레스는 승리의 공신이 되고 국민 영웅이 되었다. "괴체"는 인명 "괴체"가 "교체-교체투입"으로 유음어 "교체"에 대응시킨 표제이다. 그는 결승전 후반 막판 뛸 기회를 잡아, 독일 4번째 우승골로 감독에게 화끈한 화답을 하였 다. "오재일... 오, 제일!"은 "재일- 제일"이 유음어로, 두산 오재일 은 연장 13회초 삼성의 오승환을 상대로 결승 홈런을 쳤다. "이상 화- 이상해"는 '빙속 여제' 이상화(24·서울시청)가 금빛 질주를 해 금메달을 따지 못한다면 그것이 오히려 이상하다고 유음어로 표제 를 삼은 것이다. "농구 천재 허재 '비틀'"은 "허재" 선수를 "허, 재"라고 유음어로 바꾸어 탄식하는 표현을 한 것이다. 그는 대잔 치 6게임에 평균 17.8득점의 부진한 점수를 거두었다. 이는 앞에 서 본 "야거// 야, 거... 대단한 선수네"와 대조되는 표제다. "'우승 이다'/ 샌! 프란시스코"는 샌프란시스코가 텍사스와의 월드시리즈 에서 3-1로 승리하여 "샌"을 강력하다는 의미의 유음 "센"으로 바 꾸어 표제를 만든 것이다.

4. 비유의 사용

비유는 주로 나라의 역사적 사실을 바탕으로 팀을 비유하거나, 소속사의 특성을 반영하여 표제를 작성하는 경향을 보인다.

* 무참히 무너진 무적함대 "2010 다시 한 번"// 남아공서도 첫판 지고 우승 스페인/ 내일 칠레와 2차전 극적 부활 다짐(동아, 14. 6. 18)

* 삼바 축제 끝// 브라질 네덜란드에 1-2 역전패/ 둥가 '실리축구' 8강서 행진 멈춰(동아, 10. 7. 3)

* 삼바 VS 오렌지, 누가 더 화려할까// 브라질 VS 네덜란드 2일오후11시(동아, 10. 7. 2)

* 전차군단-무적함대 '결승길목 대충돌'// 독일-스페인 내일 새벽 4강전 (동아, 10. 7. 7)

* 누가 롯데를 '소총부대'라 하나// 올해 팀 훈련 104개 선두... (동아, 10. 7. 3)

* 대한항공 산뜻한 첫 비행 (동아, 10. 12. 8)

* 태극전사들 오늘 금의환향/ 서울광장 환영행사후 팀 복귀 (동아, 10. 6. 29)

"무적함대"는 1588년 스페인의 펠리페 2세가 영국을 공격하기 위해 편성한 함대 이름이다. 이를 국가대표팀에 비유한 것이다. 오렌지군단은 칠레팀을 비유한 것이다. 네덜란드에 1-5로 참패한 것을 "스페인의 '무적함대'라는 별명이 무색해졌다"라 한 것도 같은 맥락의 표현이다. 사실은 역사적 "무적함대"도 영국해협을 항해하던 중 영국 해군의 습격을 받아 패하였다. "'오렌지 군단'의 역습에 무너진 스페인의 자존심"이란 기사에서 '오렌지 군단'이란 칠레군단을 말한다. '삼바'는 브라질을 대표하는 춤이어 브라질팀을 비유한 것이고, "전차군단-무적함대"의 "전차군단"은 이어지는 표제 "독일-스페인 내일 새벽 4강전"에 보이듯, 독일팀을 비유한 것이다. 롯데를 '소총부대'라 한 것은 약체 팀이란 말이다. 롯데는 1982년 출범 이후 지난해까지 28시즌 동안 팀훈련 꼴찌를 12번이나 하였다 한다. "대한항공 산뜻한 첫 비행"이란 표제는 대한항공팀의 소속사가 항공회사이기에 "첫 비행"이라 비유한 것이고, "태극전사"는 물론 태극 마크의 한국팀으로, 여기서는 사상 첫 원정 16강을 달성한 한국 축구대표팀을 비유한 것이다.

이상 스포츠 기사의 표제에 쓰인 곁말을 살펴보았다. 이렇게 곁말은 문예 오락물에만 쓰이는 것이 아니다. 신문기사에도 쓰여 우리의 관심과 시선을 끌어당긴다.

25. 삼천만 동포 평화 오기 기다린다.

　광복절이 다가온다. 조국이 광복(光復)된 지도 벌써 70여년이 되었으나, 이 땅은 아직도 분단 상태로, 통일(統一)의 기미가 보이지 않는다. 그럼에도 정부나 개인을 막론하고 이에 대한 심각한 고민이나 대책을 마련하고 있는 것 같지 않다. 북에서는 체제 유지를 위해 핵으로 자유세계와 대치하고 있고, 남에서는 정권 유지를 위해 이념 투쟁만 계속하고 있다. 그리고 남북이 현 체제 유지에 급급할 뿐, 통일을 향해 한 걸음도 앞으로 나아가려 하지 않는다. 사색당파(四色黨派)로 사분오열(四分五裂)되어 사회적으로 혼란을 겪게 하던 시대나, 근대화(近代化) 시기에 열강(列强)에 휘둘리어 나라가 망하는 사회상을 보며 나는 어리석은 우리 선조들을 불쌍타 했다. 그런데 오늘의 현실은 이보다 심각하다. 우리 후손(後孫)들에게 오늘의 상황을 과연 이 시대를 산 한 사람으로서 우리는 그들에게 무어라 변명할 수 있을는지? 자괴감(自愧感)을 금할 수 없다. 이에 이 달에는 우리의 현실을 고발하고, 민족의 소원을 노래하고 있는 몇 개의 민요부터 보기로 한다.

장하도다, 우리 국군

민요라면 흔히 시대적으로 오래된 것을 생각하게 되나, 그렇지 않은 것도 있다. 다음의 경상북도 달성(達成) 지방의 민요는 6·25 이후에 생성된 최근의 것이다. 이는 6·25의 참상을 노래하고, 조국의 통일을 간절히 염원하고 있다. 형식은 장타령(각설이타령)으로 되어 있다.

일자나 한 자 놓고 보니/ 일선에 가신 우리 낭군/ 돌아올 줄을 모르네.
이자(二字)"나 한 자 놓고 보니/ 이승만(李承晚)이가 대통령/ 함태영(咸台永)이가 부통령
삼자나 한 자 놓고 보니/ 삼천만의 소망으로/ 남북통일(南北統一) 소원하네.
사자나 한 자 놓고 보니/ 사천이백 칠십팔년/ 해방 종소리 울렸네.
오자나 한 자 놓고 보니/ 오십 미리 박격포가/ 이북 천지를 진동하네.
육자나 한 자 놓고 보니/ 육이오 사변 돌발하여/ 피난살이가 웬 일인가?
칠자나 한 자 놓고 보니/ 칠십만의 괴뢰군이/ 남한 일대를 짓밟는다.
팔자나 한 자 놓고 보니/ 팔월이라 십오일 날/ 해방(解放)된지가 몇 해던고?

구자나 한 자 놓고 보니/ 구십에 난 노인네가/ 아들 돌아오기 기다
린다.

장자(十字)나 한 자 놓고 보니/ 장(壯)하도다 우리 국군/ 남북통일
을 완수하리라.

어두음(語頭音)을 활용한 곁말은 민요(民謠)에 많이 보인다. 특히
각설이타령이 그러하다. 그런데 위의 민요는 대부분 제시하는 숫
자와 풀이하는 말이 같은 숫자로 된 두운법(aliteration)을 쓰고 있
다. 따라서 이는 수사(數詞)라는 동어 반복에 의한 운율적 효과를
드러낸다. 동음이의의 곁말은 두어 곳에만 쓰이고 있다. "이자(二
字)"의 "이(二)"와 "이승만(李承晚)" 대통령의 "이(李)", 그리고 "장자
(十字)"의 "장(十)"과 "장(壯)하다"의 "장(壯)"이 그것이다. 따라서 이
민요는 "제일(齊一)의 미(美)"를 노리는 가운데 약간의 "파격(破格)의
미(美)"를 드러내고 있는 작품이다. "균형 속의 파격"을 지향한 것
이다.

노래의 내용은 민족의 염원(念願), 남북통일을 갈구하고 있다. 장
돌뱅이 각설이가 장바닥을 돌며 남북통일을 갈구하고 있는 것이
다. 통일이 얼마나 이 민족의 소중한 과제인지 알고도 남음이 있
게 한다.

시베리아 벌판까지 쫓겨 가더라

위의 민요가 통일을 갈구한 노래인데 대해 다음의 충청도 충주 (忠州) 지방 민요는 오히려 6·25 전란에 보다 초점이 맞추어진 것이다.

> 일, 일 없는 김일성이가
> 이, 이 세상에 태어나서
> 삼, 삼팔선을 만들어 놓고
> 사, 사람을 왕래 못하게 하더니
> 오, 오만 대군으로
> 육, 육 이오 사변을 일으킨 후
> 칠, 칠려고 오다가
> 팔, 팔만 대군의
> 구, 국군한테 쫓기어
> 십, 시베리아 벌판까지 쫓겨 가더라.

젊은 세대는 6·25의 참상을 겪지 않아 잘 모른다. 6·25는 1950년 6월 25일, 북한에 의해 발발, 1953년7월 27일 정전협정(停戰協定)에 의해 종식된 동족상잔(同族相殘)의 전란이다. 이때 북은 우리보다 전력이 우세하였다. 기록에 의하면 저들의 보병은 15만 4천, 해군은 1만, 공군은 2천이었다. 보병 장비로는 전차 242대, 장갑차 208대, 각종 포 2540문이 있었고, 해군 함정이 30척, 공군기

야크(YAK), 아이알(IR) 전투기가 230대나 있었다.

이에 대해 우리 국군은 보병 10만, 해군 1만, 공군 100명이었다. 보병 장비로 전차는 한 대도 없고, 장갑차 27대, 각종 포가 겨우 840문이었다. 해군 함정은 30척으로 북한과 같았으나, 공군기는 전투기 한 대 없이 에이티(AT) 연습기 10대가 전부였다. 그러니 우리는 이때 서울·대전을 내어주고, 낙동강 전선까지 밀려야 했다.

그러나 9월 13일 UN군의 인천(仁川) 상륙작전이 주효하여 서부 전선은 10월 26일 압록강에, 중부 전선은 11월 21일 혜산진(惠山鎭)에 이르고, 동부 전선은 11월 25일 청진(淸津)에 들어닥쳐, 조국 통일을 눈앞에 두게 하였다. 그런데 이때 난데없이 중공군(中共軍)이 투입되었다. 약 50만이란 중공군이 개마고원(蓋馬高原) 지대로 몰려 들어왔다. 그리고 이른바 인해전술(人海戰術)을 감행했다. 우리 군은 부득이 후퇴하게 되었고, 정전협정에 의해 전란은 오늘의 휴전선(休戰線)을 경계로 휴전(休戰)이란 막을 내리게 되었다.

이때 UN측 전비(戰費)는 150억불이 지출되었고, UN측 사상자는 33만, 공산군 측은 이보다 5배가 많은 180만이었다. 우리나라는 이때 6만 채의 가옥이 파괴되었고, 공업시설의 45%가 가동될 수 없게 파괴되었다. 또 전쟁미망인(戰爭未亡人)이 20만, 전쟁고아가 10만이나 생겨났다. 참으로 비극적이고, 참담한 전란이었다.

위의 충주 지방 민요는 이런 6·25의 비극을 읊은 노래다. 그러나 노래 가운데 보이는 수치는 사실과 상당한 차이가 있다. 이 노래는 물론 수요(數謠)라 할 타령이다. 그런데 이 수요는 앞의 장타령과는 달리, 1, 2, 4, 7, 9, 10에서 제시한 수가 아닌, 같거나 비슷한 두음(頭音)의 다른 말로 풀이하는 결말을 함으로 가사를 재미있게 꾸미고 있다. 이 점이 문자 그대로의 수요(數謠)와 다른 이 노래의 특징이다. 곧 "1~ 일 없는, 2~ 이 세상에, 4~ 사람을, 7~ 칠려고, 9~ 국군한테, 10~ 시베리아 벌판까지"가 그것이다. 이들은 재치 있고 익살스러운 결말의 표현이다.

북한 공산군을 "시베리아 벌판까지" 쫓았으면 하는 것은 단순한 어희(語戱)의 노래가 아니라, 간절한 소망이었다. 그러나 준비 없이 이러한 대사(大事)가 이루어질 수는 없다. 연시(軟柿)를 먹재도 감나무 밑에 가서 삿갓밑을 대어야 한다. 이런 의미에서 우리 민족은 남북통일에 대한 밑그림을 잘 그려 그 준비작업을 착착 진행해야한다. 그래야 우리의 삼천리강산에는 참다운 평화가 깃들고, 행복한 삶을 누릴 수 있게 될 것이다. 다음의 각설이 타령은 이러한 평화에의 염원을 노래하고 있다.

삼천만 동포 평화오기 기다린다

일자낫을 들고 보니/ 일선에 가신 우리 오빠/ 돌아오기 기다린다.
이자낫을 들고 보니/ 이승만이가 대통령
삼자낫을 들고 보니/ 우리 삼천만 동포/ 평화 오기 기다린다.
사자낫을 들고 보니/ 사십 먹은 중늙은이/ 보국대가 웬 말이냐?

오자낫을 들고 보니/ 오십만명 중공군들/ 압록강을 쳐들어 온다.

육자낫을 들고 보니/ 육지 사면에 불을 놓아/ 거지 생활이 웬 말이냐?

칠자낫을 들고 보니/ 평화 오시라고 칠성님께/ 발원을 하는구나.

팔자낫을 들고 보니/ 어떤 사람 팔자 좋아/ 이칸 장판방에/ 요 깔고 이불 덮고/ 촛불을 돋우 밝히고/ 신랑 신부 잠을 자는구나.

구자낫을 들고 보니/ 군인 간 몇 해만에/ 특무상사 웬 말이냐?

장수 한 장 들고 보니/ 십오야 밝은 달은/ 구름을 몰고 희롱을 하고/ 이십 안짝 처녀는/ 요 내 품에 잠이나 들어라.

우리는 무척이도 평화를 갈구한다. 나라를 잃고 일제(日帝)의 압제 밑에서 산 쓰라린 과거가 있는가 하면, 6·25라는 전란을 겪었다. 그래서 누구보다도 평화를 갈구한다. 흔히 각설이타령은 외설적인 내용이 주류를 이룬다. 위의 노래에서도 장(+)을 노래하며 "이십 안짝 처녀는/ 요 내 품에 잠이나 들어라." 하는 것이 보인다. 그런데 이 각설이타령에서는 3자와 7자를 노래하며 두 번에 걸쳐 평화를 염원하고 있다. 평화에의 염원이 얼마나 간절하면 각설이타령에까지 평화가 깃들기를 발원했겠는가?

이 각설이타령도 물론 수요(數謠)라 할 수 있는 것이다. 그래서 제시하는 수와 풀이하는 수가 같은 표현이 여럿 쓰이고 있다. 이는 "시베리아 벌판까지 쫓겨 가더라"라는 타령과는 다른 면이며, "장하도다, 우리 국군"이란 달성(達城) 지방의 민요와 경향을 같이 하는 표현법이다.

위의 타령에서 제시하는 수치(數値)와 달리, 풀이하는 말이 같거나 비슷한 두음의 수치(數値)가 아닌, 딴말로 돌려서 표현된 것은 세 군데다. "2~ 이승만, 6~ 육지(陸地), 9~ 군인"이 그것이다. "2~이승만"은 "장하도다, 우리 국군"에도 보이던 것이다. 이는 수요(數謠)에 변화를 주는 곁말로, 흥미를 갖게 하는 수사적 기법이다.

인(因)자 타령

다음에는 같거나 비슷한 어말음(語末音)에 의한 곁말을 두어 가지 보기로 한다. 이는 앞에서 언급한 바와 같이 각운(rhyme)에 의한 곁말로, 익살과 풍자 외에 시적 운율을 형성해 낸다. 더구나, 이런 각운에 의한 곁말이 한시(漢詩)의 형태를 빌어 나타날 때엔 장중한 효과까지 드러낸다. 춘향전의 "인"자 및 "연"자 타령은 이런 것의 대표적인 예에 속한다.

"인"자 및 "연"자 타령은 이 도령과 춘향이 초야(初夜)에 각각 부른 노래다. 이는 "남원고사(南原古詞)"에서 도령이 "우리 둘이 인연이 지중하니, 이러틋시 만났으니 '인'자 타령 하여 보자"라 하듯, "인연(因緣)" 타령으로 "인(因)"자 타령은 도령이, "연(緣)"자 타령은 춘향이 부른 것이다.

"인자 타령"은 경판(京板) 춘향전과, 남원고사(南原古詞)에 보인다. 그러나 이들은 같은 것이 아니다. 열거된 사설에 차이가 있고, 노래의 길이도 같지 않다. 남원고사가 더 길고, 내용이 풍부하다. 남원고사의 "인자 타령"을 보면 다음과 같다.

> 님하하증견일인(林下何曾見一人), 월명고루유여인(月明高樓有女人), 금일번성임고인(今日攀城送故人), 비입궁듕불견인(飛入宮中不見人), 천리타향봉고인(千里他鄉逢故人), 양뉴쳥쳥도슈인(楊柳靑靑渡水人), 불견낙교인(不見洛橋人), 풍월야귀인(風月夜歸人), 귀인(貴人), 명인(名人), 병인(病人), 걸인(乞人), 노인(老人), 소인(小人), 통인(通引)으로 인연흐여 냥인(兩人)이 혼인(婚姻)ㅎ니 증인(證人) 되니 즐겁고도 긔지업다.

이 타령을 알기 쉽게 풀이하면 다음과 같다.

> 숲 속에 숨어 사는 사람을 어찌 한 사람인들 보았으랴? 달 밝은 밤 높은 누각에 여인이 있도다, 오늘 반성(攀城)에서 옛 친구를 보내도다, 궁중에 날아드니 사람이 보이지 않는구나, 천리타향에서 옛친구를 만났도다, 버들이 푸르고 푸른데 물을 건네는 사람, 낙교에 사람이 보이지 않는도다, 바람 부는 달밤에 집으로 돌아가는 사람, 귀한 사람, 유명한 사람, 병든 사람, 빌어먹는 사람, 늙은 사람, 어린 사람, 아전인 통인(通人)으로 말미암아 춘향과 나 두 사람이 혼인을 하니 춘향 모가 증인이 되어 즐겁기 그지없다.

남원고사의 이러한 사설이 경판본에는 "천니타향봉고인, 명인, 병인, 걸인"이 빠지고, 그 대신 "천인(賤人), 너의 대부인(大夫人)"이

추가되어 있으며, "혼인"이 "결혼"으로 바뀌었다. 따라서 남원고사가 좀 더 다양하다.

경판본은 "임고인, 궁당"이 "송고인, 궁중"으로 되어 있고, 증인으로 "너의 대부인"이란 말이 구체적으로 제시되어 문맥상 정연한 표현을 이루고 있다.

이 "인자 타령"이 곁말이 되는 것은 운자 "인"이 대부분 "사람인(人)"자로 되어 있으나, "통인(通引)"의 "인(引)"자와 "혼인(婚姻)"의 "인(姻)"자와 같이 동음이의어가 쓰였기 때문이다. 이러한 파격은 독자로 하여금 흥미를 느끼게 할 것이다.

흥부전에도 "인"자 운(韻)의 노래가 보인다. 그러나 여기에는 동음이의의 운자는 보이지 않는다. 따라서 흥부전의 "인"자 타령은 곁말을 한 것이 아니다. 흥부전의 "인자 타령"은 왈짜의 하나인 떠죽이가 부르고 있는데, 그 노래는 다음과 같다.

양류청청도수인(楊柳靑靑渡水人), 매화수쇄도강인(梅花愁殺渡江人),
편삽수유소일인(遍揷茱萸少一人), 서출양관무고인(西出陽關無故人)

연(緣)자 타령

"연자 타령"도 그 형식이 "인자 타령"과 같이 남원고사가 길고 내용이 풍부하다.

우락중분비백년(憂樂中分非百年)   호긔댱구오륙년(胡騎長驅五六年) 인노증무갱소년(人老曾無更少年) 쌍빈명조우일년(霜鬢明朝又一年) 젹막강산금백년(寂寞江山今百年) 함양유협다소년(咸陽遊俠多少年) 경세우경년(經歲又經年) 한진부지년(寒盡不知年) 일년(一年), 십년(十年), 백년(百年), 천년(千年), 거년(去年) 금년(今年) 우리 둘이 우연(偶然)이 결연(結緣)ᄒ여 백년(百年)을 인연(因緣)ᄒ니 빅년(百年)이 천년(千年)이라.

이 "연자 타령"을 알기 쉽게 풀이하면 다음과 같다.

인생은 근심과 즐거움이 반반인데 백년도 채 살지 못한다, 호마(胡馬)를 타고 5, 6년이란 오랜 세월을 달린다, 사람이 늙어 일찍이 다시 소년이 되는 일은 없었다, 센 구렛나룻이 내일 아침이면 또 한 해를 맞는구나, 적막한 강산이 이제 100년이 되었도다, 함양의 협객에는 젊은이가 많다, 해가 지나가고 또 지나간다, 추위가 다하니 해를 알지 못하겠도다, 일년, 십년, 백년, 천년, 지난 해, 올해, 도령님과 나, 우리 둘이 우연히 인연을 맺어 인생 백년을 같이 살게 되니 백년이 천년이다.

이러한 "연"자 운의 노래가 경판본에서는 "적막강산 금빅년, 일년, 십년, 빅년, 인연" 등의 사설이 빠지고, '만년'이 추가 되었고, "천년"이 "정년(定年)"으로 바뀌었다. 이 "연"자 운의 노래가 단순한 운자 노래만이 아니고, 곁말이 되는 것은 운에 여러 개의 "해 년(年)"자 외에 "우연(偶然)"의 "그럴 연(然)"과 "결연(結緣), 인연(因

| 297 |

緣)"의 "연분 연(緣)"자가 쓰인 때문이다.

"연"자 운의 노래는 "인"자 운의 노래처럼 흥부전에도 보인다. 그러나 이것도 "인"자 운의 노래처럼 같은 한자인 "연(年)"자만을 써 단순한 운자(韻字) 노래에 머물고 있다. 이 노래는 왈자의 하나인 태평이가 부른다.

적마강산 금백년(寂寞江山今百年), 강남풍월 한다년(江南風月恨多年), 우락중분 미백년(憂樂中分未百年) 인생미득 갱소년(人生未得更少年), 한진부지년(寒盡不知年), 금년, 거년, 억만년(億萬年)이로다.

태평이의 사설은 춘향의 사설과 상당 부분 일치한다.

이상 어말음을 활용한 곁말 "인연(因緣)타령"을 살펴보았다. 이는 앞에서 언급한 바와 같이 어희적 속성 외에 시적 운율을 형성해 낸다. 더구나 이 "인연타령"은 한시문(漢詩文)을 인용함으로 결연(結緣)을 한 차원 높이 끌어올리는 구실을 하고 있다.

26. 서초(西草)에 말똥을 싸서 붙여오니...

가을이다. 가을은 조락의 계절이다. 가을은 인생에 비유하면 노년기에 해당한다. 그러기에 만물은 쇠락하여 제 기능을 드러내지 못한다. 사람도 노년기에 들면 기력이 쇠하고, 감각기관의 기능이 떨어진다. 눈이 잘 안 보이고, 귀가 잘 안 들리는가 하면, 기억력이 감소한다.

춘향전에 등장하는 변 사또는 당시 나이가 몇이었던지 기억력이 말이 아닌 것으로 그려져 있다. 이번에는 이 이 이야기부터 하기로 한다.

무슨 양이라 하더고나

춘향전에서 자핫골 사는 변학도(卞學道)는 남원부사 낙점을 받고, 목민관(牧民官)으로서 정사를 잘 돌보겠다는 생각은 아예 꿈에도 없고, 춘향이 명기란 말에 정신은 온통 그녀에게만 가 있다. 그리하여 신연하인(新延下人) 오기만을 성화같이 기다렸다. 신연하인이 오자 그는 춘향의 안부부터 물었다. 그런데 이때 그는 그토록 보고 싶어 하는 춘향의 이름이 생각나지 않아, '네 고을에 유명한 것'을 찾다가 겨우 생각난 것이 '양이'였다. 그래서 '무슨 양이'를 찾게 되니 자연 '양이'는 재담이 되어 나온다. 이게 '양이' 사설이다.

> "여보아라. 그는 그러하거니와 네 고을에 저 무엇이 있다 하더고나. 업다, 유명한 별것 있다 하더고나."
> "젨사오되 무엇인지 모양만 하문(下問)하옵시면 알아 바치오리이다."
> 신관이 풀 갓끈 뒷짐 지고 거닐면서,
> "업다, 이런 정신이 어디 있으리? 고약한 정신이로고나. 그 시에 생각하였더니 고 사이에 깜박 잊었고나. 정신이 이러하고 무엇을 하리? 도임(到任) 후의 수다한 공사(公事)에 성화할 밖에. 애고, 무슨 양이라 하더고나. 무슨 양이 있느냐? 아조 논란 없이 절묘하다더고나."
> "양이라 하옵시니 무슨 양이오닛가?"
> "어허, 그 놈. 그것을 모른단 말이냐? 너 나무라 무엇하리. (下略)"

이 대화에서 춘향에게 안달하는 사또의 모습을 볼 수 있다. 변사또는 도임하여 신연유리의 고사를 대강 듣고 다시 춘향을 찾는다. 이때 춘향의 이름이 생각나지 않아 춘향전의 대표적 재담 '양이' 사설이 아전의 입을 통해 나오게 된다.

'양이' 사설은 남원고사, 동양문고본 춘향전, 고대본, 이명선본, 성춘향가, 최남선의 고본 춘향전 등 여러 이본에 보인다. 이 가운데 가장 다양한 표현을 하고 있는 것은 동양문고본 춘향전이다. 이 사설을 보면 다음과 같다.

> "네 고을에 유명한 것 들은 지 오래거든 여기 아니 있느냐? 무슨 양이라 하더고나."
>
> 유리(由吏) 막지기고(莫知其故)하여 겁결에 대답하되,
>
> "양이라 하옵시니 창고의 군량(軍糧)이오, 육고(肉庫)의 우양(牛羊)이오, 공고(工庫)의 잘량이오, 마구의 외양이오, 감사(監使) 정배(定配) 귀양이오, 기생 관비 속량(贖良)이오, 여염집의 괴양이오, 불가(佛家)의 공양이오, 청백(淸白)한 놈 사양이오, 수줍은 놈 겸양(謙讓)이오, 시냇가의 수양(垂楊)이오, 고리결(高吏結)은 평양(平壤)이오, 사정(射亭)은 한량이오, 흉한 놈의 불량이오, 해 다 져서 석양(夕陽)이오, 남녀간의 음양(陰陽)이오, 엄동설한 휘양(揮項)이오, 허다한 양이 무수하온대 대강 이러하외다."
>
> "업다, 업다, 아니로다."
>
> "젊사오대 사람 못 된 것을 잘량이라 하옵내다."
>
> "그것도 아니라."
>
> 좌수 듣다가 민망하여 꿇어앉아,
>
> "알외옵기 황송하오나 민(民)의 고을의 소산으로 물 많은 새양(生薑)이 많사외다."

이것은 '군량(軍糧), 우양(牛羊), 잘량, 외양, 귀양, 속량(贖良), 괴양

(猫), 공양(供養), 사양(辭讓), 수양(垂楊), 겸양(謙讓), 평양(平壤), 한량(閑良), 불량(不良), 석양(夕陽), 음양(陰陽), 휘양(揮項), 잘량(개망나니), 새양(生薑)'과 같이 '양'을 어말음으로 한 동음이의어를 열거함으로 익살스러운 곁말을 한 것이다. 남원고사와 최남선본 고본 춘향전은 동양문고본과 비슷하다. 이에 대해 고대본과 이명선본 춘향전은 이들과는 달리 아주 간략하게 되어 있다. 이 밖에 '성춘향가'는 비교적 많은 곁말을 열거하고 있으며, 그 표현 또한 극적인 면을 보여 준다.

한량 모인 가운데 잘량

동양문고본이나, 남원고사에서는 '양이' 사설이 정작 찾는 춘향에게까지는 미치지 못하고 말았다. 그리하여 사또는 이방의 아전인 유리를 나무라고, 춘향을 만나고 싶은 일념에 다른 점고(點考)는 다 제폐하고 기생 점고만 하라고 영을 내렸다.

그런데 '성춘향가'에서는 '양이' 사설이 3단계로 점층의 수법을 써 자연스럽게 춘향에게 이르도록 되어 있다. 곧 '염소양, 할량, 잘양, 고양이'와 같이 일반적인 '양이 1차로 제시되고, 그 다음 사람 '양이'로 '양이, 난향이'라는 기생이 들려지고, 마지막으로 기생 가운데도 '춘향이'의 이름이 마침내 나와 사또는 그토록 원하던 '춘향이'를 찾게 된다.

使道(사도) 吏房(이방) 불러 吩)付(분부)하되,

"네 골에 양이 있다는 말이 옳으냐?

吏房(이방)이 여짜오되,

"小人(소인) 골의 남항내 염소 양도 있삽고 할량 모인 잘량도 있삽고, 고양이도 있삽나이다,"

하니 使道(사도) 大怒(대노)하여 말을 해

"일정 양이란 기생이 그뿐이냐?"

吏房(이방)이 아뢰되,

"月梅(월매) 딸 春香(춘향)이라 하는 기생이 있으되, 舊官(구관) 子弟(자제) 李 道令(이 도령)님과 百年言約(백년언약)을 맺어 守節(수절)하나이다."

하니 使道(사도) 春香(춘향)이란 말을 듣고, 內念(내념)에 大喜(대희)하야 이른 말이,

"어허, 그러면 春香(춘향)이 平安(평안)히 계시냐?"

만약 춘향전에 이런 '양이' 사설이 없고, 사또가 당장 춘향이를 찾았다면 그 표현은 멋없고 단조했을 것이다. 변 사또가 정신없음을 스스로 탄식하고, '양이' 사설이 나오게 함으로 춘향전은 한층 익살스럽고, 흥미로워졌다. '성춘향가'의 예문에서 사또가 춘향이란 말을 듣고 너무나 반가운 마음에 '춘향이 평안히 계시냐?' 하고 어린 기생에게 안부를 존대말로 묻는 것도 또 하나의 익살로 독자에게 웃음을 자아내게 한다.

돼지 똥물에 축여 놨습니다

탈춤에는 말뚝이라는 인물이 있어 자기가 모시고 다니는 양반을 조롱하고 신랄하게 풍자함으로 일반 민중들에게 통쾌한 맛과 웃음을 선사한다. 말뚝이는 흔히 동음 또는 유음에 의해 양반을 조롱한다. 여기서는 '봉산탈춤'에 나오는 한 장면을 보기로 한다. 양반 삼형제가 말뚝이에게 양반을 모시지 않고 어디로 그리 다니느냐고 할 때 말뚝이가 대답하는 장면이다. 이는 다른 것과 달리 외설적인 곁말로 양반을 조롱한 것이다.

말뚝이 : 예에. 양반을 찾으려고 찬밥, 국말이, 일 조식(朝食)하고 마굿간에 들어가 노새원님을 끌어다가 등에 솔질을 솰솰 하여 말뚝이님 내가 타고 서양 영미(英美) 법덕(法德), 동양 삼국 무른 메주 밟듯 하고, 동은 여울(寧越)이요, 서는 구월(九月)이라. 동 여울 서 구월, 남 드리(智異) 북 향산(香山) 방방곡곡 면면촌촌(面面村村)이, 바위 틈틈이, 모래 쨈쨈이, 참나무 결결이, 다 찾아다녀도 샌님 비뚝한 놈도 없고 보니 낙향사부(落鄕士夫)라. 서울 본댁을 찾아가니 샌님도 안 계시고, 종가집 도련님도 안 계시고, 마나님 혼자 계시기로 벙거지 쓴 채, 이 채찍 찬 채, 감발한 채, 두 무릎을 꿇고 하고 하고 재독으로 됐습니다.
생원 : 이놈 뭐야!
말뚝이 : 하하 이 양반이 어찌 듣소? 문안을 드리고 하니까, 마나님이 술상을 차리는데, 벽장문 열고 목이 길다 황새병, 목이 짧다 자라병이며, 홍곡주, 이강주 내어 놓자 앵무잔(鸚鵡盞)을 마나님이 친

| 304 |

히 들어 잔 가득히 술을 부어 한 잔, 두 잔, 일이삼 배를 마신 후에 안주를 내어 놓는데, 대양푼에 갈비찜, 소양푼에 제육, 초 고추 저린 김치, 문어 전복 다 버리고 작년 팔월에 샌님 댁에서 등산(登山) 갔다 남아온 좆 대갱이 하나 줍디다.

　생원: 이놈 뭐야?

　말뚝이: 아, 이 양반 어찌 듣소? 등산 갔다 남아온 어두일미(魚頭 一味)라고 하면서 조기 대갱이 하나 줍디다 그리 하였소

　양반들: (합창) 조기 대갱이라네.(굿거리에 맞추어 일제히 춤)

위의 대사에서 첫 번째 곁말은 ‘벙거지 쓴 채, 이 채찍 찬 채, 감발한 채 두 무릎을 꿇고 하고 하고 재독으로 됐습니다.’라 한 것이다. 이는 물론 곁말로 보지 않을 수도 있다. 그러나 적어도 생원의 “이놈 뭐야?”라고 노여움을 샀다는 것은 그것이 곁말임을 나타낸다. 말뚝이가 “하하, 이 양반, 어찌 듣소? 문안을 드리고”의 문안을 드린다고 한 것은 뒤에 돌려댄 말이고, 이는 말뚝이가 마나님과 정사(情事)를 하였다는 것을 그렇게 표현한 것이다.

　그리고 말뚝이의 말 가운데 ‘문안을 드리고 하니까’의 ‘문안’도 문자 그대로의 ‘문안(問安)’이 아니라, 비유에 의한 곁말로 쓰인 것이다. 이는 표면적 의미와는 달리 함축적 의미로 성관계를 나타낸 것이다.

　두 번째 곁말은 말뚝이가 안주로 ‘좆 대갱이 하나 줍디다.’라 외설적 표현을 한 것을 돌려 표현하는 것이다. ‘좆 대갱이’라고 하니

까 샌님이 '이놈 뭐야?'라고 하니까 말뚝이는 자기 말을 뒤집어 '조기 대갱이'라 했다고 유음어로 돌려서 표현한 것이 그것이다. 이는 비속어를 쓰고, 유음어 '조기 대갱이'로 바꾸어 양반을 문자 그대로 희롱한 말놀이다. 늘 압제(壓制)만을 받던 피압박 계층이기 때문에 이렇게 외설적인 사설로 양반을 희롱함으로써 답답한 가슴을 달래고 위로 받으려 했던 것이라 할 수 있다.

이러한 외설적인 사설 뒤에 사처(下處)를 잡아 놓고 말뚝이가 그 결과를 보고 할 때도 곁말이 쓰이고 있다. 이것도 유음어에 의한 곁말이다.

> 말뚝이: (前略) 양칠 간죽(簡竹) 자문죽(自紋竹)을 이리저리 맞춰 놓고 삼털 같은 칼담배를 저 평양 동푸루 선창에 돼지 똥물에다 축축 축여 놨습니다.
> 생원: 이놈, 뭐야?
> 말뚝이: 아 이 양반 어찌 듣소? 쇠털 같은 담배를 꿀물에다 축여 놨다 그리 하였소.
> 양반들: (합창) 꿀물에다 축여 놨다네. (굿거리 곡에 맞춰 일제히 춤춘다.)

'선창의 돼지 똥물에다 축축 축여 놨습니다.'를 '쇠털 같은 담배를 꿀물에다 축여 놨다.'고 돌린 것이 유음어에 의한 말장난이다. 이 어희도 양반을 조롱하고자 한 것임은 앞의 외설적 곁말과 한가지이나, 이는 익살스러운 사실로 된 것이 저들과 다른 점이라 하겠다.

서초에 말똥을 싸서 붙여 오니

지난날 담배는 잎담배를 썰어 피웠다. 이는 앞에서 살펴본 '봉산탈춤' 대사에서 말뚝이가 돌려서 말한 것처럼 꿀물에 축여 쇠털같이 잘게 썰어 피우는 것이 제격이었다. 그러기에 춘향전에도 보면 이명선본, 남원고사, 동양문고본, 최고본에는 꿀물에 축이거나 뿜는 장면이 나오고, 고대본에는 잘게 써는 장면이 보인다.

성천초(成川草) 좋은 담배 꿀물에 촉촉이 축여 천은 설합에 가득히 넣어 토인(通引) 들려 뒤에 세우고..

위의 예문은 이명선본에 보이는 것으로, 꿀물에 축였음을 보여준다. 잘게 써는 고대본의 장면은 다음과 같다.

진안초(鎭安草) 넓은 잎새, 그 중에 골라내어 마디 앗어 접첨접첨 발밑에 넣었다가 잠이 꼭 잔 연후에 산유자 목침 내어 놓고, 벽에 걸린 오동철병(梧桐鐵甁) 반은장도 옥수로 빼어 한 허리를 선뜻 잘라 탈락같이 잘게 썰어 은수복(銀壽福) 백통대에 장가락으로 눌러 담아...

이는 도령이 춘향이네를 처음 찾은 날, 춘향이 담배를 썰어 이 도령에게 권할 때의 모습이다. 여기 '탈락'은 터럭으로 잘게 썬다는 말이다.

그런데 이와는 달리 말뚝이가 양반을 조롱한 말과 유사하게 꿀 물 아닌, 말똥을 싸서 담배를 피우게 함으로, 독자를 웃기는 해학적 사건이 벌어지는 장면이 최고본에는 그려져 있다. 이는 이른바 육담이라고나 할 곁말이다.

술 마시고 음식상 다그어 놓고 하나를 남기지 아니하고 주린 판에 비위(脾胃)가 열려 순식간에 다 후무려 때리고 또 상좌(上座)에 통하기를,

"사월 팔일에 등 올라가듯 상좌에 말씀 올라가오. 음식을 잘 먹었소만은 또 괘씸한 입이 시어 못 하겠소 저 초록 저고리 다홍치마 입은 동기(童妓) 좀 내려 보내시면 호사하는 판에 담배까지 붙여 먹겠소"

운봉 영장(雲峰營將) 기생 불러,

"붙여 드리라."

그 기생 나려오며,

"그르사나 수컷이라 제반 악종의 소리를 다 하네. 운봉 안전은 분부 한 몫을 맡았나 보다. 담뱃대 내시오"

어사 돌통대를 내어주니 그 기생이 서초(西草)에 말똥을 싸서 붙여오니, 어사 대 받고,

"이리 오너라. 절묘하다. 게 앉었다가 한 대 더 붙여라."

손목을 잡고 앉었더니 이윽하여 뱃속에서 별안간이 륙좌기(六角)

하는 소리처럼 뚱땅 주루룩 탁탁 별별 소리가 다 나더니 뱃속이 꿈틀하며 방귀가 나오려 하고 밑궁글 뚫는지라. 발뒤축 잔뜩 괴였든 것을 슬며시 터놓으니 부스스 하고 그저 뭇대여 연속히 나오는 방귀가 왼 동헌(東軒)에 다 퍼지니 그 내가 어찌 독하든지 곳 코를 쏘는지라, 좌중이 저마다 코를 가리오고, 응 소리가 연속한다. 본관이 호령하되,

"이것이 필시 통인 놈의 조화로다. 사책하여 바삐 몰아내치라."

어사 통하되,

"통인은 애매하오. 내가 과연 방귀 자룬지 꿰었소"

하고 한번 통한 후는 그저 무한이 술술 통통 꿔여 버리니 왼 동헌이 모다 구린내라. 모든 수령 혀를 차며 운봉의 탓만 하더니...

이는 골계(the comic) 가운데 유머에 속할 만한 것이다. '수컷이라 제반 악종의 소리를 다 하네.' 하는 동기의 말은 남존여비의 사상을, '이것은 필시 통인 놈의 조화로다.' 한 본관의 말은 사회적 계층 차별을 실감케 한다. '류좌기'하는 소리처럼 육자비, 곧 육각(六角)을 하는 것처럼 뱃속에서 '뚱땅 주루룩 탁탁' 하더니 방귀가 '부시시' 연속하여 나온다는 것은 사실적 묘사로서 웃음을 자아내게 하는 것이다. 특히 참을 수 없는 냄새에 '응' 하는 대목에서는 폭소를 금치 못하게 한다.

춘향전은 역경 속에 고난을 당하는 애정 사건을 그린 소설이면서, 이렇게 비극적 장면 외에 중간 중간에 희극적 요소를 가미함으로, 독자로 하여금 웃으며 읽게 하는 매력을 선사한다.

27. 성자(姓字)를 헐어 판 성(姓)

가갸거겨 가이업슨 이 내 몸

춘향전에서 이 도령과 춘향이 만나는 과정은 다양하게 묘사되어 있다. 1940년 『문장지』에 소개된 『이명선본』 고사본 춘향전(1910년 필사)에서는 두 사람이 처음에 광한루에서 만나는 것이 아니다. 춘향의 집에서 만난다. 방자의 협박에 춘향이 갈잎에 써 준 '기러기 안(雁), 나비 접(蝶), 게 해(蟹), 비들기 구(鳩)' 넉 자의 전갈을 받고, 여자의 체면에 갈 수 없으니 도령으로 하여금 찾아오라는 뜻임을 알고, 도령이 그녀의 집을 찾은 것이다.

이 도령은 춘향을 만나고 싶은 간절한 마음에 대문대문 글을 읽다가 경서를 보려면 언해(諺解)가 있어야 하는데, 언해가 없어 못 읽겠다며 한글 풀이를 하는 장면이 보인다. 이때 도령과 방자가 다 유음어에 의한 곁말을 한다.

"에라 이놈, 물너거라. 경서를 보랴 하면 은해(諺解) 업서 못 하것다. 가갸거겨 가기야 가지마는 거러가기 어려워라."

방자놈 달려들며,

"언문을 배우거든 문리(文理)를 들어 보오."

"네 어디 읽어 보아라."

"가갸거겨 가이업슨 이 내 몸이 거지(居地) 업시 되엿고나. 나냐너녀 날 오라고 부르기를 너고 나고 가자고나. 다댜더뎌 다닥다닥 부친 정이 덧업시도 되엿고나. 라랴러려 날나가는 원앙새야 너고 나고 짝을 짓자. 풍긔풍긔 잘 한다.

"에라 이놈, 상놈일다.…"

여기 유음에 의한 곁말은 '언문뒤풀이'라는 타령이다. '언문뒤풀이'는 다양한 것이 있다. 이는 흔히 장타령, 또는 각설이타령이라 하는 것이다. 여기 두 사람의 대화에 쓰인 '언문뒤풀이'는 부분적인 것으로, 말놀이를 한 것이다.

우선 도령의 언문풀이 "가갸거겨 가기야 가지마는 거러가기 어려워라."는 '가갸'의 첫 소리 '가'를 활용해 '가기야 가지마는'이라 말놀이를 하고, 이어 '거겨'의 첫 소리 '거'를 활용해 '걸어가기 어려워라'라 부분 동음어를 활용하여 말놀이를 한 것이다. 방자의 언문풀이도 '가갸'의 '가이업슨 이 내 몸', '거겨'의 '거지없이 되었고나' '나냐'의 '날 오라고 부르기를', '너녀'의 '너고 나고 가자구나', '다댜'의 '다닥다닥 붙인 정이', '더뎌'의 '덧없이도 되었구나'도 어두음과 같거나, 비슷한 음의 말을 활용하여 곁말을 한 것이다. 이에 대해 '라랴'의 '날라가는 원앙새야', '러려'의 '너고 나고 짝을 짓자.'는 어두에 유음어를 활용하여 곁말을 한 것이다. 이렇게 함으로 흥미를 돋우고, 운율성을 드러내었다.

강령탈춤의 언문뒤풀이

이러한 한글풀이는 '강령탈춤'에도 '언문 뒤풀이'라고 하여 보인다. 여기서는 노랫조로 불려 좀 더 시가의 형식과 맛을 드러내고 있다.

> 취발이 : (前略) (아들말로 흉내 내어) 아부지 한문만 배와서 뭣 하갔어요? 언문좀 배워 주시오
> (취발이 말로) 에끼 자식, 언문을 배와 뭣 하겠느냐?
> (아들 말로) 혹시 커서 화방(花房) 출입을 하드래도 언문을 배워야 화방 편지를 하지 않겠습니까?
> (취발이 말로) 그래라. 그러면 언문을 배우자. 가갸 거겨 고교 구규.
> (아이 말로) 아부지. 그렇게 배워 주지 말고 언문 뒤풀이로 배워 주시오
> (취발이 말로) 그래라.
> (노랫조로) 가나다라마바사아자차 잊었구나. 기역 니은 디귿 허니, 기역 자로 집을 짓고 니은 같이 사쟀더니 디귿 같은 이별이라. 가갸 거겨 가이없은 이 내 몸이 거지 없이 되었구나. 고교구규 고생하던 요 내 몸이 구구하기 짝이 없네. 나냐너녀 나귀 등에 솔질하여 순금 안장 지여 타고 사해강산(四海江山) 널은 천지 주유천하 하잣구나.

노뇨누뉴 노자 노자 앵무배(鸚鵡杯)에 잔 가득히 술 부어라. 이별 낭
군 배송하자. 다댜더뎌 다닥다닥 붙은 정이 더지 없이 떨어진다. 도
됴두듀 도장(道場) 도장(道場) 늙은 몸이 갱소년(更少年)은 못 하리라.
라랴러려 날아가는 앵무새는 너와 나와 짝이로다. 로료루류 노류장
화(路柳墻花) 인개가절(人皆可折) 날로 위해 풀이를 내네.(下略)

강령탈춤의 마지막 과장(科場), 제2경 '취발이 춤'에 나오는 대사
다. 한량 취발이는 노승에게서 소무(小巫)를 빼앗아 얼러 아이를 낳
는다. 그리고 이 아이에게 초학으로 천자를 가르치고, 아이의 요구
에 따라 언문을 가르치는 대문이다.

이 때 한글풀이가 나오는데, 이는 이명선본 춘향전의 언문뒤풀
이를 다소 수정하고, 보충한 것이다. 곧 '가갸거겨' 풀이는 비슷하
고, '고교구규' 풀이는 덧붙였다. 이들도 다 춘향전의 한글풀이와
같이 자모에 어두음이 같거나, 비슷한 단어를 끌어다가 풀이를 함
으로 곁말을 한 것이다.

'가겨거겨: 가이없은 이 내 몸', '고교구규: 고생하던 요 내 몸',
'나냐너녀: 나귀 등에 솔질하여', '노뇨누뉴: 노자 노자', '다댜더
뎌: 다닥다닥 붙은 정', '도됴두듀: 도장 도장 늙은 몸', '라랴러려:
날아가는 앵무새', '로료루류: 노류장화 인개가절'이 그것이다.

이러한 언문뒤풀이는 봉산탈춤의 제4과장 제3경에도 보인다. 이
장면은 강령탈춤의 장면과 마찬가지나, 뒤풀이는 약간 변조되고
간결한 것이 특징이다.

취발이 : (前略) (자기 소리로) 가나다라 마바사아 자차카타 아차차 잊었구나. 기역 니은 지긋하니 기역 자로 집을 짓고, 니은같이 사잤더니 지긋같이 벗어난다. 가갸거겨 가이없은 이 내 몸은 거지 없이 되었구나. 고교구규 고생하던 이 내 몸이 고구하기 짝이 없다. 나냐너녀 날아가는 원앙새야 널과 날과 짝을 두워, 노뇨누뉴 노류장화 인개가절 눌로 말미암아 생겼는고? 다댜더뎌 다닥다닥 붙었던 정이 덧이 없이 떨어진다. 도됴두듀 도장에 늙은 몸이 두고 가기 막연하다. (춤추며 아이를 끌고 퇴장한다.)

언문뒤풀이는 이밖에 예산 지방의 민요에도 다음과 같은 재미있는 것이 보인다.

가갸 가다가/ 거겨 걸어서
고교 고기 잡아/ 구규 국 끓여서
나냐 나하고/ 너녀 너하고
노뇨 노나먹자.

이 민요도 두음을 맞춘 곁말의 노래임은 말할 것도 없다.

성자(姓字)를 헐어 판 성(姓)

동음 내지 유음어에 의한 곁말을 보았으니 다음에는 파자를 보기로 한다. 신재효의 심청가에는 파자에 의한 통성명이 많이 보이는데 그 마지막 부분이다.

"또 저분은?"

"예, 내 성은 전에 무(無)한 대성이지. 서한(西漢) 적에 나라의 댁으로서 권세가 대단하고, 진(晉)나라 시절에도 오의항(烏衣巷) 주작교(朱雀橋)에 모두 우리 집으로서 한다는 사가(謝家)들도 꼼짝을 못하더니 차차 가세 그릇되어 살 수 없는 고로 걸립(乞粒)을 따라다녀 무동(舞童) 꽃을 받았더니 그것이 성자(姓字) 되어 이번은 남의 앞에 숨도 크게 못 쉬지요"

"예, 임금 왕자 위에 사람이 섰으니 인왕 전(全)자요"

"예, 그러하오."

"저분은?"

이 봉사가 나앉으며 성을 썩 안 이르고 하염없는 긴 한숨을 치 쉬고 내리 쉬니, 봉사들 하는 말이,

"여보, 저 분 성 묻는데 한숨은 왜 쉬시오?"

저 봉사 대답 없이 훌쩍훌쩍 우는구나. 여러 봉사 책망하여,

"당신 한 분 성 듣자고 우리 식구 예서 자오"

성화같이 재촉하니, 저 봉사 하릴없어 한숨 반 울음 반 성자를 내놓는데,

"여보시오, 내 성자가 그 전에는 좋디좋아 침들을 삼키더니, 지금은 궂디궂어 남의 앞에 내놓자면 눈물이 먼저 나와 말할 수가 없소그려. 당초에 내 성자가 부자라는 부(富)자로서 필자(筆者)하신 우리 선조 만고에 유명터니 자손이 점점 영체(零替)하여 가산 전지 팔아먹고, 심지어 선롱산지(先壟山地) 다 팔아먹은 후에 다시는 팔 것 없어 성자를 헐어 놓고 차차 팔아먹을 적에 나무 목(木)자 목 서방이 갓벙거지 사다가서 목자 박아 쓰고 나니 지금은 송(宋)씨 되고, 나여(余)자 여 서방이 한 일(一)자 사다가 앉을 방석 하여 놓으니 지금은 김(金)씨 되고, 입 구(口)자 구 서방이 입 하나만 가지고는 성자

| 315 |

가 초랗다고 입 구(口)자를 또 사다가 제것 하고 합쳐 놓으니 지금
은 여(呂)씨 되어, 사간 사람 세 집들은 당당한 벌족(閥族) 되고, 팔
아먹은 내 신세는 갈수록 할 수 없어 남은 것을 마저 팔자 아무리
서둘러도 진결(陳結)이 무섭다고 백문(白文)에도 살 이 없어 그저 가
지고 다니오.”

“예, 당신 성이 밭 전(田)자요”

“그러하오”

“가난하면 파는 곳을 많이 구경하였지요 헐어 파는 것과 족보 신
주(神主) 파는 것을 홍정도 붙였으되 성자 헐어 판단 말을 오늘에야
처음 들었소 저 옆에 눈 뜬 아이 네 성은 무엇이냐?”

봉사 동행이라 그것도 의뭉하여,

“내 성은 아이지요”

여러 봉사 웃어,

“아이 어른 성이 구별이 있단말까?”

“그렇지요 내 성은 우리 아비가 새 새끼 하나 잡아 길들이라 날
주기에 꽁지에 공작이며, 콧구멍 당사(唐絲) 수실 받침대에 앉혀 들
고 줄밥을 먹였더니 나보다 큰 아이가 새 새끼는 뺏어가고 받침대만
남았소”

“오, 네 성이 곰배 정(丁)자냐?”

“예, 그러하오”

이렇게 해서 마침내 파자에 의한 익살스러운 통성명은 끝이 난
다. 위의 파자에 의한 성씨의 내력을 간단히 정리해 보면 다음과
같다.

‘전(全)’씨는 본래 ‘왕(王)’씨로서 한(漢)이나 진(晉) 나라 때 ‘왕망’

이나 '왕도'와 같이 권세가로 '사안(謝安)' 등의 세가(勢家) '사(謝)'씨들도 꼼짝 못하는 집안이었다. 그러나 지금은 영락하여 남의 앞에서는 숨도 못 쉬는 성이 되었다는 것이다. 이는 '전(全)'자를 '인왕전(全)'자로 파자하여 '왕(王)'씨가 '남(人)'에게 눌려 숨을 못 쉬는 것으로 풀이한 것이다.

'전(田)'씨는 본래 성이 '부(富)'씨였는데 집안이 영락하여 성자를 파자하여 목(木) 씨에게 갓머리(宀)를, 여(余)씨에게 한 일(一)자를, 구(口)씨에게 입 구(口)자를 떼어 팔아 밭 전(田)자만이 남아 '전(田)'씨가 되었다는 것이다. 그리하여 '부(富)'씨에게 글자를 사간 사람은 각각 송(宋)씨, 김(金)씨, 여(呂)씨와 같이 벌족이 되고, 자기네 전(田)씨는 몰락했다는 것이다. 정(丁)씨는 그 글자의 형태가 받침대 모양으로 생겨 새 받침대라고 파자한 것이다.

전공(前孔)이오, 후공(後孔)이오?

다음에는 동음어에 의한 유머를 하나 보기로 한다. 이는 조선조의 유명한 문장가인 유몽인의 패설집인 『어우야담』에 전하는 이야기다.

이 아무개와 김 아무개는 친한 친구 사이였다. 이 씨의 부인은 글을 할 줄 알았고, 김 씨의 부인은 일자무식이었다.

이씨가 김씨와 더불어 강을 건너 글을 읽으러 가는데, 이씨의 부인이 작은 종이에 글을 써 급히 계집종으로 하여금 이씨에게 보내왔다. 보니 여덟 자가 쓰여 있었다.

　"춘빙가외(春氷可畏) 신물경도(愼勿輕渡)"(봄날 얼음은 가히 두려운 것이니 삼가 가볍게 건너지 마십시오)

　김씨는 부러워하고, 그 부인을 기특히 여겼다.

　하루는 이씨가 김씨를 대하여 앉아 있다가 종으로 말을 전하여,

　"고문진보(古文眞寶)를 뒤져 내오라."고 하였다. 그러자 부인이 종으로 하여금 물어왔다.

　"전집(前集)이오, 후집(後集)이오?"

　김씨는 또 칭송하고, 집에 돌아와 그 아내를 책망하였다.

　"이씨의 아내는 유식하여 종으로 하여금 고문진보를 내어 오라 하니 그 아내가 묻기를 '전집이오, 후집이오?'하니, 그대는 어찌 식자(識字)를 못하고 책 제목을 모르오?"

　그리고 권질(卷帙)과 제목을 써 표하여 두고, 손을 대하여 종으로 하여금 "공총자(孔叢子)를 뒤져 오라." 하였다. 그러자 종이 다시 나와 이르되,

　"전공(前孔)이오, 후공(後孔)이오?" 하였다.

　주객은 잠잠히 말이 없었다. 한 손님이 가로되,

　"전공(前孔)이 좋도다. 후공(後孔)은 추하도다, 추하도다."

　하였다. 그러자 김씨는 부끄러워 머리를 들지 못했다.

　이 이야기의 클라이맥스는 물론 '전공(前孔) 후공(後孔)'에 있다. '공총자'란 공자(孔子)의 8세손인 한나라 공부(孔鮒)가 편찬한 것으로 전해지는 1권 21편의 책에, 공장(孔臧)이 편찬한 것으로 전해지

는 『연총자(連叢子)』 상·하 두 편을 붙인 것이다. 그 내용은 공자·자상·자고·자순의 일족에 대해 기술한 것이다.

이 책은 따라서 전공(前孔) 후공(後孔)으로 나뉠 성질의 책이 아니다. 그럼에도 김씨의 부인은 "전공이오, 후공이오?"라고 물었다. 그러니 주객이 묵연할 수밖에. 그러나 보다 묵연할 수밖에 없었던 이유는 오히려 딴 데 있었다고 할는지 모른다. 그것은 한 손님이 "전공이 좋고, 후공은 추하도다, 추하도다(前孔則好 後孔則 醜哉醜哉)."라 한 것이 그것이다. 여기서의 공은 성씨(姓氏)를 나타내는 공(孔)자인데, 손님의 해석처럼 '구멍 공(孔)'자로 해석하면 지독한 외설적인 말이 된다. 현숙해야 할 부인의 입에서 성(性)을 암시하는 점잖지 못한 말이 사랑에까지, 그것도 직접 전해진다는 것은 가군(家君)으로서는 부끄러워 고개를 들지 못할 사실이었기 때문이다.

이런 것을 보면 사람은 배우고, 알아야 한다. 아는 것도 바로 알아야 한다. 서툰 무당은 사람을 잡는다.

28. 순사 나리 궁둥이엔 개가 왕왕 짖누나.

8월이다. 광복(光復)의 달이다. 내년이면 어언 광복된 지도 70년이다. 그럼에도 통일의 전망은 밝지 않고, 분단의 장벽은 여전히 높기만 하다. 소통(疏通)해야 한다. 우리가 근세의 대처를 욕하듯, 후대(後代)들이 우리를 욕하지 않게 해야 한다. 뼈저린 반성을 해야 한다.

목(睦) 낭청조(郎廳調)라

목 낭청이란 성이 목(睦)가인 낭청 벼슬의 관원을 이르는 말로, 낭청이란 조선조 관아의 당하관 벼슬이다. "목 낭청조라"는 속담으로, 이는 "목 낭청의 조(調), 목 낭청의 태도"라는 말이니, 이는 완판본 춘향전인 열녀춘향수절가에 연유한다. "수절가"에서 목 낭청은 이 도령의 스승이요, 도령의 아버지인 남원 부사와 동문수학한 친구 사이다. 그런데 이 사람은 일정한 주견 (主見) 없이 남의 말에 덩달아 놀아나는 사람이다. 그래서 "목 낭청조라"는 정견(定見) 없이 남의 말에 분수없이 동조만 하는 것을 비유적으로 이른다. "수절가"에서 이 대목은 다음과 같이 되어 있다.

"이리 오너라. 책방에 가 목 낭청을 가마니 오시래라."
낭청이 드러오난듸 이 양반이 어찌 고리게 생겼던지 만지걸음 속(速)한지 조심이 담숙 들었던 것이였다.
"사또 그새 심심하지요?"
"아, 게 앉소 할 말 있네. 우리 피차 고우로서 동문수업하였건과 아시(兒時)의 글 읽기갓치 싫은 것이 없건마는 우리 아(아이) 시흥(詩興) 보니 어이 아니 즐거울손가?"
이 양반은 지여부지간(知與不知間)에 대답하겠다.
"아이 때 글 읽기같이 싫은 게 어디 있으리요?"
"읽기가 싫으면 잠도 오고 꾀가 무수하졔. 이 아이는 글 읽기를 시작하면 읽고 쓰고 불철주야하졔."
"예, 그럽듸다."
"배운 바 없어도 필재 절등하졔."
"그렇지요"
"점 하나만 툭 찍어도 고봉투석(高峰墜石) 같고... (중략)... 기운이 부족하면 발길로 툭 차 올려도 획은 획대로 되나니."
"글씨를 가만히 보면 획은 획대로 되옵듸다."
"글세, 듣게. 저 아해 아홉 살 먹었을 제... (중략)... 묘당(廟堂)에 당당한 명사될 것이니 남면이북고(南眄而北顧)하고 부춘어일수(賦春於一首) 하였다네."
"장래 정승하오리다."

사또 너무 감격하야 가지고,

"정승이야 어찌 바라겠나마는 내 생전에 급제는 쉬 하리마는, 급제만 쉽게 하면 출육(出六)이야 범연히 지내겠나?"

"아니요, 그리 할 말씀이 아니라, 정승을 못 하오면 장승(長丞)이라도 되지요"

사또가 호령하되,

"자네 뉘 말로 알고 대답을 그리 하나?"

"대답은 그리 하였사오나 뉘 말인지 몰라요"

그런다고 하였으되 그게 다 거짓말이였다.

이렇게 목 낭청은 윗 사람의 말에 비위를 맞추어 옳다고만 하고 부정할 줄 모르는 사람이다. 따라서 이는 종래의 표현을 빈다면 "지당 장관(至當長官)"에 해당한 사람이요, 달리 말하면 Yes맨이다. 상관의 말에 유유(唯唯), 부부(否否)하는 사람이다. 지난날 자유당 정권 때 "지당장관"이 유명했고, 오늘날은 소학생 아닌, 장관들이 받아 적기만 한다 하니 딱한 일이다. 이런 장관들이 "목 낭청조"의 인물들이다. 국가의 장래를 위해 소신을 가지고 일하는 인물이 아쉽다. 예문에 보이는 "정승을 못 하오면 장승이라도 되지요"는 해학적인 어말음에 의한 곁말이다.

순사 나리 개나리

다음에는 동음어에 의한 곁말을 하나 보기로 한다. 그것은 "나리요(謠)"다. 이는 안악(安岳)지방에 전해지는 풍자적 민요다.

　　순사 나리 개나리/ 나리 중의 개나린
　　봄 동산에 피였는데/ 순사 나리 궁둥이엔
　　개가 왕왕 짖누나.

　이 노래는 나리(나으리 · 進賜)와 나리(百合), 개나리(連翹)와 개(犬)-나리(進賜)를 동음에 의해 동일시하여 개나리꽃을 예찬하고, 순사, 곧 순경 나으리를 욕한 노래이다. 이 노래는 왜정시대 우리 민족을 괴롭히던 순경을 "개나리"라고 조롱함으로 겨레의 울분을 다소나마 가라앉히려 한 민요다(그런데 여기 개 짖는 소리가 아쉽게도 우리의 '멍멍'이 아닌, 일본어 "왕왕"으로 되어 있다.). 이러한 동음어에 의한 노래는 다음과 같은 아산(牙山)지방의 민요에도 보인다.

　　이리 치고 저리 치고/ 한강 그물/
　　고기 잡아다/ 먹어 치고
　　양반은 상놈 치고/ 상놈은 기집 치고,
　　기집은 개 불러다 똥 치고/ 개는 꼬리 치고

　이 노래에는 7개의 "치다"란 말이 쓰이고 있다. 그런데 이들은 다 같은 뜻의 말이 아니다. 이들 "치다"는 "투망, 완료, 구타, 처치, 요미(搖尾)" 등의 댓 가지 다른 뜻을 나타낸다. 이 노래는 동음이의의 "치다"를 반복해 씀으로 운율적 효과를 드러내고, 풍자적이고, 익살스러운 맛을 드러내고자 한 것이다.

대들보 량(樑)자를 쓰더니

우리 선조들은 일찍부터 벽사진경의 탈놀이를 하였다. 신라시대의 대면희(大面戱), 고려와 조선조의 궁중 나례(儺禮) 때 연행(演行)된 처용무(處容舞), 조선조에 들어와 나례 때 연희된 산대놀이가 그것이다.

동래야유(東萊野遊·들놀음)란 가면극이 있다. 이는 우리의 가면극을 묶어 산대놀이(산대도감계통극)로 보아 중부형, 해서형, 영남형으로 나눌 때 영남형에 속하는 것이다. 이는 낙동강변인 경남 합천군 덕곡면 밤마리에서 발생되었다.

영남형 산대놀이는 다시 오광대(五廣大)와 야유(野遊·들놀음)의 두가지 유형으로 나뉜다. 야유란 안(內)놀음, 사랑(舍廊)놀음, 판놀음의 대가 되는 것으로 넓은 들판에서 노는 것이다. 동래야유는 이런 놀음이다. 이 가면극의 내용은 다른 가면극과 마찬가지로 특권계층인 양반에 대한 조롱과 모욕적인 장면이 주가 되고, 파계승에 대한 풍자와 무제(巫祭)로 이루어져 있다. 그런데 이 동래야유에는 통성명(通姓名) 과정에서 우리의 주제인 "곁말"이란 말과 함께 홍미로운 용례를 보여 준다.

말뚝이: (전략) 내 하나 남은 것이 주색에 호탕하야 그리그리 다 닐망정 저 건너 지질(地質) 편편하고, 와가(瓦家) 청색집에 난간 다리 놓고, 통개중문(通開中門)하고 홍문거족(紅門巨族)에 소(蘇) 승상(丞相)의 자녀질이요.

원양반: 이놈 소 자(字)는?

말뚝이: 기화요초 초 도(卄) 밑에 삼강수(氵) 지친 점(·)에 오백미 쌀 미(米) 밑에 낙양소진(洛陽蘇秦)이 남각 북각 전(田)이라 하오.

원양반: 이놈, 그 자는 번(藩)자여든.

말뚝이: 게는?

원양반: 월중 덜중 단계목(丹桂木)이란 木자 밑에 만승천자(萬乘天子)란 子자로다.

말뚝이: 엇다, 이 양반아. 그 자는 우리나라 금상(今上)님의 성씨로다. 게 내 성자 (풀이)를 찬찬히 들어보오. 바라목대기란 木자 밑에 후루개자식이란 子자를 시(쓰)오 게는?

4양반: 좌(左) 삼삼, 우(右) 삼삼, 좌 홍두께, 우 홍두께 등 터지고 배터지고 출내무처 불수의란 衣자로 시(쓰)오.

원양반: 이전에는 대들보 양(樑)자를 시(쓰)더니 낭기(낡이) 정간목에 다 들어가고, 맹자(孟子)가 견양혜왕(見梁惠王) 양(梁)자로 시(쓰)오 게는?

각 양반이 각기 곁말로 답한다.

여기 쓰인 "곁말"이란 말은 파자에 의한 재담이며, 특히 성자(姓字)를 파자하여 재담을 한 것이다. 말뚝이의 자기 성에 대한 파자는 원양반이 지적한 것처럼 그가 무식하기 때문에 소(蘇)자 아닌, 번(藩)자를 잘못 파자한 것이다. 원양반이 자기의 성자를 "월중덜중 단계목"의 木자와 "만승천자"의 子자로 파자하니, 말뚝이가 그것은 李씨 왕조(王朝)의 성씨요, "바라목댁이(罷漏木)"이란 木자에 "후레개자식(胡奴狗子)"이란 子자로 고쳐 파자한 것은 양반을 조롱한 것이다. 제4양반의 곁말은 머리에 "ㅗ"부가 없는 성 배(褒)자를 파자한 것이다. 양(梁)씨 성의 양반은 본래 대들보 양(樑)자를 쓰는 성이었는데, 부엌(鼎廚間)의 화목으로 나무가 다 들어가 돌 양(梁)자 양씨가 되었다고 한 것이다. 모두 익살스럽고 기지에 넘친 파자다.

해 뜨는 데를 못 보는 성

성씨에 대한 파자는 탈놀이에만 보이는 것이 아니다. 이미 우리는 앞에서 신재효의 심청가와 흥부전의 파자를 본 바 있다. 이렇게 통성명에 의한 파자는 곳곳에 쓰이고 있다. 이는 그만큼 사람들의 관심의 대상이 되고, 흥미롭기 때문이라 하겠다. 이에 내친 김이니 심청가의 통성명에 대한 파자 장면을 하나 더 보기로 한다.

> 한 봉사가 발론(發論)하여, "우리 식구 수가 많으니 통성명을 다 하다는 길 갈 수 없겠으니, 성자만 이르시오"
> "그럽시다. 내 성은 전엔 수레 차(車)자더니 초라하기에 앞뒤 연(輦) 촛대를 떼어버렸소" "예, 납 신(申)잔가 보오"
> "내 성은 해 뜨는 데를 못 보는 자요"

"예, 동이 막혔으니 묵을 진(陳)자시오."

"그러하오."

"또 저분은?"

"내 성은 중이 길에서 똥 누는 자요."

"예, 굴갓이 흙 묻을까 지팡이 박고 덮었으니 송(宋)씨시오."

"예, 그러하오."

"저분은?"

"내 성은 호반(虎班)의 성이오 긴 활 메고 다니지요."

"예, 당신이 장(張)씨요."

"예, 그러하오."

"저분은?"

"나는 몹시 무식하여 진서(眞書) 성은 못 가지고 언문 성을 가졌지요."

"언문의 무슨 자요?"

"모묘 못자에 시옷 받쳤지요."

"예 오(吳)씬가 보오."

"그러하오."

"저분은?"

"내 성은 음으로 들으며는 보물로 값있다가 글자로 써 놓으면 양반 행세 할 수 없소." "예, 당신 성이 은 나라 은(殷)자요."

"예, 그러하오."

"저분은?"

"내 성은 재주 재(才) 변에 적을 소(小)자 하였소."

"예, 재주가 적으면 새끼 초라니요."

"아니요 써 보시오."

"예, 박(朴)씨시오."

“예, 그러하오.”

“저분은?”

“내 성은 막대기 들고 토끼 쫓는 자요?”

“그것은 사냥꾼의 성이요 버들 유(柳)자시요.”

“예 그러하오.”

“저분은?”

“예, 나는 우리 자당이 오입하신 아씨로서, 서방님이 세분인데, 고(高)씨, 이(李)씨, 정(鄭)씨지요 나를 배어 낳으신 후에 성을 쓸 줄 몰라 노염 없이 하느라고 셋의 성 한 편씩을 떼다 글자 만들고서 삼수(三數)로 본 씨(氏)요.”

“예, 성은 곽(郭)씨로되, 셋이나 병립(竝立)하면서 봉사로 만들어요?”

“대답이 무던하이.”

“상좌(上佐)가 여럿이면 가마솥을 깨뜨리지요.”

“저분은?”

“내 성은 소 속에 들면 병이 되고, 사람 속에 들어가면 약이 되는 자요.”

“예, 누를 황(黃)자요.”

“예, 그러하오.”

통성명은 이 뒤에도 계속된다.

심청가의 성자에 대한 파자는 기발한 것이 많다. 그리하여 지루하기는 고사하고 재미가 있다. 그리고 다음에는 어떤 성을 어떻게 파자하나 기대하게 된다.

“신(申)”씨는 차(車)씨가 앞뒤의 연촛대(연의 멍에에 가로 대는 나무), 곧 차(車)자의 위아래의 가로 획, 한 일(一)자의 두 획을 빼어 신(申)씨가 되었다고 파자한 것이다. "진(陳)"씨는 좌부방(阜)에 동녘 동(東)자를 썼으니 언덕(阜)이 동쪽을 가로막아 해 뜨는 데를 보지 못하는 자라 한 것이다. 송(宋)자는 갓머리(宀) 아래 나무 목(木)을 하였으니 나무에 갓을 씌운 것으로 파자한 것이다. 그런데 여기서는 이를 중(僧)이 변(便)을 보면서 갓을 막대기에 씌워 놓은 것으로 파자한 것이다. 그것도 보통 갓이 아닌, 벼슬한 중이 쓰는 대나무로 만든 "굴갓"을 씌워 놓았다고 중을 희롱한 것이다. "장(張)"자는 글자 그대로 "궁(弓)", 장(長)으로 파자하여 긴 활을 메고 다니는 무반(虎班)이라 한 것이다. "오(吳)"자는 자형이 한글의 "못"자와 비슷하여 한글로 파자하여 재담을 한 것이다.

"은(殷)"씨는 은(銀)과 동음이어 보물이라 하였으나 양반 성은 못 된다 한 것이고, "박(朴)"자는 나무 목(木)자와 점 복(卜)자로 파자하지 아니하고, 재주 재(才)와 적을 소(小)자로 기발한 파자를 한 것이다. 그리하여 "재주가 적으면 새끼 초라니"라는 재담도 나오게 되었다. "초라니"란 나례(儺禮)를 거행하는 재인(才人)이다. 유(柳)자는 나무 목(木)과 묘(卯)자로 파자하여 간지(干支)에 따라 막대기로 토끼를 쫓는 사냥꾼으로 파자한 것이다. 곽(郭)씨는 외설적 파자를 한 것으로, 이는 그의 어머니가 고(高)씨, 이(李)씨, 정(鄭)씨와 관계를 하고 태어나 이들이 노여움 없이 하느라, 세 사람의 성을 조합하여 곽(郭)씨 성을 가지게되었다고 한 것이다. 이는 파자도 걸작이거니와, 셋이 병립(竝立)하여 아이를 낳게 하고도 봉사를 만들었느냐는 평자의 재담이 익살스럽다 못해 눈물 나게 한다. 황(黃)자는 파자 아닌, 동음어에 의한 곁말을 한 것이다. 이는 성씨를 우황(牛黃)의 황(黃)에 연결시켜, 소의 속에 들면 병이 되고, 사람의 속에 들어가면 약이 된다고 한 것이다. 별다른 표현적 가치를 지니지 아니하는 성자(姓字)도 이렇게 파자, 혹은 곁말이란 과정을 거치게 되면 익살스럽고 흥미로운 표현이 된다. 언어 표현만이 아니다. 인간만사가 다 그러하다. 제대로 된 발상을 해야 한다.

29. 술집 주모의 기지(機智)

정유년 닭의 해를 맞아

정유년은 닭의 해다. 이에 닭과 관련된 이야기로 새해의 '곁말기행'을 시작하기로 한다.

우리에게는 가축 개·돼지·소·닭 등이 등장하는 민화(民話)가 있다. 닭이 돼지·소·개에게 각각 먹는 것밖에 모른다, 무식하다, 비천하다며 비하하고, 자기는 관(벼슬)이 있고, 시보(時報)를 하며 '고귀(高貴)요'하고 우는 고귀한 존재라 으스댄다. 이에 화가 난 개가 닭의 벼슬을 물어뜯어 닭의 벼슬이 톱니 모양이 되었다는 이야기다.

중국에서는 정월 초하루를 닭날(鷄日)이라 한다. 그리고 닭은 오덕(五德)이 있다고 한다. 길조(吉鳥)라 본다.

성경의 창세기에는 하나님이 첫날 빛을 창조하고, 차례로 매일 하늘, 땅, 식물, 동물, 인간을 창조하였다. 그런데 중국의 신화(神話)

에서는 인류의 시조 여와(女媧)가 이 세상을 창조할 때 닭부터 만들었다. 그래서 새해의 첫날도 닭날(鷄日)로 되어 있다. 첫날 닭을 만들고, 둘째 날 개, 셋째 날 양, 넷째 날 돼지, 다섯째 날 소, 여섯째 날 말, 일곱째 날 사람을 만들었다. 제7일에 비로소 사람을 창조하였다. 그래서 제7일을 '인승절(人勝節)'이라 하여 사람을 기린다. 중국에서는 이렇게 최초로 닭이 창조되었고, 닭은 다섯 가지 덕, '오덕(五德)'을 지녔다고 칭송한다.

닭의 오덕이란 문덕(文德), 무덕(武德), 용덕(勇德), 인덕(仁德), 신덕(信德)이다. 닭이 이러한 오덕을 지녔다는 것은 닭이 머리에 벼슬을 지니고 있어 문덕을, 며느리발톱이 있어 싸움을 잘해 무덕을, 적 앞에서는 목숨을 걸고 싸워 용덕을, 먹을 것이 있을 때 저 혼자 먹지 아니하고 동류를 불러서 쪼아 먹어 인덕을, 밤을 지킬 때 실시(失時)하지 않고, 새벽을 알려 신덕을 지녔다고 보는 것이다. 이는 인간의 오덕(五德)을 패러디한 것으로 비유에 의해 곁말을 한 것이다. 인간의 오덕에는 유학(儒學)의 오덕과 병가(兵家)의 오덕이 있는데, 특히 병가의 오덕을 패러디한 것이라 볼 수 있다. 병가의 오덕이란 무사가 지켜야 할 덕으로 지(智)·인(仁)·용(勇)·신(信)·엄(嚴)의 다섯 가지다. 닭의 오덕은 병가의 오덕 가운데 지덕(智德)을 문덕(文德)으로 바꾸어 닭이 문무의 덕을 아우르게 하였다. 세상이 사람답게, 사는 듯이 살자면 문무의 덕을 갖추고, 무엇보다 인(仁)·용(勇)·신(信)의 삼덕(三德), 곧 사랑과 용기와 신용을 갖추어야 한다. 이런 의미에서 닭의 오덕은 인간이 기리고, 본을 받아야 할 것들이다. 정유년을 맞아 닭의 오덕을 갖추고 멋진 한 해를 경영하시기 바란다.

술집 주모의 지혜

닭의 오덕에는 병가의 지덕(智德) 대신 문덕(文德)이 들어갔다고 하였다. 이에 지혜나, 위트에 의한 곁말을 하나 보기로 한다. 이 이야기는 문덕을 지닌 선비도, 무덕을 지닌 용장도 아닌, 야담에 나오는 시골 주모(酒母)의 기지(機智) 이야기다. 그 이야기는 이러하다.

조선조 중종 때 도내(道內)의 군무(軍務)를 순찰하는 임무를 맡아 보던 순찰사(巡察使)가 있었다. 그는 어느 대촌 뒷산에 선친을 이장(移葬)하려 하였다. 그러자 600 여호 되는 마을은 발칵 뒤집혔다. 뒷산에 무덤을 쓰게 되면 마을에 재앙이 찾아올 것이라는 것이었다. 그러나 순찰사의 시퍼런 권력이 무서워 아무도 나서서 반대할 수 없었다. 숨어서 대책을 논의하며 끌탕을 하였다. 이를 본 마을의 주모(酒母)가 웃으며 말하였다.

"사또로 하여금 이장을 못하게 할 쉬운 방법이 있는데 무얼 그리 걱정들 하십니까? 동리에서 한 사람당 한 냥씩만 거두어 주시면, 제가 목숨을 걸고 해결해 드리겠습니다."

"만약 실패하면 어떻게 할 텐가?"

"그때는 저를 죽여도 원망치 않겠습니다."

마을에서는 수천 냥을 거두어 주모에게 주고, 일을 부탁하였다.

주모는 이장하는 날을 알아보아, 그날 한 단지의 술과 닭을 잡아 안주를 마련하여 길목에 서 순찰사를 기다렸다. 얼마 후 순찰사가 당도하였다. 주모는 합장을 하며 인사를 드리고 이렇게 말하였다.

"쉰네는 죽은 지관(地官) 김유정의 처입니다. 사또께서 이곳 명당 (明堂)에 이장하신다는 말씀을 들었습니다. 그래서 간단히 술과 안주를 마련하여 축하드리러 왔습니다."

하인들이 노파의 접근을 막았다. 순찰사는 지관의 처라는 말에 노파를 불러 물었다.

"자네는 어찌 이곳을 명당이라고 하는가?"

"쉰네의 남편이 생전에 말하기를 이곳에 무덤을 쓰기만 하면 당대에 반드시 왕후(王侯)가 태어난다고 했습니다. 쉰네가 매일 이곳을 지나다녔으나, 지금껏 아무도 무덤을 쓰지 않았습니다. 지금 순찰사께서 이렇게 좋은 명당을 알아보시고 이장을 하시려는데 어찌 축하를 드리지 않을 수 있겠습니까? 더구나 쉰네에게는 늦둥이가 하나 있습니다. 엎드려 청하건대 후일에 거두어 주시기 부탁, 부탁드립니다."

이 말을 들은 순찰사는 크게 놀라 하인들을 시켜 노파의 입을 막은 다음 이장을 단념하고, 허겁지겁 돌아갔다.

순찰사는 명당이라 하나, 당대 발복(發福)하여 왕후(王侯)가 태어난다는 말에 놀라, 주모의 입을 막고, 도망치듯 돌아간 것이다. '왕후(王侯)'가 태어날 자리에 이장한다는 것은 역심(逆心)을 품은 것이 되기 때문이다. 당시에는 역모를 하면 본가는 말할 것도 없고 삼족(三族)을 멸하였다. 게다가 소문이란 발 없이 천리를 가는 것이라 왕후가 태어날 명당에 이장을 하였다는 소문은 삽시간에 퍼질 것이고, 그렇게 되면 멸문지화(滅門之禍)를 당할 것이 뻔하기 때문이다. 그리하여 순찰사는 주모의 입을 막게 하고, 이장을 단념하고 철수한 것이다. 이장 사건은 이렇게 주모의 기지로, 묘수(妙手)가 없어 걱정하던 동네의 근심은 후환 없이 해결하였다. 그리고 주모는 주모대로 간단히 큰 돈을 챙겼다. 놀라운 지혜의 덕이다.

다음에는 주모의 기지와 같이 재치 있는 응수를 한 야담을 하나 더 보기로 한다. 이는 서장관(書狀官)의 희롱에 대한 기생의 재치 있는 응수다.

조선 후기의 문인 홍만종(洪萬宗)의 장인 정 상공(鄭相公)이 평안도 도정(道政)의 책임자인 안찰사(按察使)로 있을 때의 이야기다. 북경으로 가는 사신 일행이 평양에 들어왔다. 그러자 정 상공은 잔치를 베풀어 이들을 위로하였다. 잔치에 참석한 기생 가운데는 얼굴에 주근깨가 많은 기생이 있었다. 이를 본 서장관(書狀官)이 희롱의 말을 건네었다.

"네 얼굴에는 주근깨가 많아 기름을 짜면 여러 되가 나오겠구나, 하하하"

이렇게 희롱을 한 서장관의 얼굴은 몹시 얽어 있었다. 이에 기생은 그 말을 받아서 곧장 반격하였다.

"서장관께서는 얼굴에 벌집이 많은데, 꿀을 취하면 여러 섬이 되겠습니다."

기생의 말에 서장관은 할 말을 잃었다. 그리고 정 상공은 그 기생의 임기응변(臨機應變)에 감탄하여 상을 내렸다.

요사이 갑질이란 말이 유행이다. 기생에게 서장관은 높디높은 갑이다. 그래서 서장관은 제 꼴은 생각지 않고, 그러지 않아도 주근깨가 많아 기가 죽어 있을 기생의 약점을 들어 희롱하였다. 그러자 기생은 자기보호의 본능에서 죽을동살동 모르고 서장관을 공격하였다. 서장관의 얼굴이 얽은 것을 보고 '이에는 이'식으로 공격한 것이다. '기름을 짜는 것'에 대해 '꿀을 취하는 것'으로 대를 지어 힐난하였다. 얽은 것을 벌집에 비유해 '꿀을 취하면 여러 섬'이 되겠다고 한 것이다. 정곡을 찌른 걸작의 반격이다. 이에 서장관은 말을 잃었고, 정 상공은 기생의 임기응변의 대응을 높이 사상을 내렸다. 재치가 빚은 소화(笑話)다. 유머를 아는 정 상공의 도량도 놀랍다. "버르장머리 없는 못된 년이로다."하고 나무랐다면 그 장면이 어떻게 되었겠는가?

선녀와 수탉이 된 총각

다음에는 닭과 관련된 설화를 하나 보기로 한다. 잘 알려진 설화 가운데 하나로 '금강산의 나뭇군과 선녀'라는 것이 있다. 사슴을 구해준 나무꾼이 사슴의 보은(報恩)으로 선녀와 부부가 되고, 천상 생활까지 하였으나, 지상에 다니러 왔다가 약속 시간에 늦어 승천을 하지 못했다는 이야기다. 그런데 이의 변형이라 할 것에 수탉과 관련된 민담이 있다. 전북 지방에서 수집된 이야기다.

선녀가 천상에 올라간 뒤에 나무꾼은 다시 노루(여기서는 사슴 아닌 노루다.)의 가르침을 받는다. 오늘 저녁에 예의 연못에 두레박이 내려온다. 그러면 세 번째 두레박에 올라타라. 하늘에 올라가면 장인은 황계(黃鷄) 수탉, 장모는 구렁이가 되어 있을 것이라 했다.

나무꾼이 하늘에 올라가니 애들이 아버지 왔다고 반긴다. 그런데 윗목에 뻘건 수탉이 앉아 있고, 아랫목에는 구렁이가 목을 빼들고 앉아 있다. 나무꾼이 각각 장인 장모님이라며 절을 하니 이들은 장인 장모로 변신했다. 그래서 같이 사는데, 하루는 장인이 숨바꼭질을 하자고 하여 놀이를 하는데, 아내 선녀가 골무 속에 남편을 숨겨주어 장인은 지상에서 왔어도 숨바꼭질을 잘 한다고 1차 시험에 잘 통과하였다. 다음 시험은 화살을 주워 오라는 것이었다. 이것도 선녀 아내가 잘 도와주어 무사히 통과하였다. 그래서 나무꾼은 하늘나라에서 잘 살았다.

그런데 하루는 나무꾼이 지상에 좀 내려오고 싶었다. 선녀는 남편에게 장인한테 비루먹고 못생긴 말을 한 필 달래래서 다녀오도록 도와주었다. 나무꾼은 지상에 내려왔고, 박속을 안주로 하여 술을 마시는 것을 보게 되었다. 나무꾼은 이것이 먹고 싶어 죽을 지경이었다. 그래서 술 한 잔을 마시고 박속을 먹으려 하는 순간 말은 하늘로 날아 올라갔다. 하늘 문이 닫힐 시간이 다 된 것이다. 그래서 나무꾼은 선녀와 헤어져 살게 되었고, 지상에서 살다가 죽었다. 죽어서는 황계(黃鷄) 수탉이 되었다.

그런데 끼니때만 되면 아들이 천상에서 "아버지, 와서 진지 잡수세요-" 한다. 그러면 아버지 수탉은 "꼬끼요-, 박속으르르" 한다. 이는 박속을 먹어서 못 간다는 말이다. "박속으르르"하는 소리는 닭이 "꼬끼요"하고 운 다음 "고르르"하는 소리라 한다.

이 설화는 "나뭇군과 선녀" 설화에 수탉의 유래담이 덧붙은 것이다. 그리고 이 설화, 내지 야담은 지상과 천상의 대결에서 인간의 좌절을 나타낸 이야기라 본다. 그야 어떻든 지상의 인간으로 천인(天人)이 되었던 나무꾼이 수탉이 되었다는 것은 우리도 중국의 경우와 같이 닭을 귀한 새로 본 것이라 하겠다. 거듭 닭의 해에 상서로운 일이 많기 바란다.

이가(李哥)라면 이 갈린다

다음에는 동음어에 의한 곁말을 보기로 한다. 춘향전에서 월매(月梅)가 거지꼴이 되어 나타난 도령을 맞을 때의 모습은 이본(異本)마다 다르다. 그러나 대부분의 이본이 처음에 반기다가 걸인 행색을 보고 행악을 한다는 점은 같다. 정정렬판 춘향가는 처음 도령을 맞을 때의 장면을 이렇게 노래하고 있다.

> "나를 몰라? 우리 장모 망녕일세."
> 춘향모 이 말을 듣더니,
> "장모, 뭣이 어쩌고 어쩌여? 장모라니? 남원 읍내 외입장이놈들, 아니꼽고 더럽더라. 내 딸 어린 춘향이가 외인 상대를 아니허고, 양반 서방 허였다고 공연히 미워허여 명재경각이 되었는데 인사 한 마디는 아니하고 내 문전으로 지내면서 빙글빙글 비웃으며, 여보소 장모, 장모라면 환장할 줄로 아나? 이가라면 이 갈린다. 어서 가고 물렀거라."
> "허허, 장모 망녕이여. 우리 장모가 망녕이여. 서울 삼청동 사는 춘향 서방 이몽룡, 그래도 자네가 날 몰라?"
> 춘향 어머니, 이 말을 듣더니 어안이 벙벙하고, 두 눈이 캉캄허여,

한참 말을 못 허고 넋 잃은 사람 모양으로 우두머니 바라보더니, 우루루 달려들어 어사또 목을 부여안고,

　"아이고, 이것 누구여?... 몽룡이라니, 참말인가, 농담인가?"

　"진담이여."

　"어디 보세, 어디 보세. 어디 어디 이 사람아."

　이는 세속 인심과 춘향모의 변덕스러운 모습을 잘 드러내 보이는 장면이다. 여기서 "이가라면 이 갈린다."는 말은 간단한 곁말로서 이 도령에 대한 참을 수 없는 춘향모의 원망을 드러낸 말이다. 곧 성자 '이(李)'가의 '이'가 '이(齒)'와 동음인 데서 동음어에 의한 곁말을 한 것이다. 이렇게 성 '이'자를 가지고 곁말을 한 것은 이해조(李海朝)의 '옥중화(獄中花)'에도 보인다.

　어사도 소래를 크게 질러

　'春香(춘향)아'

　불으니 春香(춘향)이 깜짝 놀라,

　(春) 게 누오?

　(母) 내다.

　(春) 애그, 어머니오? 어머니 어찌 오셨소?

　(母) 왔다.

　(春) 무엇이 와요? 서울서 편지 왔소? 나 다리러 사람 왔소? 오다니 누가 왔소?

　(母) 잘 되고 貴(귀)히 되고, 고만 되고 가엾이 되고, 興(흥)나게 되고 불쌍히 되고, 더럽게 되고, 좋은 거지 되어 왔다.

(春) 누가 그리 되어 왔소?

(母) 너 平生(평생) 相思(상사)하는 李 書房(이 서방)인지, 서캐 書
房(서방) 왔다.

이 장면은 춘향모가 옥에 갇힌 춘향에게 이 도령이 왔다는 것
을 일러 주는 대목이다. 이때 춘향모는 성(姓)을 가지고 곁말을 하
고 있다. '이 사방인지 서캐 서방 왔다.'가 그것이다. 전라감사(全羅
監司)나 암행어사가 되라고 축수하였더니 거지가 되어 내려온 도령
을 보고 악담을 한 것이다.

이 대목은 완판본 계통의 이본도 "네의 서방인지 남방인지 걸인
하나이 내려 왔다."고 곁말을 하고 있다. 서방(書房)을 '서방(西房)'으
로 보아 방위를 나타내는 '남방(南房)'이라 곁말을 한 것이다. 그러
나 '옥중화(獄中花)'처럼 성자에까지는 미치지 않고 있다. '옥중화(獄
中花)'는 '이(李) 서방'을 '이(虱) 서방'과 동일시하고, 나아가 '이(虱)'
도 못되는 이의 알인, '서캐 서방'으로까지 비하하여 조롱하였다.
원망이 극에 달한 것이다. 대성(大成)하여 돌아오기를 축수한 도령
이기에 거지가 되어 돌아온 도령을 보고 춘향모는 '이'나 '서캐'같
이 죽이고 싶도록 미웠을 것임에 틀림없다.

하나 하면 할머니가 거상을 짓는다

끝으로 어두음을 활용한 어희요(語戱謠)를 보기로 한다. 이는 야

단스러운 지식을 필요로 하는 것도 아니고, 가볍게 노래 부를 수 있는 해남(海南) 지방의 수요(數謠)다.

> 하나 하면 할머니가/ 거상(居喪)을 짓는다. 딸딸딸
> 둘 하면 두부 장수가/ 종을 친다. 딸딸딸
> 셋 하면 새 각씨가/ 거울을 본다. 딸딸딸
> 넷 하면 네 얼굴에/ 곰보가 된다. 딸딸딸
> 다섯 하면 다람쥐가/ 밤 알을 깐다. 딸딸딸
> 여섯 하면 여학생이/ 밥을 먹는다. 딸딸딸
> 일곱 하면 일본놈이/ 춤을 춘다. 딸딸딸
> 여덟 하면 여학생이/ 춤을 춘다. 딸딸딸
> 아홉 하면 아우들이/ 가방을 멘다. 딸딸딸
> 열하면 엿장수가/ 화투를 친다. 딸딸딸

이 노래는 하나, 둘, 셋과 같은 숫자에 그 말의 첫소리와 같거나 비슷한 소리를 활용하여 말놀이를 한 민요다. '하나-할머니, 둘-두부장수, 넷- 네 얼굴, 다섯-다람쥐, 여섯-여학생, 일곱-일본놈, 여덟-여학생, 아홉-아우들, 열-엿장수'가 그것이다. '셋-새각씨'의 경우는 모음의 차이를 보여 유음어(類音語)에 의한 말놀이(語戲)를 한 것이라 하겠다. 열거된 내용은 모두 평범한 일상적 사실들이다. 이러한 곁말과 평범한 사실들이 민중의 사랑을 받게 한 소이라 할 것이다. '가상(居喪)'이란 속어로, '상복(喪服)'을 이른다. '딸딸딸'은 여운(餘韻)으로, 이 민요의 소박성과 해학성을 더해 준다.

곁말의 용례와 예화

아

저자 박갑수

서울대 명예교수, 연변대 과기학원 겸직교수
일본 天理大學, 筑波大學, 중국 洛陽外國語大學 초빙교수 역임
국어심의위원, 방송심의위원, 법제처 정책자문위원
한국어 세계화재단 이사
한국어능력시험 자문위원장
재외동포교육진흥재단 상임대표
(사)한국문화국제교류운동본부 이사장 역임
국어교육학회·이중언어학회·한국언어문화교육학회·한국문화 국제교류재단 고문
저서 : 『현대문학의 문체와 표현』, 『고전문학의 문체와 표현』, 『일반국어의 문체와 표현』, 『신문광고의 문체와 표현』, 『한국 방송언어론』, 『국어교육과 한국어 교육의 성찰』, 『한국어교육의 원리와 방법』, 『한국어교육과 언어문화 교육』, 『재외동포 교육과 한국어교육』, 『한국인과 한국어의 발상과 표현』, 『우리말 우리 문화』, 『재미있는 속담과 인생』 외 다수.

재미있는 곁말기행 (상)

─ 곁에 두고 읽는 곁말 ─

초판1쇄 인쇄 2018년 10월 16일 | 초판1쇄 발행 2018년 10월 25일
저 자 박갑수
펴낸이 이대현 | 편집 홍혜정 | 디자인 안혜진 | 마케팅 박태훈 안현진
펴낸곳 도서출판 역락 | 등록 제303-2002-000014호(등록일 1999년 4월 19일)
주 소 서울시 서초구 동광로 46길 6-6 문창빌딩 2층
전 화 02-3409-2058(영업부), 2060(편집부) | 팩시밀리 02-3409-2059
전자우편 youkrack@hanmail.net 역락 블로그 http://blog.naver.com/youkrack3888
역락 홈페이지 http://www.youkrackbooks.com

ISBN 979-11-6244-306-4 04710
     979-11-6244-302-6 (전2권)

이 도서의 국립중앙도서관 출판예정도서목록(CIP)은 서지정보유통지원시스템 홈페이지(http://seoji.nl.go.kr)와 국가자료공동목록시스템(http://www.nl.go.kr/kolisnet)에서 이용하실 수 있습니다.(CIP제어번호 : CIP2018033077)